이 세상을 살아가는

철학

이 세상을 살아가는 철학

토마스 아키나리 지음 ★ **한주회** 옮김

시그마북스
Sigma Books

이 세상을 살아가는 철학

발행일 2022년 1월 3일 초판 1쇄 발행
지은이 토마스 아키나리
옮긴이 한주희
발행인 강학경
발행처 시그마북스
마케팅 정제용
에디터 최윤정, 장민정, 최연정
디자인 강경희, 김문배

등록번호 제10-965호
주소 서울특별시 영등포구 양평로 22길 21 선유도코오롱디지털타워 A402호
전자우편 sigmabooks@spress.co.kr
홈페이지 http://www.sigmabooks.co.kr
전화 (02) 2062-5288~9
팩시밀리 (02) 323-4197
ISBN 979-11-91307-81-8 (03100)

KONO SEKAI O IKIRU TETSUGAKU TAIZEN by TOMASU Akinari
Copyright © 2020 TOMASU Akinari
Illustrations © IIMURA Shunichi
Original Japanese edition published by CCC Media House Co., Ltd.
Korean translation rights arranged with CCC Media House Co., Ltd.
through The Sakai Agency and Enters Korea Co., Ltd.

* 시그마북스는 (주)시그마프레스의 자매회사로 일반 단행본 전문 출판사입니다.

철학은 무지로부터의 탈출이다.

-소크라테스-

들어가며

여러분은 '철학'하면 어떤 이미지가 떠오르시나요? 삶의 방식, 인생론, 설교, 또는 세상을 살아가는 데 아무 쓸모없는 이론일 뿐이라 생각하시나요?

만약 철학이 인생론이나 삶의 방식만 다루는 학문이라면 저마다 가치관이 다를 테니, 굳이 철학을 배울 필요가 없겠죠.

그런데 철학은 우리가 삶을 살아가는 데 필요한 학문일 뿐 아니라, 모르면 인생을 살아가는 데 엄청난 불이익을 받을 수도 있습니다. 철학은 인생론에만 국한된 학문이 아니니까요.

철학은 정치, 경제, 역사, 예술, 종교, 언어, 자연과학을 포함해 다양한 지식을 분석하는 학문입니다. 이를테면 문과와 이과를 종횡무진 넘나들며 두 학문을 종합해 뇌신경을 폭발적으로 성장시키기 위한 매우 편리한 사고 도구! 이것이 바로 '철학(Philosophy)'인 것입니다.

철학에서는 세상을 다양한 관점으로 바라보는데, 만약 철학을 모른다면 어떻게 될까요?

일단, 국제 정세를 이해할 수 없겠죠. 왜냐하면 미국이나 유럽에서 철학은 기초 상식이나 마찬가지이니까요. 또 역사를 이해할 수도 없습니다. 역사는 철학과 철학가들의 사상을 바탕으로 움직이고 있기 때문입니다.

또 해외 문학을 읽을 수도 없겠죠. 해외 문학은 철학을 안다는 전제에서 출발하기 때문입니다. 클래식 음악을 들을 수도 없습니다. 클래식 음악의 배경에 종교철학이 있기 때문이죠. 그뿐만 아닙니다. 예술과 건축물도 종교사상을 바탕으로 성립되었죠. 해외여행을 가서 훌륭한 건축물을 봐도 "우와~ 그리스 건축물은 정말 크네"라며 그저 감탄만 하는 수준에서 만족해야 할 것입니다. 정말 안타까운 일입니다.

철학을 모르면 서양인의 행동원리를 이해하기 힘듭니다. 미국과 유럽 사고 방식의 바탕에는 기독교 사상이 자리하고 있으며, 우리가 뉴스에서 주로 접하는 중동정세 또한 유대교, 기독교, 이슬람교 문화에 지대한 영향을 받고 있기 때문입니다.

같은 아시아인이라 하더라도 저마다 사상이 조금씩 다릅니다. 인도는 힌두교와 이슬람교를 믿으며, 중국이나 북한은 마르크스주의 철학을 바탕으로 성립된 국가입니다. 이렇게 세상은 철학을 바탕으로 움직이고 있습니다.

그런데 철학을 공부하지 않고, 어떻게 세계 뉴스를 이해할 수 있으며, 스스로 행동을 선택할 수 있을까요?

철학을 공부하지 않으면 세계사와 해외 뉴스를 이해하지 못해 심각한 정보난민 상태에 빠지고, 결국에는 자본주의 사회에서 도태되어 버릴 수도 있습니다.

어떤 일을 하더라도 자신이 속한 사회의 고정관념에 얽매여 국내 뉴스에만 정보를 의존한다면, 자신도 모르는 새에 시대의 흐름에 뒤처지는 건 불 보듯 뻔한 일.

그렇다면 현대의 세계화 흐름에 맞추어 '관습을 타파하는 학문', '새로운 아이디어를 창출하는 사고 도구'로 동서고금의 철학을 활용해, 일부러 비효율적인 사고실험을 거듭하며 매일 반복되는 일상생활과 삶의 현장에 이를 응용해 보면 어떨까요?

인생 그 자체가 정신적으로나 물질적으로 충만해질 것 같지 않은가요?

오늘부터 부디 철학이라는 이 강력한 사고 도구를 여러분의 인생 지침으로 활용해보세요. 분명 여러분 삶에 도움이 될 것이라 장담합니다!

2020년 9월 토마스 아키나리

이 책의 사용법

- 제1부는 일반적인 철학사 입문(또는 철학 입문)과 조금 다르다. 현대사회를 살아가는 우리가 인생을 살아가면서 직면하는 문제를 중점적으로 골랐다.
- 철학은 종종 상식에서 벗어난 이야기를 하기도 하는데, 이는 우리의 뇌에 자극을 주어 우리 스스로 변할 수 있는 힘을 준다. 일반적인 두뇌 트레이닝보다 효과가 좋으니 철학적 망상을 마음껏 펼쳐보길 바란다.
- 책 곳곳에 화살표(➡ 56p)가 삽입되어 있는데 화살표를 따라가 보면 '아, 이렇게 서로 연결되는구나!'라며 철학이 얼마나 광범위하게 연결되어 있는지 깨닫게 될 것이다. ─고대 그리스 사상이 현대의 물리학과 관련이 있다든지, 근대의 발상이 컴퓨터로 이어지는 부분 등이 그렇다.
- 제2부는 다양한 철학을 주제별로 묶어 제1부의 복습과 응용을 한번에 할 수 있는 장이다. '철학과 장기이식의 상관관계', '철학과 컴퓨터의 관계' 등 어찌 보면 억지라고 생각할 수 있지만, 뇌를 유연하게 만드는 감각을 익힐 수 있을 것이다.
- 책 전체를 순서대로 읽어도 좋지만 제2부부터 보면서 삽입된 화살표를 따라 제1부의 내용으로 돌아가는 방법도 추천한다. 이 책은 한 번 읽고 책장에 넣어두는 용도가 아니라, 사고의 발달에 효과가 있으니 가지고 다니며 항상 새로운 발상을 도와주는 도구로 활용해보길 바란다.
- 책에 나오는 인용과 참고문헌은 마지막 '참고문헌'에 정리했다.

사용상의 주의사항과 효능

- 이 책을 여러 번 읽으면 매사에 의심이 많은 성격으로 변하고 신중에 신중을 거듭해 세상에 흘러넘치는 정보들이 사실은 거짓이 아닐까 자꾸 의심하게 될 것이다. 그러나 본인이 직접 경험한 것이 아닌 이상 어느 정도 신중하

게 정보를 선별할 필요가 있다. 이는 정보 리터러시, 리스크 관리, 나아가 나와 가족의 생명을 보호하는 일과 연결되기도 한다.

- 이 책을 읽으면 다른 사람의 주장에 대해 '왜 이 사람이 이런 주장을 하는 걸까?' '이 주장을 통해 이 사람이 얻는 이익은 무엇일까?' '이 사람에게 어떤 문제가 있는 것이 아닐까?' 등 상대의 욕망과 감정적 원인을 파악할 수 있게 된다. 즉, 주장의 내용보다 그 사람 자체를 파악할 수 있는 능력이 생긴다.

- 이 책을 읽으면 문과는 이과를, 이과는 문과라는 다른 분야를 공부하고 싶어진다. 고전 시가를 공부하던 사람이 갑자기 수학 참고서를 보며 함수의 관계를 공부하는 현상이 일어나기도 한다.

- 이 책을 읽으면 지나치게 신중해져, 온갖 대책을 강구하다가 건강이 좋아지는 경우가 있다. 본문에 '죽음'에 관한 이야기가 많이 등장하는데 이는 오히려 수명 연장에 도움을 줄 수 있다.

  수면 시간을 늘리거나 건강에 좋은 음식을 선별해서 먹고, 적당한 운동을 하며 자주 심호흡을 하기도 하고 몸에 무리가 가지 않도록 생활습관을 신경 쓰게 될 것이다. ─철학자들은 상당히 장수하는 편이며, 건강에 관심이 많다.

- 이 책을 읽으면 '대체 뭐가 맞는지 모르겠다'는 생각에 혼란스러워질 것이다. 철학자들끼리도 서로 말이 달라 철학 자체에 대한 신빙성에 의심을 품을지도 모른다.

  이는 애초에 그 발상 자체가 잘못된 것이다. '세상에 정답은 없다'는 것이 철학의 기본 전제이므로, '서로 다른 이야기를 하는 건 당연한 현상'이라 생각하자. 그리고 하나의 사고방식만 고집하는 낡은 사고방식을 버리는 연습을 해보자.

- 이 책을 읽으면 매우 거대한 담론에 대해 사유하게 되므로 일상의 사소한 문제는 하찮게 느껴질 때가 있다. '내가 왜 이런 걱정을 하고 있었을까?' 하는 깨달음을 자주 경험하게 될 것이다.

차례

제 1 부 철학사

제 1 장

고대 철학

제 2 장

**종교를 통해
현대를
바라보자**

제 2 부 주제별 편

I

철학사

철학의 역사를 통해 사상의 흐름을 파악하고,

사고의 도구로서 철학을 활용하자!

고대 철학

제1부의 1장에서는 고대 그리스에서 헬레니즘 시대까지의 흐름을 살펴본다. 처음부터 느닷없이 '물은 만물의 근원'이라는 다소 의미가 모호한 구절이 나오는데, 여기서는 현대의 자연과학에서 말하는 '하나의 원리로 모든 것을 설명할 수 있다'는 자연과학적 사고법을 짚어본다.

고대 철학에서는 우리가 사는 세상이 '가상 세계'이며, 진정한 의미의 세상은 우리가 생각하는 것과는 다른 형태일 것이라 주장한다. 이에 대해 "무슨 헛소리야? 사이비 아니야?"라며 반론을 제기하는 사람도 적지 않다. 그러나 이러한 주장이 딱히 영적 세계의 존재를 이야기하는 것은 아니다.

이는 '형이상학'이라는 개념이다. 아직 현미경이나 망원경도 없던 시대, 눈앞에 있는 물질이 정말 우리가 보는 모습 그대로인지, 어쩌면 물질을 구성하는 요소는 우리가 감각으로 인지하는 것과 다른 모습인 것은 아닌지, 그렇다면 인간의 감각으로 인지할 수 없는 영역을 인간 이성의 힘으로 규명해보자는 것이 '형이상학'이다.

오늘날에는 이러한 영역을 물리학 등의 분야에서 다루고 있다. 미시적인 물질세계에서는 소립자 그리고 파동의 존재를 실험을 통해 입증했다. 이를 2000년 전에, 그것도 그저 산책하다가, 혹은 방안에서 글을 쓰다가 깨우친 것이다.

현대 철학에서 자연과학은 과학자들에게 넘어갔기 때문에 자연철학은 사라졌다. 그럼에도 불구하고 철학은 왜 소립자가 '존재'하는지, 존재 그 자체를 깊이 탐구하며, 인간 존재에 관한 수수께끼를 끊임없이 고찰하고 있다.

'02 소크라테스는 왜 대단할까?'에서 다루는 소크라테스는 자연철학은 물

현대를 이해하는 데 필요한 기본적인 사고 패턴은
고대의 지혜를 통해 얻을 수 있다

론 윤리학에도 조예가 깊은 철학자로 잘 알려져 있다. 이는 철학이 자연법칙과 인간 사회의 법칙과의 관계를 고찰하는 학문이기 때문이다. 소크라테스의 제자 플라톤은 소크라테스가 추구한 진리가 이 세상을 뛰어넘은 보편적인 경지에 있다고 생각했다.

플라톤의 제자이자 '만학의 아버지'라 불리는 아리스토텔레스는 자연학부터 정치학, 나아가 문학, 현대 기호논리학의 근간이 되는 연구에 이르기까지 다양한 학문에 통달했는데, 이 때문에 그의 연구에는 모든 학문의 기초가 집대성되어 있다.

고대 철학의 마지막 단계는 '알렉산드로스 제국 붕괴 후, 고통스러운 삶을 어떻게 극복해야 하는지'에 대한 답을 찾는 철학으로 발전해갔다.

신플라톤주의는 일반적으로 철학 입문서에서 잘 다루지 않는 경우가 많다. 그러나 르네상스 예술의 이론적 배경이 되었고, 현대 신비주의에 깊은 영향을 주었기에 이 책에서는 한 꼭지를 할애해 신플라톤주의에 관해 짚어본다.

개중에는 고대 인간이 주장하는 사고 패턴을 공부한다 한들 무슨 의미가 있겠느냐고 생각하는 사람도 있을 것이다. 그러나 고대 철학의 사고 패턴은 '추상화', '개념화'의 작업이므로, 이를 통해 우리는 세계 전체를 위에서 조망하는 놀라운 능력을 손에 넣을 수 있다. 평소 당연하게 생각하던 개념을 고대 철학의 사고 패턴으로 분류하면 생각지도 못한 아이디어가 샘솟는 경험을 할 수도 있을 것이다. 이번 기회를 통해, 기존의 가치관으로는 비상식적이라고도 생각할 수 있는 고대 철학의 사고 패턴과 친해져보길 바란다.

01

철학의 시초-자연철학

철학이란 이과에서 배울 법한 학문?

◎ **철학은 '삶의 방식'에 관한 고찰과 '인생론'에서 출발했다?**

그리스 철학은 **만물의 근원**(아르케)은 무엇인가에 관한 의문에서 출발했다. 이전에 사람들은 태양은 아폴론, 바다는 포세이돈이 관장한다는 그리스 신화를 바탕으로 세계의 기원과 구조를 설명했다. 이에 대해 현대의 물리학이나 화학과 같은 측면에서 세계의 기원과 구조를 탐구해보자는 사람들이 나타났다.

철학이란 '삶의 방식'에 관한 고찰이나 '인생론'에서 출발한 것이 아니라, '세계가 무엇으로 구성되어 있는지, 어떠한 구조로 이루어져 있는지'처럼 하나의 진실을 추구하는 일에서 출발한 것이다. 이는 마치 이과에서 가르칠 법한 내용이다. 자연철학자라 불리는 이들은 변하는 세계 속에 절대 불변의 원리가 존재한다고 생각했다.

철학의 아버지라 불리는 **탈레스**는 '물은 만물의 근원'이라 주장했다. '물'이야말로 모든 존재의 근간이며, 존재의 원리라는 것이다. 초목, 동물, 인간에 이르기까지 모든 생물은 '물'로 이루어져 있다고 탈레스는 생각했다.

탈레스	피타고라스	헤라클레이토스	데모크리토스
(기원전 624년경~546년경)	(기원전 582년경~496년)	(기원전 540년경~480년경)	(기원전 460년경~370년경)
자연철학자로 '반원에 내접하는 각은 직각이다'라는 '탈레스의 정리'를 주장했다.	고대 그리스 수학자이자 철학자로, 제자와 함께 피타고라스 교단을 만들었다.	'판타 레이(만물 유전)'에 변하지 않는 원리인 '로고스'라는 개념을 고안했다. 대표적인 상징 중 하나가 '불'이다.	원자론을 확립했다. 철학 외에도 수학, 천문학, 음악, 시, 윤리학, 생물학 등 다양한 학문을 연구했다.

◎ 왜 정설이 아닌 학문을 공부해야 할까?

물론, 이 주장은 잘못된 것이다. 만물은 물로 이루어지지 않았으니 말이다. 하지만 '물'을 '소립자'로 치환해보면 탈레스가 추구한 원리의 의미를 이해할 수 있다.

즉, 탈레스 철학에서 주목해야 할 것은 '물' 그 자체가 아니라, '하나의 원리로 모든 것을 설명'하려는 시도를 세계에서 최초로 했다는 점이다. 구체적인 하나의 현상을 추상적인 차원으로까지 끌어올린 **프레임 사고**에 주목해야 하는 것이다. 이 프레임 사고는 명맥을 유지하며 이어져, 현대 과학에까지 영향을 주고 있다.(➡ 348p)

이후에도 세계의 근원을 규명하기 위한 다양한 시도가 있었으며, 이를 변형한 개념들도 등장했다. 아낙시만드로스의 제자로 잘 알려진 **아낙시메네스**는 아르케가 '공기'라고 주장했다.

기록에 따르면 아르케라는 단어를 처음 사용한 사람은 아낙시만드로스로, 아르케가 '물'과 '공기', '불'처럼 유한한 것이 아니라, '무한자(토 아페이론)'라 생각했다. 물이나 불과 같이 유한한 존재로는 설명할 수 없다는 것이다. 인간의 감각으로 자각할 수 있는 현상 세계에는 물과 불이 존재하므로, 그 심연에 존재하는 아르케는 좀 더 다른 형태를 띠고 있을 터다. 그렇다고 형태를 규정하면, 규정하는 순간 더 높은 차원으로 나아가야 한다. 이렇게 추상적인 사고의 수준은 점점 더 높아져 갔다. 이를 구체화한 것이 바로, '수(數)'라는 개념이다.

현대물리학이 지향한 이론의 기원?

◎ 피타고라스 철학에서는 '수학'이 우주의 원리

고전적 철학은 우주의 원리에 대한 이해를 바탕으로 '인간은 어떻게 살아가야 하는가?'라는 관한 물음에 대한 답을 탐구했다. 그래서 현대 물리학 등의 과학 분야와 어느 정도 관련을 맺고 있다. '원리(우주의 시스템)'에서부터 '삶의 방식', '인생론'으로 이어지는 것이 고대 철학에 나타나는 특성이라 할 수 있다. ―지금에 와서는 물질에 관한 이론을 과학이 담당하고 있어, 현대 철학에서는 이런 자연과학적 개념을 거의 찾아보기 힘들다.

피타고라스의 정리로 잘 알려진 **피타고라스**는 만물의 원리를 수(數)로 보았다. 참고로 피타고라스는 제48회 올림피아 제전의 권투 시합에서 우승한 전력이 있다. 수학뿐 아니라 체력도 뛰어났던 듯하다.

그뿐만이 아니다. 피타고라스는 하모니에 관해서도 연구했다. 1:2, 2:3, 3:4 길이의 비율로 잡아당긴 현에서 각각 8도(옥타브), 5도, 4도의 하모니를 얻을 수 있음을 발견했고, 이 비율을 행성의 예상 거리에 적용해 우주 전체는 행성들이 연주하는 화음으로 가득 차 있다고 주장했다.

또 피타고라스 교단이라는 것도 존재했는데, 종교집단과 거의 유사한 역할을 했다. 피타고라스 교단의 신도들은 우주의 숫자 원리와 생활이 일체화된 **피타고라스적 생활**을 했다.

피타고라스의 철학은 '수학'이라는 추상적 개념에서 '우주의 원리'로, 나아가 구체적인 인간의 '삶의 방식'으로도 발전해갔다.

이처럼 철학은 어느 날 갑자기 '삶의 방식'을 주장하며 등장한 학문이 아니다. ―만약에 그랬다면 이는 기성세대의 설교 취급을 받았을 것이다.― 세계에 관한 추상적인 개념을 먼저 고찰한 후, 구체적인 개념으로 발전시키는 학문인 것이다. 이것이 철학을 이해하기 어려운 이유다.

◎ 생각만으로 '원자'를 이해한다?

헤라클레이토스는 '만물은 유전한다'고 주장했다. 그는 이 세계는 물이 흐르는 것처럼 한순간도 멈추지 않기 때문에, 인간은 같은 강물에 두 번 들어갈 수 없다고 주장했다. ―흐르는 물에 발을 담갔을 때 처음 발을 담갔던 물과 두 번째에 발을 담근 물은 아예 다른 물이라는 의미.

이는 불교의 **제행무상**과는 조금 다른 개념이다.(➡ 69p) 헤라클레이토스에 따르면, 생성(만물이 생겨나 형태를 드러내는 것)은 대립물의 출현이다. 냉기와 온기, 습기와 건조, 각성과 수면처럼 말이다. 따라서 '삶과 죽음', '젊음과 늙음'과 같은 개념은 사실 동일한 개념이라는 것이다. 이 대립물이 자아내는 조화는 참으로 아름답다. 다만, 이 대립으로 인간들 사이에 다툼이 시작되었기에, 우리 삶의 곳곳에는 다툼이 존재한다는 것이다. ―참고로 헤라클레이토스의 별명은 '음침한 사람'이었다.

또 이 **만물유전설**과 대립하는 만물불변설을 주장한 이가 엘레아학파의 **파르메니데스**다. 그의 주장은 '있는 것은 있고, 없는 것은 없다'라는 말로 요약할 수 있다. 그의 말처럼 '있는 것'이 '없는 것'이 되지도 않거니와 '없음'에서 '있음'이 갑자기 생겨나지 않는다. ―0과 1을 생각해보면 이해하기 쉽다.― 따라서 세상이 변한다는 것은 사실 착각이며 실은 무엇도 줄어들거나 늘어나지 않는다는 것이다.

소크라테스 이후의 인물인 **데모크리토스**는 모든 것이 원자로 이루어져 있다는 **원자론**(아톰론)을 주장한 것으로 잘 알려져 있다. 그렇게 먼 옛날에 이미 원자의 존재에 관해 자각하고 있었다는 것은 놀라운 일이다. ―물론, 현대 물리학의 원자와는 형태와 성질이 다른 개념이다.

데모크리토스는 세상에 존재하는 다양한 물질은 물질을 구성하는 최소단위인 원자로 구성되어 있으며, 원자의 결합으로 생겨나고, 원자가 분리되면서 소멸한다고 생각했다. 이로부터 다양한 '삶의 방식'이 파생되기도 했다.(➡ 35p)

소크라테스는 왜 대단할까?

문답법으로 진정한 답을 찾을 수 있다

◎ 프로타고라스는 프로 교사?

소크라테스라는 인물은 앞서 말한 자연철학자와는 결이 조금 다르다. 자연철학이 주로 '우주의 원리'에 관해 탐구했다면, 소크라테스는 인간의 삶의 방식에 관해 더욱 깊게 고찰한 사람으로 '**윤리학의 아버지**'라 불리기도 한다.

소크라테스는 저서를 남기지 않아 그의 제자인 플라톤의 저서에서만 그의 말을 찾아볼 수 있는데, 소크라테스의 사상과 플라톤의 사상을 명확히 구분하기는 힘들다(소크라테스 문제). 따라서 제자 플라톤의 대화론 등의 문헌을 통해 그의 사상을 추측하고 있다.

그런데 당시 그리스 사회에서는 민주화가 진행되고 있어, 기존의 구시대적인 사고방식으로는 새로운 민주사회의 요청을 더 이상 만족시키기 힘들어졌다. '이것이 정답'이라는 **보편적 진리**(누구나 옳다고 생각하는 기준) 자체가 불명확해졌기 때문이다.

이러한 상황 속에서 **상대주의** 입장을 취하는 직업적 교육자가 출현했는데, 세상은 그들을 **소피스트**(현인, 지혜의 교사)라 불렀다. 그렇다면 상대주의란 과연 무엇일까?

소크라테스(기원전 469년경~399년)

고대 그리스 아테네의 철학자다. 현존하는 저작은 없다. 윤리학의 아버지로 로고스(언어)의 세계에 보편적 진리를 추구하려 했다. 청년들에게 사상적 악영향을 주었다며 고발당해, 독이 든 잔을 스스로 마시고 감옥에서 생을 마감했다.

◎ '인간은 천차만별'이라는 사고방식의 기원

소피스트의 대표주자에는 프로타고라스와 고르기아스 등이 있다. 특히 프로타고라스가 주장한 **'인간은 만물의 척도'**라는 인간 척도론이 유명하다. 이는 지금의 고등학생도 쉽게 이해할 수 있는 개념이다.

> 할아버지: 인간은 어떻게 살아야 할까? 이 할애비는 고민이란다. 인간이 가
> 야 할 길이란 대체 무엇일까?
> 고등학생: 그거야 사람마다 다르죠. 나는 나, 너는 너.

인간의 삶의 방식은 상대적이므로 바라보는 각도에 따라 다르다. 이는 이기적인 생각이 아니라 훌륭한 철학적 주장이다. 현대를 살아가는 우리도 '모든 사람에게 하나의 정답이 있는 것'이 아니라 '저마다 사는 방식이 다르다'는 생각에 동의할 것이다.

다만, 이 상대주의에는 문제점이 하나 있었다. 모든 사람이 저마다 다르다면 타인과의 공통점이 사라지는 것이다. 그렇게 되면 공통 규범도 없어진다. 가령 축구를 할 때, 각자 자유로이 뛰어다녀도 된다고 해도 경기장 밖으로 나가서는 안 될 것이다. 이 '저마다'가 도를 넘으면 그 사회를 유지하는 규범까지 붕괴하고 마는 것이다.

어느 시대건 진실을 말하면 위험하다

◎ **저마다 생각은 달라도 꼭 염두에 두어야 할 점은?**

프로타고라스의 가르침은 "어떤 토론이든 상반되는 두 가지 주장이 있으므로, 그럴싸한 논리(궤변)를 펼치면 빈약한 주장을 강화시킬 수 있다"는 것이다. 이 가르침은 후세 사람들에 의해 발전해갔다.

이는 주장하는 내용이 옳고 그른 것과는 별개로, 논의에서 이기면 그만이 라는 사고방식이었다. 소피스트는 재판에서 변호인 등의 일을 맡았기 때문에 달변가일수록 수입이 좋았다. 즉, 화술 노하우가 중요했던 것이다.

소피스트에 따르면 이 세상은 **자연**(physis, 피시스)과 **제도**(nomos, 노모스)로 나누어진다. 자연은 인간이 바꿀 수 없는 토대와 같은 것이다. '산은 산이고, 바다는 바다'인 것처럼 산을 바다라 부를 수는 없다.

하지만 이것이 법률제도일 경우 인간이 정하는 것이므로 해석의 자유가 주어진다. 이는 인간의 해석에 따라 어느 정도, 가감이 가능하다는 말이 된다. 소피스트는 해석의 자유를 이용해 흰색을 검은색이라고 주장하는 논의를 전개해갔다.

소크라테스는 이 소피스트와의 토론에 도전장을 내밀었다. 참된 사람 소크라테스와 말만 번지르르한 소피스트와의 사이에서 논의 대결이 일어난 것이다. 자세한 내용을 알고 싶은 사람에게 플라톤의 대화편 『고르기아스』를 추천한다. 거만한 소피스트가 소크라테스와의 논쟁에서 갈팡질팡하는 모습을 유쾌하게 그렸다.

소크라테스가 토론에 강한 데는 이유가 있었다. 그 비결은 자신이 대답하는 것이 아니라, 질문 공세를 하는 '**문답법**'을 사용했기 때문이다.

소크라테스는 소피스트에게 '선이란 무엇인가?' 등의 질문을 던지면서 구체적인 것에서 점차 추상적인 수준의 질문으로 몰아갔다.

◎ 추상화 사고를 하면 지식의 지평이 확장된다

문답법을 이해하기 쉽게 설명하면 다음과 같다.

우선, '당신은 빨강을 아는가?'처럼 누구나 당연하게 아는 질문을 한다. 당연히 질문을 받은 상대는 '당연히 안다'고 대답할 것이다.

여기에 틈을 주지 않고 바로 '그렇다면 빨강을 설명해보라'고 재촉한다. 그러면 필시 상대방은 구체적인 예시를 들 것이다. '신호등의 빨강', '사과의 빨강', '장미의 빨강'처럼 말이다. 여기에 이어서 질문한다. '아니, 내가 묻는 것은 빨강의 구체적인 예를 말하는 것이 아니라, 실제로 우리가 느끼는 이 빨강이란 무엇인가를 묻는 것이다.'(보편적·절대적 진리인 동시에 추상적인 답을 요구할 것)

'빨강' 그 자체는 무엇인가라고 질문하고 있는 이상 빨강의 본질, 즉 생생하게 느껴지는 빨강 그 자체를 묻는 것이기에 다른 물질을 예로 들어 설명해도 아무 소용없다. ―뇌의 개념을 빌려와도 안타깝지만 안 된다.

마찬가지로 '정의란 무엇인가', '아름다움이란 무엇인가', '사랑이란 무엇인가'처럼 뭐든지 가능하다. 소피스트는 말문이 막히고 말았다.

여기서 소크라테스의 필살기 **무지**(無知)라는 개념이 명확해진다. 즉, '알고 있다고 생각했으나, 사실은 모르는 것' 이것이 바로 소크라테스가 말하는 '무지'인 것이다.

소크라테스는 '소크라테스보다 현명한 자는 존재하지 않는다'라는 **델포이의 신탁**(신의 언어)을 제자에게 전해 듣고, '그럴 리가 없다'며 소피스트와 토론 대결을 벌였다고 한다.

소피스트는 지식(정보의 축적)은 있었지만, 그 본질을 알지 못했다. 한편, 소크라테스는 '나는 내가 알지 못한다는 것을 안다(**무지의 지**)'고 주장했다. 따라서 그만큼 자신이 조금 더 현명하다고 이해한 것이다. 하지만 그리스 정부는 소크라테스가 청년들을 현혹하고, 그리스 신 이외의 신을 신봉했다는 이유로 재판에 넘겼고, 사형을 선고했다. 이 모습은 플라톤이 쓴 『소크라테스의 변명』에 자세하게 기록되어 있다.

소크라테스에서 플라톤으로

이데아론은 숫자로 이해하면 쉽다

◎ 진실을 추구하면 제거당한다

소크라테스는 누구나 마음속에 참된 답(진리)을 선천적으로 가지고 있다고 생각했다. 무엇이 옳은지, 혹은 무엇이 옳지 않은지는 잠재적으로 누구나 알고 있다는 것이다(윤리적 주지주의).

편의점에서 산 냉동식품을 전자레인지에 데우면 음식이 완성된다. 여기서 전자레인지에 데우는 과정이 '문답법'이고, '따뜻한 음식'에 해당하는 것이 '진리'다. 상대에게 질문을 던져 상대의 마음속에 잠재된 대답을 도출할 수 있다고 생각한 것이다.

플라톤의 대화편 『메논』에서는 소크라테스가 노예로 끌려온 아이에게 기하학 문답을 하는 장면이 등장한다. 그리고 학문을 배운 적 없는 노예 소년이 기하학 증명 문제를 풀어낸다. 이는 소크라테스가 기하학적 진리를 문답을 통해 도출했기에 가능했다. 즉, 노예 소년은 기하학적 진리를 선천적으로 알고 있었다는 의미가 된다.

소크라테스는 이런 식으로 상대를 가리지 않고 문답을 했는데, 어느 날 정치인의 부정에 휘말리고 말았다. 결국, 소크라테스는 **사형**을 선고받게 된다.

플라톤(기원전 427년~347년)
아테나이의 명문가 출신으로, 저작 『소크라테스의 변명』, 『크리톤』, 『프로타고라스』, 『고르기아스』, 『국가』 등을 남겼다. 소크라테스의 처형을 계기로 정치인의 꿈을 접고, 소크라테스의 정신을 저작에 담는 철학의 길을 걸었다. 80세에 '글을 쓰면서 생을 마감했다'고 전해진다.

◎ 그 자연철학은 쓸모 있지 않을까!

소크라테스의 이야기를 이어서 하기로 하자. 스승인 소크라테스가 사형에 처해지자 큰 충격에 휩싸인 제자 **플라톤**은 정치인의 꿈을 접고 철학자의 길로 들어섰다.

소크라테스가 추구한 끝없는 진실, 소크라테스는 이를 '문답법'으로 증명하고자 했으나, 플라톤은 더 논리적으로 입증하려 했다. 이때 자연철학을 응용했다. 피타고라스(➡ 20p)는 이 세상이 숫자로 이루어졌다고 생각했다. 이쯤에서 한번 당연한 질문을 해보겠다.

'1이란 무엇일까?'

숫자 '1'이다. 그렇다면 전철의 손잡이가 한 개, 전철의 한 칸, 전철 한 대, 이건 모두 '1'이지만 여기에 '1' 그 자체가 보이는가? 어디에 '1'이 존재하는가? 무엇을 '1'이라 하는가?

피타고라스는 2000년 이상 이전에 살던 사람이지만, 피타고라스의 '1'과 우리가 생각하는 '1'은 의심할 여지없이 동일하다. 그렇다면 '1'은 어떻게 시대를 초월해 '1'일 수 있을까?

가장 간단한 것이 가장 어렵다는 의미일 것이다. 이러한 것을 생각하는 게 철학이다.

현실 세계는 가짜고 진짜는 따로 있다?

◎ 플라톤이 주장한 이데아론

피타고라스는 우주의 원리를 수(數)라고 생각했다. 즉, 우리가 사는 실제 세계가 변해도 수는 변하지 않는다고 생각한 것이다. 그렇기에 피타고라스의 머릿속에 있는 '1'이란 개념과 우리가 생각하는 '1'은 시대와 장소를 불문하고 동일할 수 있는 것이다.

플라톤은 이를 **이데아**라 표현했다. 종종 말 그림이 그려진 '말의 이데아'에 대한 설명을 본 적이 있을 것이다. 현실 세계에서 말의 본체는 사실 이차원 세계에 존재하는 말의 이데아라는 설명을 듣고 사람들이 '철학은 이상하고 무의미해'라고 생각하는 것도 무리는 아니다.

플라톤은 현상세계에 존재하는 기하학적 도형에 대해서도 생각했다.

숫자 1과 동일한 현상이 삼각형, 사각형에도 적용된다. 삼각형을 종이에 그리고 아래와 같은 질문이 떠오른다면 철학적 사고를 했다 할 수 있다.

'내가 그린 삼각형과 옆집에 있는 사람이 그린 삼각형은 왜 똑같을까?' '자를 대지 않고 그려서 선이 비뚤비뚤해도 삼각형이 삼각형인 것은 왜일까?' '삼각 김밥의 삼각형은 끝이 둥근데도 피타고라스의 정리를 적용할 수 있는 것은 왜일까?' '편의점에서 파는 삼각 김밥은 사이즈가 모두 다른데 전부 삼각형이다.' 그리고 깨닫는다. 이 현실 세계의 삐뚤삐뚤한 삼각형과는 별개로 반듯한 삼각형 그 자체가 존재한다고……

현대인이 이해하기 쉽도록 플라톤적 사고를 설명하면 다음과 같다.

우선, 우주에 보편적인 물리법칙의 진리가 존재한다. 이를 바탕으로 물체가 운동한다. 그 진리를 보편적인 수학으로 표현한다. 모든 물체는 개별적으로 존재하지만, 이를 하나로 묶기 위한 절대적인 법칙이 존재한다. 그것이 **이데아계**에 존재하는 이데아라는 것이다(우주의 배후에 법칙이 존재한다는 주장).

◎ 진실은 어딘가에 반드시 존재한다

그렇게 생각한다면, 플라톤의 '이데아론'이 그렇게 이상한 것만은 아닐지도 모른다.

나아가 현실 세계는 헤라클레이토스의 '만물은 유전한다'는 말처럼 생성하고 소멸하고, 끊임없이 변한다. 그러나 변하지 않는 이데아가 있다. 그래야 숫자 1도, 삼각형도 물리의 공식도 존재할 수 있기 때문이다.

컴퓨터 기술이 발전한 지금은 예전보다 플라톤의 이데아를 이해하기 쉬워졌다. 가상현실(Virtual Reality)을 예로 들어 세상을 생각해보면 쉬울 것이다. SF 영화 〈매트릭스〉 등 가상현실을 소재로 한 영화가 많은데, 이를 이데아와 현상에 접목하면 이데아론을 쉽게 이해할 수 있다.

인생은 저마다 다르고, 상대적이다. 그러나 만인이 옳다고 인정하는 것이 있을지도 모른다. 플라톤은 이를 이데아라 칭했다. 현실 세계에 존재하는 책상은 책상의 이데아라는 **진실재**(眞實在)를 분유(分有)하고 있기 때문에 비로소 책상이 될 수 있는 것이다.

이데아는 우리들이 사는 세계(현상계)를 초월한 이데아계에 존재하므로 볼 수도 만질 수도 없다. 다양한 감각을 지닌 사물은 모두 진짜 이데아와 비슷한 근삿값을 가지고 있을 뿐이다.

따라서 우리는 완전한 삼각형을 그릴 수 없지만, 이성적으로는 완전한 삼각형(삼각형의 이데아)을 알고 있다고 할 수 있다.

나아가 플라톤은 소크라테스가 추구한 선과 정의 등과 같은 **객관적 진리** 또한 감각적인 개개의 일상행위를 초월한 곳에 절대적 기준인 이데아 형태로 존재한다고 생각했다.

결국 '우리는 저마다 다르지만, 옳은 것은 분명 있을 거야'라는 것이다.

이리하여 소크라테스가 추구한 '절대적으로 옳은 것 = 진리'는 이데아계의 이데아로까지 승화된 것이다.

04 아리스토텔레스로 머리를 식혀보자

스승 플라톤의 주장을 비판한 아리스토텔레스

◎ **철학은 앞서 등장한 철학을 비판하기 때문에 난해한 학문이다**

플라톤의 이데아론을 정리하면 다음과 같다.

이 세계(현상계)는 변화와 소멸을 반복하는 불완전한 존재다. 완전한 토대로 서의 이데아는 이데아계에 존재한다.

이데아계의 프로그램이 투영되어 현실 세계가 태어난다. 따라서 말의 이데아 프로그램이 가상의 말을 투영시키는 것이다. 눈앞에 있는 말은 생성되고 소멸하기도 하는 불완전한 존재이지만, 말 그 자체의 이데아는 수학 규칙, 물리 법칙과 마찬가지로 이데아계에 변함없이 존재한다.

이러한 이차원적인 세계관이 발전해갔다.

플라톤은 이 철학의 원리에서 삶의 방식과 국가의 올바른 형태에 관한 주장을 발전시켜 나갔다. **'진', '선', '미'라는 이데아**가 이데아계에 존재하기 때문에 우리는 현상계에서 이데아를 동경하며 살아간다.

이 동경이 완전함을 추구하는 감각인 **에로스**(사랑)다. 옳음을 아는 것은 이데아계에서 정보를 전달받았기 때문이라는 것이다(이데아를 상기하기 때문). 그러나 제자인 아리스토텔레스는 이러한 플라톤의 주장을 비판했다.

아리스토텔레스(기원전 384년~322년)

플라톤의 제자로, '만학의 아버지'라 불린다. 『오르가논(Organon)』, 『자연학』, 『정치학』, 『니코마코스 윤리학』, 『형이상학』 등 방대한 저작의 내용은 모든 학문의 기초가 되었다. 플라톤의 이데아론을 비판하고, 독자적인 형이상학 체계를 형성했다. 지금까지도 지대한 영향을 주고 있다.

질료

형상

유전자

분자

동은 비유야

◎ **한 사람의 머리에서 이렇게 많은 학문이 나올 수 있다니**

앞선 철학을 비판하는 이러한 태도 때문에 일반적으로 철학이 이해하기 힘든 학문이라는 말을 듣는다. 왜냐하면 철학을 '정해진 진리를 가르치는 학문'이라 생각하는 사람이 많기 때문이다. ─사실은 반대로 철학은 맹신하는 것을 파괴하고, 새로운 것을 생각해내는 학문이다.

아리스토텔레스는 우리가 상식적으로 생각하는 것과 같은 입장을 취했다.

그는 이데아와 **개체**(페트병 따위의 사물)가 분리되어 있다는 것에 의문을 품었다. 페트병은 현실 세계에 그 모습 그대로 존재하는 것이다. 그러면 이데아라는 본질 또한 그 안에 들어(내재) 있어야 한다. 따라서 개별적인 이차원은 고려할 필요가 없다고 생각한 것이다. ─하지만 이후 역시 이데아는 존재한다는 사람이 등장한다.(➡ 195p) 그래서 철학이 어렵다.

아리스토텔레스는 '**만학의 아버지**'라 불린다. 아리스토텔레스는 수학, 자연학(지금의 물리)을 연구하고 정리했다. 동물학, 영혼론(심리학과 유사), 정치학, 변론술, 시학, 논리학, 형이상학 등을 혼자 힘으로 체계화했다.

정치학은 국가와 정치를 대상으로 한 학문이며, 변론술은 청중에 대한 뛰어난 설득력에 관한 학문이다. 또 시학은 문학과 연극을 다루고, 윤리학은 철학에는 포함되지 않으나, 학문과 논증을 위한 도구로 사용되었다.

목적론에 따라 만사를 생각해보자

◎ '존재'를 벗어난 존재는 없다

현존하는 대부분의 학문은 철학에서 비롯되었다. ─논리학은 제외(➡ 113p) ─ 그중에서도 철학의 진정한 묘미는 **형이상학**이라 할 수 있다. 형이상학은 '존재의 학문'이며, **제일철학**이라고도 불린다. 말 그대로 형이상학은 '철학의 왕(King of Philosophy)'이라 할 수 있다. 왜냐하면 '존재' 이외의 지식은 한쪽 측면만 연구하는 것에 불과하다. 그러나 모든 지식과 학문의 근본에 자리한 '존재'에 대해서는 무엇보다도 먼저 연구할 필요가 있다고 생각했기 때문이다. 무엇을 말하건 무엇을 추구하건, 거기에는 반드시 '존재'가 있다. 그렇다면 '존재'란 무엇인가를 먼저 연구해야 한다. 형이상학은 존재의 본질에 관해 생각하는 학문인데 후에 물리학과 미묘한 관계를 맺게 된다.

플라톤은 '동상'이라는 개체는 이데아계의 이데아가 이 현실 세계에 투영(분유)되고 있는 것이라고 설명했다.

아리스토텔레스는 현실적으로 생각했다. '동상'은 그 상의 형태(플라톤이 말하는 이데아에 해당)가 그 안에 내재해 있다는 것이다. 물론 형태만으로는 동상이 될 수는 없다. 그 재료가 필요하다. 이 경우에는 구리가 그 재료다. 동상의 모양을 **형상**(Eidos, 에이도스), 재료를 **질료**(Hyle, 휠레)라고 한다. ─질량과는 무관하다.─ 즉, 동상은 상의 형태와 구리가 합성된 것이라 할 수 있다. 이처럼 다양한 개체는 형상과 질료가 합체된 것이다.

여기서 "그게 뭐 어쨌다고?"라고 따지는 사람도 많겠으나, 현대의 생물학으로도 이어지는 사고법이라 생각하면 이해하기 쉽다. 형상을 유전자, 질료를 분자(원자)로 대응하면 좀 더 명확할 것이다.

또 이는 존재론이라는 거대한 철학 흐름으로 이어진다.

◎ 모든 존재는 목적을 향해 나아간다

식물의 씨앗을 심으면 가지와 잎이 자란다. 아기는 자라면 성인이 된다. −가능태에서 현실태로− 즉, 아리스토텔레스에 따르면 플라톤이 주장한 이데아(→에이도스, 형상)는 물체의 설계도로 내재해 있는 것이다.

옛날 철학의 좋은 점은 이과와 문과를 통합적으로 사고하기 때문에, 형상과 질료에 관한 이론이 모든 물체의 원리로 설명된다는 점이다.

예를 들어, 질료로서의 철은 형상에 따라 망치나 못, 철길 등으로 변한다. 이러한 변화는 **원인과 결과**(인과법칙·인과율)(➡ 93p)를 따른다.

또 아리스토텔레스는 자연계에 존재하는 모든 것에 목적이 있다고 생각했다**(목적론적 세계관)**. 이를 원인과 결과, 그리고 목적이라는 키워드로 생각하면 인간의 삶의 방식을 이해할 수 있다 .

예를 들어, 우리의 생활은 인과관계와 다양한 목적으로 연결되어 있다. 근력운동은 건강을 위해, 건강은 일을 하기 위해, 일은 돈을 벌기 위해, 그리고 이 목적은 돌고 돌아 피트니스 클럽의 회원권 구매로 이어진다. 잘 생각해보면, 인생이란 돌고 도는 수레바퀴다.

그리고 아리스토텔레스는 이러한 인생이 허무하다고 생각했다. '작은 목적을 향한 원인과 결과의 반복. 인생은 결국 무엇인가?'라는 허무함이었다.

여기서 아리스토텔레스는 인간에게 그 이상 질문할 수 없는 '궁극의 목적'이 필요하다고 생각했다. 반복되는 원 운동은 세계가 궁극의 목적을 향해서 움직이는 것이다.

이를 질료가 없는 제1형상, 혹은 **부동**(不動)의 **동자**(動者)[**신**(神)]라 부른다. 목적론적인 철학적 사고를 함으로써[관상(觀想), 테오리아] 복잡한 현대사회를 이해하는 힌트를 발견할 수 있을지 모른다.

05

힘내라, 헬레니즘 철학

'인생은 괴로워!' 어떻게 해야 할까?

◎ 역경 앞에서도 웃을 수 있는 방법

유명한 알렉산드로스 대왕(기원전 356년~323년)은 세계제국을 탄생시켰고, 이로 인해 그리스의 폴리스(도시) 사회가 붕괴했다. 국가가 사라지고, 국민은 뿔뿔이 흩어졌다. 사람들은 가족을 잃고, 굶주림에 몸부림쳤다.

이러한 혼란 속에서 출현한 것이 에피쿠로스학파와 스토아학파다. 현대인들에게도 괴로울 때 이 철학을 공부하길 추천한다. 내 나라가 있음에 감사하는 마음을 갖게 될 것이다.

'에피큐리언(쾌락주의자)'이란 말에서도 알 수 있듯이 흔히 에피쿠로스의 사상을 쾌락주의라 한다. 에피쿠로스의 쾌락이란 '신체적 고통이 없는 상태'와 '마음이 평온한 상태(아타락시아, 영혼의 평정)'를 말한다. 상당히 소박하며 쾌락과는 상관없어 보인다.

마치 '평범한 게 제일'이라 주장하는 것 같다. 일단 의식주가 갖추어지고 몸이 건강하면 된다는 의미인가 싶기도 하다. 하지만 이는 언뜻 보면 간단하지만, 곰곰이 생각해보면 어렵다. 특히 '평범하게' 산다고 하더라도 누구에게나 극복해야 하는 일이 있다. 바로 '죽음에 관한 공포'다.(➡ 303p)

에피쿠로스(기원전 341년~270년)
고대 그리스의 헬레니즘 시기의 철학자로, 에피쿠로스학파의 시조다. '에피쿠로스의 정원'에서 제자들과 공동생활을 영위했다. 71세에 세상을 떠났다.

제논(기원전 335년~263년)
키프로스 섬의 철학자로 스토아학파의 창시자다. 상인의 아들이었고, 말년에 스스로 숨을 참아 목숨을 끊었다고 알려져 있다. 키티온의 제논이라고도 한다.

◎ **죽음이 두렵지 않다는 말은 정말일까?**

죽는다는 것은 정말 두려운 일이다. 죽음이 두렵지 않다는 사람은 아마 아직 죽음에 관해 진지하게 생각해본 적이 없거나, 득도의 경지에 이른 사람일 것이다. ─이 책을 마지막까지 읽으면 진실과 마주하게 되므로 죽음이 정말 두렵지 않게 될 수도 있다.

에피쿠로스는 데모크리토스의 원자론(아톰론)(➡ 21p)을 통해 "죽는 것은 전혀 두려운 일이 아니다"라고 우리에게 말한다. 우리의 몸과 영혼은 모두 원자(아톰)로 구성되어 있기 때문이다.

죽으면 감각이 없어진다. 게다가 살아 있을 때는 죽은 것이 아니다. 당연한 이야기다. 그렇다면 우리는 왜 죽음을 이렇게 미리 생각해야 할까? 죽은 다음에 생각하면 될 텐데 말이다. 하지만 죽으면 생각할 수 없다. 자, 그럼 해결된 것이 아닌가.

에피쿠로스에 따르면 우리가 존재할 때는 죽음이 찾아오지 않으며, 죽음이 찾아올 때는 우리가 존재하지 않는다.

에피쿠로스에게는 미안하지만, 그래도 인간은 죽음을 두려워한다. 왜일까? 이는 원자가 해체된 후의 '무(無)'의 상태가 두렵기 때문이며, 그것을 살아 있을 때 생각할 수 있기 때문이다. 이 문제는 **야스퍼스**(➡ 184p)와 같은 실존철학자가 뒤에서 한 번 더 자세히 짚어줄 것이다.

35

매도 미리 맞으면 아프지 않을까?

◎ 금욕적인 삶

죽음이 두렵지 않다고 이야기하면, 오히려 죽음이 두려워질지도 모른다. 그럴 때는 스토아학파의 철학을 추천한다. 스토아학파는 금욕주의를 통한 고행을 실천한다. 이는 고통을 미리 선점하는 것이다. 본인을 단련하면서 쾌락과 고통에 현혹되지 않는 경지에 도달하고자 하는 것이다.

스토아학파의 대표자로 키프로스의 **제논**이 있다. '아킬레스와 거북이'의 역설을 주장한 제논과는 다른 인물이다. 그는 인간의 본성은 이성(로고스)에 있기 때문에, 합리적인 습관과 행동을 몸에 익혀야 한다고 생각했다. 스토아학파의 스토아는 학교의 기둥이라는 의미로, 그곳에서 이야기를 나누었기 때문에 스토아학파라고 불리게 되었다.

스토아학파의 철학자에 따르면 만물에 질서와 법칙을 부여하는 것은 세계 이성(로고스)이다. 이는 우주의 질서와 원리를 말한다. 대지의 끝에서 눈앞의 페트병에 이르기까지 로고스는 충만해 있다.

이 세계 이성으로부터 인간은 로고스를 나누어 가지고 있기 때문에[분유(分有)], 인간은 이성적으로 생각할 수 있는 것이다. 즉, 우주의 애플리케이션(세계 이성)이 스마트폰(인간)에 다운로드된 것과 같다고 보면 된다.

'자연'='이성'='우주의 원리'라는 원칙을 따르면 세상은 순조롭게 돌아간다. 제논은 '**자연에 순응하며 살라**'고 주장했다. 이성에 따라 살아가는 것이야말로 자연에 순응해 살아가는 것이다.

또 인간은 정념(파토스)에 이끌려 아무것도 아닌 것에 신경을 쓴다. 그러니 정념에 휘둘리지 않으면 된다. 이를 '아파테이아(부동심)'라 한다. 괴로워도 평정을 유지하는 것. 이 경지를 추구하는 것 또한 상당히 힘든 수행이라 할 수 있겠다.

◎ 근성의 철학으로 삶을 헤쳐나가자

스토아학파의 철학에서는 쾌락을 자기보존의 충동을 충족하면서 얻어지는 무의미한 것으로 생각한다. 가령, 배가 고프면 먹는다. 이는 이성적으로 생각하면 영양을 섭취하기 위한 행동이다. 따라서 간편한 에너지바 하나로 칼로리만채우면 충분하다. 식도락 같은 건 말도 안 된다는 사고방식이다. 현대인에게는다소 안 맞을 수도 있다.

또 제논에 따르면 '선'이라는 것은, 신중함, 절제, 정의, 용기 등의 덕목만이해당한다고 보았다. 반대로 경솔함, 무절제, 부정, 소심함을 '악'으로 보았다.

즉, 이를 제외한 생과 사, 명예와 불명예, 부와 가난, 병과 건강 등은 전혀 고려의 대상이 아니다. 인간의 영혼을 향상시키는 것(영혼의 선함)만 신경 쓰면 된다는 말이 된다.

제논에 따르면 죽음, 빈곤, 허약은 선악의 관점에서 보면 무의미한 것이다.

로마 시대가 되면 스토아학파는 큰 전환기를 맞이한다(후기 스토아학파).

여기에서 세네카, 에픽테토스, **마르쿠스 아우렐리우스** 등의 철학자가 배출되었다. 현대의 자기계발(➡ 352p)에서도 인용되는 마르쿠스 아우렐리우스가 남긴 유명한 말이 있다.

마르쿠스 아우렐리우스는 아침에 일어나면 자신에게 이렇게 말한다. '오늘도 나는 배은망덕하고, 흉악하며, 위험하고, 시기가 강하며 무자비한 사람들과만날 것이다.' '하지만, 누구라도 내게 상처를 줄 수 없으며, 나는 화를 내거나그 사람을 증오하지도 않을 것이다.'

자기 긍정감을 주는 주문(➡ 372p)이라 하기에는 살짝 부정적인 말이므로부적절하지만, 나름 훌륭한 마인드 컨트롤 방법이라 할 수 있다.

에피쿠로스학파와 스토아학파의 철학 모두 우주의 원리를 밝히고, 여기에서 '삶의 방식'을 도출한다. '원리' → '삶의 방식'은 근대 철학까지 이어진 공식과도 같은 것이었다.

06   신플라톤주의의 신비

바로 이것이 이데아론의 업그레이드판

◎ **절대자와의 융합을 지향하는 사상**

여기서는 철학사에서는 잘 다루지 않는 신비주의에 관해 짚어보자. 신비주의는 의외로 현대 시대를 파악하는 핵심적 요소를 지니고 있기 때문이다.

알렉산드로스 대왕의 원정으로 헬레니즘 이후에 그리스 문화권이 확대되었고, 그리스 철학은 동방의 여러 나라와 융합되었다. 로마제국 시기에 들어서면, 별안간 절대적인 존재를 갈망하는 신비주의 철학으로 **신플라톤주의**가 유행한다. 로마 시대는 그리스 정신이 세계사에서 자취를 감추어가던 시기였다.

이 사상이 훌륭한 것은 살아 있는 인간이 실제로 이데아계 차원의 절대자와의 융합을 추구한다는 점이다. 신플라톤주의를 주장한 사람은 **플로티노스**다. 이데아론을 이어받은 그는 이데아계를 초월한 궁극의 원리를 추구했다. 이데아계에도 다양한 계층이 존재한다는 것이다. 음식을 예로 들면, 소, 중, 대, 특대 사이즈처럼 서열이 있고, '선의 이데아'가 최고의 경지에 있다고 생각했다. 플로티노스는 최고의 경지에 달하면 최고급 요리를 자유자재로 즐길 수 있는 존재가 될 수 있다고 생각했다.

플로티노스(205년경~270년)
고대 로마 지배하의 이집트 철학자로, 신플라톤주의(네오플라토니즘)의 창시자로 알려져 있다. 주요 저서로는 『엔네아데스』가 있다. 이탈리아반도 남서부에 '플라톤 왕국' 건설을 꿈꾸었으나 황제의 반대로 무산되었다. 후에 르네상스와 신비 사상에 지대한 영향을 미쳤다.

◎ **살아 있으면서 우주의 원리와 합치되는 방법**

철학의 기본적 사고로서 궁극의 원리를 추구하고자 한다면 다양성을 모두 제
거하는 방법이 있다. 빵, 햄, 치즈, 우동, 라면 등을 '식품'이라는 상위 개념으로
묶는 작업이다. ―구체에서 추상으로.

　그래서 플로티노스는 다양성에서 존재·사유로 개념을 발전시켜, 여기에 궁
극의 원리를 두었다.

　소 한 마리에서 다양한 요리가 탄생하듯이 철학에서는 궁극의 원리를 바탕
으로 다양성이 나온다. ―두 개가 존재하면 이원론(➡ 84p)이라 한다.

　이 궁극의 원리는 신이며, 이를 **'일자**(一者, to hen)'라 불렀다.

　플로티노스는 다양한 것에서 분화하기 이전의 하나의 통일체가 있어야 한
다고 생각한 것이다.

　'일자'는 공간적·시간적 규정을 초월한 개념이므로, 어디에 존재하는 것도
아니며, 언제 존재하는 것도 아니다. 움직이지도 않고, 그렇다고 정지해 있지도
않다. 우리의 상식을 훨씬 초월한 존재다.

　크기도 무게도 존재하지 않고, 형체도 없는 것이다. 추상적인 개념의 궁극
영역이므로, 이를 상상하는 것은 명상과 맥을 같이 한다.

세계는 왜 이렇게 다양할까?

◎ 만족하는 존재는 아무것도 하지 않을 터인데…

자꾸 없다는 이야기만 하는 것 같아 유감이지만, '일자'는 우리가 의식조차 하지 못하는 존재다. 의식은 보는 것과 보이는 것(주관과 객관)(➡ 84p)의 대립 속에서 나타난다. 일자에는 이러한 구별도 존재하지 않는다. 그도 그럴 것이 일자는 인격을 지닌 신의 개념이 아니기 때문이다.

이러한 모든 규정에 속박되지 않는 근본적인 원리가 일자인 것이다. 하나의 원리가 점차 다양화된다는 이 발상은, 현대 물리학에서 하나의 수식으로 세계의 모든 것을 설명하고자 한 호킹 박사의 주장과 일맥상통하는 면이 있다.

그런데 세계의 궁극적 원리인 '일자'는 딱히 정해진 형태가 있는 것도 아니면서 어떻게 다양화될 수 있는 것일까. 현재 과학에서는 빅뱅으로 우주가 탄생했다고 주장한다. ―그 목적은 생각하지 않는다.― 하지만 예전의 철학은 '무엇을 위해(목적)'에 대한 답을 찾는 데 집중했다. 따라서 '무엇을 위해 세계는 다양한 형태로 출현했는가?'에 대한 답을 탐구했다.

플로티노스에 따르면 세계를 창조한 것은 일자다. 창조라는 것은 하나의 작용이다. 작용이라는 것은 변하는 현상세계에서만 일어날 수 있다. 궁극의 '일자'가 작용을 한다는 것이 이상하지 않은가? 애초에 '일자'는 완벽하므로 자족(自足) 상태다. 부족함을 느끼지 않는 상태라는 것이다. 굳이 세계를 창조하고자 할 필요가 없는 것이다.

여기에 이 세계의 존재에 대한 의문이 나타났다. 어떻게 세계가 존재하게 된 것일까? 무엇을 위해 세계는 존재하는 것일까? 완벽한 존재와 불완전한 이 세계에 관해 플로티노스는 다음과 같이 대답했다. 세계는 흘러넘쳐서 '유출(流出)'된 것이라고.

◎ 최종목표는 신인합일(神人合一)이라는 신비한 체험

일자는 무한의 존재다. 그 무엇도 일자를 한정할 수 없다. 일자는 끝없이 뿜어 나오는 온천수 같은 것으로, 가득 차 있으니 흘러내릴 수밖에 없다는 것이다.

일자는 너무 완전해서 에너지를 무한으로 가지고 있기 때문에 어떠한 에너지를 보급받을 필요 없이 에너지를 계속해서 분출한다. 후에 이 주장은 기독교 철학(➡ 59p)의 신의 무한성과 근대 철학의 실체라는 개념으로 이어진다.

'너무 풍부해서 필연적으로 흘러넘친다. 따라서 세계는 존재한다.' 과학적으로는 충분한 설명이 되지 않지만, 현대인의 관점에서 봐도 낭만적인 생각이다. 그러나 여기에 문제가 있다. 녹차잎을 몇 번이고 우리면 점점 묽어진다. 사실 우리는 이데아를 잊고, 감각에만 의지해 물질적 세계에 타락한 존재라 알려져 있다. 이는 우리가 일자에서 한참 떨어진 모사 세계에 살고 있다는 의미가 된다.

일자로부터의 유출은 플로티노스에 따르면 **누스**(정신, Nous)에서 영혼을 거쳐, 단계적으로 질료(물질적인 것)로 끝난다. 마지막 단계의 질료는 빛이 완전히 차단된 암흑이며, 악이 나타나는 장소다.

원리는 이해했으므로, 예시를 통해 '삶의 방식'에 관해 이야기해보자. 우리는 물질세계로의 '하강'을 기뻐할 것이 아니라, 일자를 향해 자신을 향상시켜야 한다고 생각한다.

일자라는 본체보다 열등한 존재, 즉 일자를 복사한 현실 세계를 발판으로 초월적인 존재에 다가가 초월적인 존재를 만나는 것이 **신비체험**이다.

플로티노스의 제자 포르피리오스에 따르면 플로티노스는 네 번 일자와의 합체를 이루었다. 일자와의 합일의 경지에 이르면 모든 것을 망각하고, 말과 생각도 망각한 물아일체의 경지에서 충만한 빛에 쌓인다고 한다.

이는 궁극의 명상체험이다. 이처럼 합리적인 것과 비합리적인 것을 연결하는 것도 철학적 사고의 흥미로운 부분이다.

CHAPTER

2

종교를 통해
현대를 바라보자

2장에서는 종교에 관해 살펴보자. 종교는 자신과 상관없다고 생각하는 사람도 있겠지만, 세계사 교과서를 봐도 알 수 있듯이 세계는 예나 지금이나 유대교, 기독교, 이슬람교, 불교, 힌두교에서 지대한 영향을 받고 있다.

종교는 문학, 음악, 회화, 건축 등 모든 분야에 침투되어 있다. 종교를 알면 문화사를 이해하기 쉬워지므로 기본적인 것만이라도 알아두기를 추천한다.

바쁜 현대인은 각각의 종교와 관련된 책을 읽을 여유가 없다. 따라서 여기 서는 유대교와 기독교를 중심으로 살펴보고자 한다.

종교는 정치와 깊은 관련을 맺고 있기 때문에 국제 뉴스를 이해하는 데 반드시 필요하다.

유대교는 지금까지도 명맥을 유지하며, 지금의 이스라엘 팔레스타인 분쟁 에까지 영향을 주었다. 인도는 힌두교와 이슬람교의 비율이 높은 나라다. 여기 서는 힌두교는 다루지 않지만, 일부는 고대 힌두 사상과 관련이 있다.

가톨릭 세력과 미국의 개신교 세력, 미국과 이슬람 국가들의 대립 등 종교 문제는 너무 복잡해 단번에 이해하기는 힘들다.

종교적인 내용보다 정보로써 도움이 되는 내용을 바탕으로 최대한 알기 쉽게 설명하는 데 중점을 두었다. 한편, 아시아 사상에서는 인도 사상을 중심으로 살펴본다. 중국의 사상은 정치철학을 다루는 제2부에서 살펴보기로 한다.

유대교, 기독교, 이슬람교는 일신교다. 인도 사상에서는 고대의 다신교와 불교와의 융합 등이 엿보이나, 원리적으로는 서양의 범신론(汎神論)에 가깝다 할 수 있다.

종교를 공부하면,
국제정세와 미래를 예측하는 힌트를 얻을 수 있다!

일신교의 경우 '신'의 개념을 이해하기 어렵다. 신은 화를 내거나, 증오하고, 기쁨을 느끼는 인격신인 경우가 많은데, 철학이나 신학에서는 플라톤과 아리스토텔레스의 철학을 통해 이를 설명하므로 신이 원리로서의 존재임을 알 수 있다.

즉, 일신교는 고대 그리스 철학과 유대교, 기독교, 이슬람교의 관계를 생각하며 이해하면 쉽다.

한편, 인도 사상에서는 내면의 실체와 만물의 인과관계를 토대로 한 철학 이론이 발전했다. 이와 동시에 구체적인 깨달음을 얻기 위한 명상 등의 실천 방법을 고안한 것도 인도 사상의 특징이라 할 수 있다.

이번 장에서는 종교적 신앙 등을 주입하는 것이 아니라, 어디까지나 해외 정세를 쉽고, 심층적으로 이해하기 위한 기본적 개념을 살펴본다. 다양한 종파마다 독자적인 설명 방법이 존재하겠지만, 내용은 윤리 교과서에 실린 내용을 중심으로 설명하고자 한다.

또 이 책은 어떠한 조직, 단체, 지자체와 이해관계가 없음을 밝힌다.

유대교의 성립과 『성서』

종교는 몰라도 『성서』는 분명 '역사서'다

◎ 유대교의 역사를 최대한 요약하면 다음과 같다

기원전 2000년부터 기원전 1500년경, 고대 이스라엘 사람들은 팔레스타인 지방으로 이주해 다양한 민족에게서 지배를 받으며, 유랑 생활을 할 수밖에 없었다. 고난에 몸부림치던 이스라엘 사람들은 민족의 단결과 회복을 꿈꾸는 과정에서 유대교를 형성했다. 나라가 없었기에, 정신적인 규범을 바탕으로 일치단결한 것이다. 종교와 사상은 나라가 없어도 사람들을 연결해준다는 것은 지금도 널리 알려진 사실이다.

야훼라 하는 유대교의 신은 무서운 신이다. 분노, 질투, 저주, 심판을 관장하는 인격신이다. −우주의 원리로서의 신, 범신론의 신(➡ 86p)과는 다르다.− 이 신이 세계를 창조하고, 인간을 창조했으므로, 절대적인 존재다. 인간은 불평할 여지가 없다.

이 신은 이스라엘인을 자신의 백성으로 선택하고(선민사상), 그들을 영원한 구원으로 인도할 것이라 약속했다. 그 대신 이스라엘인은 신의 의사가 반영된 율법(법률 같은 것)을 엄수해야만 했다(신과 맺은 계약).

카인
(『창세기』 제4장 등)
아담과 이브의 아들로, 동생 아벨을 살해하며 인류 최초의 살인자가 되었다.

노아
(『창세기』 제5~10장 등)
노아의 방주를 완성했다. 아내와 세 아들, 세 아들의 아내들, 모든 동물의 한 쌍을 방주에 태웠다.

아브라함
(『창세기』 제11~17장 등)
노아의 홍수 후, 신의 인류 구원의 출발점으로 선택된 최초의 예언자로, 부인은 사라(사라이)다.

이삭
(『창세기』 제17~35장 등)
아브라함과 사라의 아들이다. 이슬람교에서는 이삭보다 형 이스마엘을 중시한다.

◎ 고난의 유대인은 신의 율법을 지키지 않았다

율법의 근본은 '**모세의 십계명**'이다. 『구약성서』에 따르면 기원전 13세기경 이집트에서 노예 생활을 하던 이스라엘인들이 신의 계시를 받은 모세를 따라 탈출했다. 그 후에도 이스라엘인들의 역사는 비참했다. 바빌론 포로(➡ p50)의 고난에도 굴하지 않고 율법을 지키고 민족을 통일하고자 애썼다.

이윽고 이스라엘인들은 페르시아에 의해 풀려나 고향 예루살렘으로 돌아온다. 그리고 신전을 재건해 교단을 창설한다. 여기서 유대교가 성립한다.

여기서 한번 이야기를 정리해보자. 우선 신이 천지를 창조하고, 인간을 만들었다. 인간이 신을 배신해 죄를 짓고 낙원에서 추방되었다. 인구는 늘어났으나, 인간이 너무 포악해졌기에 신은 인간을 멸망시키려 했다(**노아의 방주**).(➡ 47p) 그러나 역시 그만두었다. 그런데도 인간은 여전했다. 이에 신은 규율을 만들었다. 그러나 인간은 이를 지키지 않았으며, 잇달아 신의 심판을 받았다.

드디어 신전과 유대교가 만들어졌다. 하지만 결국 인간은 죄를 지은 채로 현대에 이르렀다.

『구약성서』는 전체 39권으로 모세오경(율법서, 5권), 역사서(12권), 지혜서(5권), 예언서(17권)로 되어 있다. 역사서는 유대인이 자신들의 역사를 신과의 관계로 파악해 표현했다.

장대한 드라마 『구약성서』

◎ 신의 절대성을 잘 알 수 있는 책

여기서 조금 더 『성서』(『구약성서』)를 통해 현대를 이해하기 위한 포인트를 짚어
보자. 『성서』는 '최초의 인류와 최초의 살인'에 관한 내용이 첫 장을 장식한다.
『창세기』에서 신이 "빛이여 생겨나라"라고 명하자 빛이 생겼다.

또 신이 우주, 지구, 생명, 인간을 엿새 만에 창조했다고 기록되어 있다. 신
은 **아담**을 만들고, 아담의 갈비뼈로 **이브**를 만들었다. -애니메이션 〈에반게리
온〉을 보기 위한 필수 상식.

그러나 두 사람은 선악과 나무의 열매를 먹어, 신의 노여움을 샀고 에덴동
산이라는 낙원에서 추방되었다.

아담과 이브는 낙원에서 추방된 후 여느 부부와 같은 생활을 이어가다 **카인**
(장남)과 **아벨**(차남)을 낳았다. 그런데 여기서 인류 최초의 살인사건이 일어난다.

카인(농경민)이 아벨(유목민)을 살해한 것이다. -신이 아벨의 재물을 더 좋아
했다는 이유에서였다. 이유에 관해선 여러 설이 존재한다.

카인은 신에게 추방당했다. 아담과 이브에게 세 번째 아들 셋이 태어났다.
셋의 가문은 대대로 신앙을 계승했고, 아담의 10대손 **노아**가 태어났다.

신은 카인이 누구에게도 죽임을 당하지 않도록 '카인의 각인'을 새겼다. 카
인은 아들 에녹을 얻고, 추방 후에 정착한 놋이라는 땅에 만든 성읍에도 에녹
이라는 이름을 붙였다.

그 후, 신은 다시 인류를 멸하고자 했다. 신은 절대적인 존재이므로 인간이
이해할 수 없는 일을 행하기도 한다. 후에 신학자가 여기에 의미를 부여했다.

◎ 뉴스를 이해하는 데 도움이 되는 용어가 가득한 『구약성서』

노아의 시대에는 악이 만연했기 때문에 신은 인류를 멸하려고 했다. 그러나 신앙심이 깊은 노아의 가족은 방주를 만들어 살아남을 수 있었다. 그리고 노아의 자손들을 통해 새로운 인류가 탄생했다.

하지만 그 후 인류는 오만해졌고, 결국 바벨탑을 만들었다. 신은 이를 보고 노여워하며 인간들의 말을 서로 다르게 만들어 말이 통하지 않게 했다.

이리하여 다양한 언어가 생겨났다. ─언어가 다르면 끼리끼리 무리를 짓는다. 그리고 전쟁을 한다.

셈(노아의 아들)의 자손 **아브라함**은 조카인 롯과 함께 가나안에 살고 있었다. 신은 아브라함의 아들인 **이삭**을 제물로 바치라고 명하고, 신앙이 깊은 아브라함은 사랑하는 아들 이삭을 정말 제물로 바치려고 했다.

신은 아이를 희생하려는 아브라함의 신앙에 감복해, 이삭을 제물로 바치라고 했던 명을 취소했다는 해피엔딩이다. 신의 축복으로 인류는 해변의 모래알만큼 수없이 늘어나게 되었다.

한편, **롯**과 그 딸들이 정착한 소돔은 쾌락이 흘러넘치는 죄악의 땅이었다. 두 명의 천사가 롯의 가족에게 이 마을이 멸망할 것이라 알려주어 롯과 그 가족은 탈출하게 된다.

롯의 아내는 소돔이 멸망하는 순간, '뒤를 돌아보지 말라'는 신의 말을 어기고 뒤를 돌아보고 말았다. 그러자 롯의 아내는 소금 기둥으로 변해버렸다.

이처럼 스토리가 있는 것이 『구약성서』의 역사서 부분이다. 예언서는 「이사야서」, 「예레미야서」, 「에스겔서」, 「애가」, 「다니엘서」로 구성된 대예언서 5권과 짧은 소예언서 12권으로 구성되어 있다.

예언서는 신에게서 예언을 받은 예언자가 신의 말을 다양한 형태로 표현한 것이므로, 이 또한 현대의 세계정세를 읽는 데 도움이 된다.

08

『성서』가 왜 대단할까?

『구약성서』를 소재로 한 영화

◎ 위대한 요셉의 성과가 잊히기까지의 이야기

족장 아브라함을 조상으로 삼은 이스라엘인은 기원전 20세기경에 메소포타미아 도시 문명을 버리고 유목 생활을 하다 팔레스타인으로 이주했다. 아브라함은 **신**(야훼)에게 약속의 땅 '젖과 꿀이 흐르는' **가나안**을 선물로 받았다.

아브라함의 아들 이삭, 그의 아들 야곱, 그리고 야곱의 아들이 **요셉**으로 이어졌다. 등장하는 이름이 많아 이해하기 힘들어 『구약성서』 통독을 포기하는 사람이 많다고 한다. 어쨌든 아담과 이브의 자손, 아브라함 그리고 요셉 정도만 기억하면 된다.

요셉은 고결하고 '슬기로우며 지혜로운' 인물(『창세기』 41:39)이었다고 한다. 원래 요셉은 형제에게 속아서 이집트에 노예로 팔려 간 인물이다. 그런데 감추어진 재능(꿈을 해석하는 능력 등)을 발휘해, 이집트를 기근에서 구하는 등의 업적을 남겨 이집트의 재상(총리에 해당하는 자리)에 올랐다. 요셉의 성공 스토리는 종종 미국 개신교계의 자기계발(➡ 353p)에 사용된다.

솔로몬
(기원전 1011년경~931경)
『구약성서』의 「열왕기」에 등장하는 고대 이스라엘(이스라엘 왕국)의 제3대 왕이다. 왕국 최후의 영화를 누렸다.

엘리야
(『열왕기』 제18장 등)
예언자로, 바알 숭배에 대해 반대했으며, 야훼 신앙의 수호자다. 『신약성서』의 「요한의 복음서」에서도 강조하고 있다.

에스겔
(기원전 6세기경)
제사장으로, 바빌론 포로 시대의 예언자다. 신전의 재건, 미래 국가에 대해 이야기했다. 바빌론 포로 후의 사람들을 통해 국가부흥을 이루었다고 한다.

◎ 이집트에서 탈출한 후 십계명을 받다

그러나 자비로운 요셉은 자신을 팔아넘긴 형제를 용서하고, 가족을 이집트로 불러들였다. 이로 인해 이스라엘인들은 이집트에서 번영기를 맞이했다.

『구약성서』의 이야기는 생략된 시대도 많기 때문에 순식간에 이야기가 전개된다. 그 후 이집트인들은 요셉의 존재조차 잊고, 유대인이 많다는 것에 불만을 품었다. 은혜를 모르는 이집트인들의 왕조가 부활한 후, 이스라엘 민족은 노예가 되어 고통스러운 삶을 보냈다.

정리하면 '이집트 노예 요셉 → 한 나라의 재상이 되다 → 그 자손은 다시 노예가 되다'가 되겠다.

여기까지의 이야기는 영화 〈천지창조〉에 잘 나와 있으니 이를 보기를 추천한다. 천지창조에서부터 요셉의 성공스토리가 잘 담겨 있는 영화다. 그 밖에 이집트 탈출을 그린 영화 〈십계〉도 압권이다.

기원전 13세기경에 이스라엘인은 예언자 **모세**를 따라 약속의 땅인 가나안으로의 회귀를 꿈꾸었다. 모세를 따라 이집트 탈출에 성공하고, -이집트를 탈출하며 홍해가 두 갈래로 갈리는 장면이 특히 압권- 그 후 신은 시나이산에서 모세를 중개자로 이스라엘인들과 계약(십계)을 맺는다.

이스라엘 왕국 시대가 되자 가나안 땅에서는 판관이라는 지도자 아래서 유대의 열두 개 부족이 연합해 원주민과 거듭해 전쟁을 하게 된다.

거듭되는 홍수, 역병, 황재, 지진, 전쟁

◎ 재해는 신이 내리는 벌이라고 표현되다

기원전 11세기경, **다윗 왕**, 그리고 솔로몬 왕 시대에 번영기를 맞았다. 이는 〈다윗 대왕〉이라는 영화를 보면 이해가 쉽다.

『구약성서』는 스케일이 웅장한 역사서가 많기 때문에 당시의 환경문제에 관해서도 알 수 있는 대목이 있다.

먼저 홍수를 살펴보자. 이는 노아의 방주에 관한 이야기로부터 추측할 수 있다. 또 모세의 이집트 탈출(출애굽)에서는 역병, 황재(메뚜기 피해), 수질오염 등의 모습이 그려진다.

그 밖에도 『구약성서』에는 지진, 그리고 전쟁이 다수 그려진다.

'전염병 → 메뚜기 대량 발생 → 홍수·기근·지진 → 공황 → 전쟁'이라는 패턴을 파악해두면, 재해 대책에 활용할 수 있을지 모른다. ―역사서에 왜 이런 패턴이 반복되는지는 아직 의문이다.

그리고 이야기는 점점 진행되어 유대 왕국은 북이스라엘과 남유다로 분열된다.

또 기원전 9세기경이 되면 이민족의 지배와 빈부의 격차로 인한 사회문제를 배경으로 신의 심판을 경고하는 예언자가 출현한다.

그러나 기원전 8세기에는 북이스라엘은 멸망하고, 많은 부족이 여러 나라로 분리되고 말았다. 기원전 6세기에는 신바빌로니아가 남유다를 멸망시키고, 몇 번에 걸쳐 지도자적 인물들이 납치되었다. 이를 **바빌론 포로**라 한다. 바빌론 포로 이후, 신바빌로니아를 정복한 아케메네스왕조 페르시아는 포로가 된 유대인들을 해방시켰다.

해방된 유대인들은 예루살렘으로 돌아가 기원전 6세기에 유대 신전을 재건했다. 여기서 유대교(➡ 44p)가 성립되었다.

◎ 신의 계시를 전하는 예언자는 미래를 내다보기도 한다

『구약성서』에서는 예언자들이 활약하는 장면이 나온다. 이야기가 살짝 벗어나는데, 남(유다)왕국과 북(이스라엘)왕국으로 분열되었을 시기에 예언자 **엘리야**가 활약한다. 또 기원전 8세기경 예언자 요나가 니네베 사람들을 신의 신앙으로 인도하는 데 성공했다. 니네베는 메소포타미아 땅이다.

바빌론 포로의 시대에는 예언자 예레미야가 활약했다. 바빌로니아에 끌려간 그들은 자신들이 '신에게 선택받은 민족'이라고 생각하게 되었다(선민사상).

예언자 **에스겔**은 바빌론에 연행되었으나, 이때 상징적인 환영을 본다. 신의 사방에 동물들이 허공에 떠 있는 환영이다. 이 바빌론 포로의 시대에 많은 '예언서'가 탄생했다.

이스라엘 민족이 여러 고난을 겪은 것은 신이 주신 시련이며, 신과의 계약을 지키지 않은 자신들에 대한 벌이라는 것이다. 그러나 결국에는 신이 약속한 땅으로 이끌 것이라는(시온의 땅)(➡ 319p) 희망을 안고 있었다. 또 기도를 올리는 **시너고그**(유대교 회당)가 만들어졌다.

바빌론 포로 후, 예루살렘 신전은 재건되었으나 바빌론 포로 때문에 이국의 풍습에 물든 사람들은 율법을 지킬 수 없게 되었다. 예언자 말라기는 '주님의 크고 두려운 날이 오기 전에 너희에게 예언자 엘리야를 보내리라'라는 예언을 한다.

따라서 『구약성서』를 한마디로 요약하면, 신의 천지창조 → 아담과 이브가 범한 인류의 죄 → 유대(이스라엘)인들이 율법을 지키지 않음 → 신의 벌 → 회개 → 다시 율법을 지키지 않음 → 벌 → 회개 → 다시 율법을 지키지 않음, 이 과정을 몇 번이나 반복한다는 이야기다.

1948년에는 이스라엘 국가(➡ 320p)가 건설되었다. 『구약성서』에서의 약속이 이루어진 것이다.

09

기독교란 무엇일까?

예수도 유대교 신자였다

◎ 유대교를 바탕으로 기독교가 탄생한 배경

『구약성서』와 『신약성서』의 차이를 한마디로 표현하면 『구약성서』는 유대인의 역사와 율법·시편 등을 기록한 것이고, 『신약성서』는 **예수**의 등장과 그 제자의 활약, 포교의 편지와 묵시록을 기록한 것이라 할 수 있다. 『구약성서』와 『신약성서』 사이에는 약 400년이라는 시간이 존재하므로 세상도 몰라보게 변했다.

예수 탄생 이전, 유대의 땅은 로마의 속주로 억압받고 있었다. 그들의 종교는 물론 유대교였다. 여기에서 예수가 태어났으므로 예수 역시 유대교도였다. 그러나 예수는 당시 유대교를 비판했기에 유대인들의 요청으로 로마법에 따라 십자가형을 받고 사형되었다. 즉, 이때는 기독교가 아직 존재하지 않았다.

예수는 십자가형에 처하기 전, 죽은 지 사흘 만에 부활할 것이라고 제자에게 전했다. 십자가형에 처한 지 사흘 만에 예수의 사체가 무덤에서 사라진다.

그때 마리아 막달레나가 예수와 만났다고 전해진다. 또 예수는 제자들 앞에 나타났다고 알려져 있다.

예수(기원전 4년경~기원후 30년경)
유대교 신자로, 갈릴래아 지방의 나자렛에서 자랐으며, 목수 일을 물려받았다. 서른이 되었을 무렵, 선교 활동을 하다 처형되었다.

요한(세례자 요한)
(『마태오의 복음서』 제3장 등)
유대인의 종교가이자 예언자로, 예수에게 세례를 받는다. 헤로디아 딸(살로메)의 요구로 처형된다.

베드로
(불명~64년경)
갈릴래아 호수의 어부다. 이 이름은 암석 조각, 돌 등을 뜻한다. 예수의 제자로, 초대 로마 교황에 올랐다.

마태오
(『마태오의 복음서』 제9장 등)
예수의 제자가 되기 전에는 세금 징수원이었다. 「마태오의 복음서」의 저자라는 이야기가 있다.

◎ 로마제국과 속령 유대의 관계

나자렛에 사는 유대교 신자 **마리아**는 대천사 가브리엘에게서 수태고지를 받았다. 마리아의 남편은 다윗(➡ 319p)의 자손인 요셉이다. ―그러나 예수는 처녀생식으로 태어났다.

그 후 마리아와 요셉은 베들레헴으로 길을 떠났고, 숙소 마구간에서 예수가 탄생했다.

이때 유대는 앞에서 언급했듯이 로마의 속령이었다. 유대 왕 헤롯은 구세주의 탄생으로 자신의 지위가 위태로울 것을 감지하고, 베들레헴 주변의 두 살 이하 유아를 다 죽이도록 명했다.

그러나 천사 가브리엘의 권유를 받은 요셉 일가는 이미 간발의 차로 이집트로 피신한 뒤였다. 그들은 헤롯 대왕이 사망할 때까지 이집트에 머물렀다. 헤롯 대왕이 사망한 후, 천사가 요셉의 꿈에 나타나 이 사실을 알렸다. 그러나 아직 위험이 도사리고 있었다. 헤롯 대왕의 아들 아르켈라오스가 뒤를 이어 유대를 지배했기 때문이다. 그래서 요셉 일가는 **예루살렘**을 떠나 나자렛에 살게 되었다.

여기서 '천사는 정말 존재하는가?'라는 의문을 제기할 수 있으나, 일단 이는 제쳐두고 현대의 정보수집에 도움이 될 만한 내용부터 확인해보자.

방금 한 설명에서 키워드는 로마제국, 유대인이 사는 속국, 식민지(제국주의)(➡ 308p), 예루살렘, 천사의 이름이다.

비교하는 재미가 있는 『구약성서』, 『신약성서』

◎ 예수가 세례를 받았다? 세례를 주는 사람 아니야?

서른이 된 예수는 요단강 주변에서 **요한**에게 세례를 받았다. 요한은 속세를 등지고 활동한 유대교 에세네파에 속한 인물로 알려져 있는데, 아직 기독교가 성립되기 전이었기에 예수는 유대교의 세례를 받은 것이 된다.

사람들은 요한을 **메시아(구세주)**라 생각했으나, 요한은 이를 스스로 부정하며, 자신보다 훨씬 훌륭한 인물이 나타날 것이라 예언했다. 이가 바로 예수였던 것이다.

「마르코의 복음서」에서는 "때가 되었다. 하나님의 나라가 가까워졌다. 회개하고 복음을 믿어라"(1:15)라고 예수가 말했다고 전해진다. 이것이 선교 활동의 시작이라고 알려져 있다.

이 복음을 전하기 위해 예수는 신분 차별을 없애고, 사회의 하층민으로 살며 고통받는 사람들을 도우려 했다. 예수는 차별이 없는 공동의 식탁을 실천했다. 그러나 이처럼 옳고 선한 일을 하면 윗사람의 눈 밖에 날 수 있다는 점을 주의해야 한다.

예수는 요한에게 세례를 받은 후, 선교 활동을 시작하기 전에 황야에 들어가 수행을 하다가 악마의 유혹을 뿌리치고, 갈릴래아 지역에서 선교 활동을 시작했다.

여기서 예수의 '회개'와 '**하나님의 나라가 가까워졌다**'라는 가르침에 끌려 하나둘 제자가 모여들었고, 예수는 여러 기적을 행했다. 물론, '기적이 정말 존재하느냐?'라는 의문에 대한 대답은 잠깐 보류하기로 하자.

예수는 갈릴래아 호수에서 어부 일을 하던 **시몬(베드로)**과 안드레 형제와 만난다. 시몬과 안드레는 하던 일을 그만두고 예수를 따라 길을 떠난다.

마찬가지로 어부 야곱(세베대의 아들)과 그 형제인 요한이 예수의 뒤를 따라나섰다. 이 열두 명의 제자를 **사도**라 불렀다.

◎ 『구약성서』의 내용을 예수가 행하다

「마태오의 복음서」 5~7장을 '**산 위에서 하신 설교**(山上垂訓)'라 한다.

'예수는 이 군중을 보고 산에 올랐다. 예수가 자리에 앉자 제자들이 가까이 다가왔다. 그리고 예수는 말문을 열고 설교를 시작했다.'

이렇게 후에 기독교에서 유명한 가르침이 시작되었다.

'마음이 가난한 자에게 복이 있나니 천국은 그들을 위한 것이다. 애통해 하는 자에게 복이 있나니 그들이 위로를 받을 것이요'라며 애통한 자들에 대한 위로와 '복수하지 마라', '하늘에 재물을 쌓아라', '남을 심판하지 마라' 등의 여러 가르침을 주었다.

이 가르침은 세상에서 말하는 행복과는 정반대의 내용으로 되어 있다.

기독교에서는 신이 악인이나 선인에게 모두 평등하게 주는 사랑을 **아가페**라고 한다. 아가페는 이웃에 대한 사랑으로 나타난다.

또 유대교에서의 '신의 나라'는 바빌론 포로 이후 예언자들이 민족적인 나라로 바라던 곳이었다. 그러나 예수는 '신의 나라'를 신의 지배라고 해석하고, 그것이 이미 시작되었다고 했다. 여기에는 여러 설이 존재한다.

예루살렘은 기원전 1000년경에 이스라엘의 제2대 왕 다윗(➡ 50p)이 수도로 정한 곳이다. 다윗은 모세의 십계명(➡ 45p)을 새긴 석판이 담긴 '계약의 궤'를 예루살렘에 지고 가서 천막 속에 안치했다.

예수가 그 성벽 안으로 들어오는 장면이 '**예루살렘 입성**'이다. 「마태오의 복음서」에서는 『구약성서』의 「즈가리야서」의 1절에서 인용해 '그분은 겸손하시어 나귀를, 짐을 실은 나귀의 새끼, 새끼 나귀를 타고 오신다'라고 했다. 『구약성서』대로 예수는 나귀에 올라 예루살렘에 입성했다.

군중은 외쳤다. "다윗의 후손이여, 호산나(우리를 구원하소서)!"

『구약성서』와 『신약성서』의 대조가 『성서』를 보는 재미 중 하나다.

10

기독교의 성립

원시 기독교에서 세계적 종교로

◎ **최후의 만찬은 가톨릭 미사에서 엿볼 수 있다**

예수는 '차별 없이 평등한 신의 사랑'과 '율법을 지킨다는 것의 진정한 의미'를 재해석하려 했기 때문에 **바리새파 등 유대교 주류파**의 지도자들에게 반감을 샀다.

최후의 만찬은 잘 알려진 장면이다. 예수는 열두 명의 사도와 함께 식탁에 앉아 있다. 사도 중 한 명인 유다 이스카리옷의 배신을 알았다고 한다. 또 예수는 죽음이 가까워졌음을 직감하고, 제자들과 마지막 식사를 준비했다. 빵을 잘라 "이는 나의 몸이다"라 하고, 포도주를 따른 잔을 들고 "이는 많은 이들을 위해 흘린 나의 피, 계약의 피다"라고 했다. 현재의 **가톨릭교회**에서 이를 모방한 의식이 행해진다.

유대의 제사장과 장로들은 예수를 사형에 처하는 것에 찬성했으나, 총독 본디오 빌라도는 예수를 사형에 처해야 할 이유가 없다고 판단해, 그를 석방할 것을 주장했다. 그러나 빌라도의 "당신은 유대의 왕인가?"라는 질문에 대한 예수의 대답이 문제가 되었다.

바울로
(?~65년경)
수많은 전도 활동으로 소아시아, 그리스 지방에 교회를 설립했다. 기독교가 세계 종교가 되는 길을 열었다.

아우구스티누스
(354년~430년)
초기 기독교 교회의 최대 교부로, 정통적 가톨릭 교의를 확립했다. 플라톤의 사상을 바탕으로 고대·중세 사상에 큰 영향을 주었다.

토마스 아퀴나스
(1225년경~1274년)
중세 유럽, 이탈리아 신학자이자 철학자로, 스콜라 철학의 대성자다. 아리스토텔레스 철학을 바탕으로 신앙과 이성의 조화를 추구했다.

여기서 체력을 회복해볼까?

◎ **바울로가 본 것은 무엇이었을까?**

예수가 '유대의 왕'이라면, 이는 그가 **메시아(구세주)**라는 의미다. 이는 유대교 교리의 관점에서는 올바르지 않다. 그래서 유대의 민중들은 예수를 사형시키는 것에 찬성했다. 유대인이 유대인 예수를 죽음에 몰아넣은 것이다.

원래 십자가형이란 로마인이 다른 민족의 범죄자를 처형할 때 사용하는 방법이다. 예수도 이처럼 범죄자(정치범) 중 한 명으로 간주되어, 십자가형을 받았다. 예수는 십자가에서 "엘로이 엘로이 레마 사박타니"라고 외쳤다고 한다. 이는 "나의 주님, 나의 주님, 어찌하여 나를 버리셨나이까?"라는 의미다(『구약성서』「시편」 22:2, 다윗의 말). 예수는 다시 큰소리로 외치고, 숨을 거두었다.

그리고 사흘 후에 예수가 부활하고(여기에 대한 의문은 보류) 사도들이 예수가 메시아(구세주=그리스도)라 확신하게 되었다. 이렇게 기독교가 탄생한 것이다.

〈A. D. 더 바이블 컨티뉴스〉는 2015년에 미국에서 방송된 TV 드라마로 이해하기 쉽게 해당 내용을 그리고 있다(프로테스탄트, 개신교).(➡ 80p)

예수의 십자가형 이후 일반적인 상식대로라면 기독교는 일부 지역에 국한된 종교여야 할 것이다. 그러나 세계적 종교로까지 전파된 것은 사도들의 활약 덕분이다.

중세 기독교 철학으로의 발전

◎ 대반전, 기독교를 세계적 종교로 만든 사람은 바울로다

기독교를 세계적 종교로 전파한 인물로는 유대교도인 **사울(바울로)**이 유명하다. 처음 사울(히브리어 이름)은 기독교도를 혹독하게 박해하던 인물이었다. 사울은 로마 시민권을 지니고 있었으며, 유대 사회에서 부유층에 속해 있었다.

그런데 사울은 시리아의 다마스쿠스로 향하던 도중 "사울, 사울, 어째서 너는 나를 박해하느냐?"라는 예수의 음성을 들었고, 사울의 눈이 그 순간 멀어 버렸다.

예수는 사울에게 다마스쿠스에 가면 어떻게든 될 것이라고 조언했다. 사울은 고심 끝에 다마스쿠스에서 제자들에게 연락을 취했고, 겨우 신의 힘으로 눈에서 비늘 같은 것이 떨어져 나가 시력을 회복했다. −눈에서 비늘(이 떨어졌다)의 어원(몰랐던 걸 알게 되었을 때 하는 말−옮긴이).

이를 계기로 바울로(그리스어 이름)는 회개하고 기독교 신자가 되었다. 바울로는 유대교 주류파의 박해와 기독교 신도들의 의심어린 눈초리(유대교에서 기독교로 갑자기 개종했으므로)라는 역경 속에서 포교 활동과 저술에 매진했다.

결과적으로 바울로의 사명감에 찬 전도로 기독교는 이스라엘 민족을 뛰어넘어 세계적 종교로 자리 잡았다. 다른 사도들도 크게 활약했고, 바울로를 포함한 대부분의 사도는 순교했다.

예수의 사후, 기독교의 성립으로부터 2세기경까지의 기독교를 일반적으로 **원시(초기) 기독교**라 한다.

바울로는 인간이 신앙을 가지고, 회개하며, 하나님과 이웃을 사랑할 때 구원받는다고 생각했다.

◎ 그리스 철학과 융합한 교부 철학과 스콜라 철학

그러나 여기서 드는 의문이 있다. 구세주 예수는 어째서 사형에 처해진 것일까? 사형은 신이 예수로 변신(강생)해서 전 인류의 죄를 사하러(속죄) 왔다는 것을 의미한다. 이로써『구약성서』의 아담과 이브의 원죄는 용서받은 것이다.

그 후 기독교는 여러 박해 속에서도 세력을 확장하고, 4세기 말에는 로마제국의 국교가 되었다. 로마제국은 기독교를 혹독하게 박해한 나라였기에 상당한 반전이다.

또 교부라 불리는 인물들에 의해 플라톤 철학을 중심으로 한 그리스 철학의 영향을 받으며 신학이 발달했다(교부 철학).

3~6세기에 플라톤 철학의 흐름을 잇는 신플라톤주의(➡ 38p)가 영향력을 갖게 되었다.

아우구스티누스는 아버지 하나님과 아들 그리스도와 성령(성부, 성자, 성령), 이 셋은 실체가 하나라는 **삼위일체 교리**를 확립했다.

아우구스티누스는 신의 절대성과 가톨릭교회 권위의 토대를 마련했다. '가톨릭'이란 단어는 '보편성'을 의미하는 그리스어에서 유래했다.

중세에 접어들며 서유럽 전체가 로마 가톨릭교회의 지배하에 들어간다. 그러자 로마 가톨릭의 교리는 철학을 통해 더욱 체계화된다. ―철학은 신학의 시녀.― 교회와 수도원 부속학교(스콜라)에서 교리를 배웠기 때문에 이를 **스콜라 철학**이라 불렀다. ―스쿨(school)의 어원.

스콜라 철학자 토마스 아퀴나스는 신앙과 이성의 조화를 추구하고, 아리스토텔레스 철학(➡ 30p)을 바탕으로 기독교의 신앙을 체계적으로 설명하려 했다. 여기서 철학사에서 중요한 신의 존재증명이 이루어졌다.(➡ 249p) 이성을 가지고 논리적으로 **신의 존재를 증명**한 것이다.

또 법률의 토대가 되는 **자연법**에 관해서도 설명했다.

11

이슬람교의 기초지식

중동정세를 이해하는 데 꼭 필요한 이슬람교

◎ 이슬람교는 과격한 종교일까?

'악몽 같은 9월 11일'은 미국의 번영과 권력의 상징이었던 뉴욕 맨해튼의 세계무역센터를 공격한 테러가 발생한 날이다. 또 이슬람 국가에서도 사건이 일어났다. 이러한 정보들로 인해 이슬람교는 위험한 종교인 것 같고, 또 특정 사상을 숭배하는 것에 대해 거부감을 느끼는 사람도 있을 것이다. -이 또한 하나의 철학적 견해다.

분명 『코란(꾸란)』에는 박해하는 자에 관해 '어디서든 잡아서 그들을 죽여라'(2:191)라고 말하는데, 이 구절만 보고 과격한 종교라 생각할 수 있다.

그러나 다음과 같은 말도 있다. '그러나 도를 넘어서는 안 된다. 신은 도를 넘는 자를 사랑하지 않는다.'(2:190)

신이 '도를 넘지 말라'고 경고하는 온화한 종교인 것이다. 이슬람교는 아라비아반도를 중심으로 현재 약 16억 명의 신자를 보유한 종교로, 기독교, 불교에 버금가는 세계적인 종교이기도 하다.

선악의 판단은 제쳐두고, 뉴스를 이해하기 위해서는 이슬람교에 관한 지식은 꼭 필요하다. 특히, 팔레스타인 분쟁(➡ 318p)은 매우 중요하다.

무함마드(570년경~632년)
이슬람교의 창시자이자 정치인, 군사적 지도자다. 무함마드는 아라비아어로 '찬사를 보내다' '칭송받는다'라는 의미다. 아라비아반도 중서부, 중심도시 메카의 지배 부족인 쿠라이시족의 명문 하심가 출신이다. 최고이면서 최후의 예언자다.

◎ **게임과 애니메이션으로 잘 알려진 '천사 가브리엘'**

세 종교를 영화 시리즈로 예를 들자면, 인기 영화가 〈유대교〉, 속편은 〈기독교〉, 완결편이 〈이슬람교〉다. 따라서 첫 번째 작품과 두 번째 작품을 보지 않으면 완결편을 이해할 수 없다.

이슬람교는 570년경, 아라비아반도의 메카에서 태어난 무함마드가 신의 계시를 받으면서 시작되었다. 무함마드는 상인으로 마흔 살쯤에 메카 근교의 동굴에서 명상을 하고 있었다. 이때 천사 가브리엘을 통해 "일어나서 경고하라"라는 유일신 알라의 계시를 받았다. 무함마드도 처음에는 믿기지 않아, 아내에게 이야기를 했는데 부인이 이를 부추기자 자신감이 생겼다는 이야기가 전해진다. 무함마드는 자신은 신의 말을 전하는 예언자(➡ 51p)라 확신하고, 유일신에 대한 절대적 귀의와 신 앞에서의 평등을 설파했다.

알라는 전지전능한 창조자이므로 우주 만물을 창조하고, 자연적 질서와 인류가 지켜야 할 규범을 정했다. 이슬람이란 '귀의하다'라는 의미다. 이슬람교에서는 신은 시간의 흐름에 따라 일련의 계시를 인간에게 보낸다. 기독교에서는 유대교의 예언자가 메시아(구세주)의 출현을 예언하고, 신의 아들 예수가 메시아로서 인류의 죄를 사해준다는(➡ 59p) 내용으로 되어 있는데, 이슬람교는 이를 인정하지 않는다.

단식은 자주 뉴스에 등장하므로 중요하다

◎ 예수가 인간으로 돌아왔다?!

이슬람교에서는 예수가 메시아가 아니라 단순한 예언자 중 한 명(기독교에서의 위치로 보면 격하)이라 여긴다. 당연히 신이 아니라 생각한다.

『코란』에서는 아담, 노아, 아브라함, 모세, 예수는 모두 예언자다. 무함마드를 최고이자 **최후의 예언자**로 본다.

유대교의 교전은 『구약성서』, 기독교의 교전은 『구약성서』와 『신약성서』였다. 이슬람교에서는 『구약성서』 중 「모세오경」·「시편」과 『신약성서』 중 「복음서」, 그리고 『코란』을 성전으로 한다.

즉, 이슬람교에 따르면 유대교와 기독교 모두 실패한 종교다. 따라서 현재의 이슬람 **신앙공동체(움마)**가 출현한 것이다.

이러한 사상 차이의 배경에는 영토분쟁이 자리하고 있는데, 오늘날과 같은 분쟁은 이와 관련 있다 할 수 있다. 이슬람 신앙의 규약은 ① 신(알라), ② 천사, ③ 경전, ④ 예언자, ⑤ 내세, ⑥ 정명(定命)이라는 여섯 가지 믿음(육신)이다.

알라를 세계의 창조신이며, 절대자라 생각했다. 신은 **최후의 심판** 일의 주재자이며, 회개한 자에게는 용서를, 그렇지 않은 자에게는 지옥 불에 떨어지는 벌을 내린다고 한다.

천사는 알라가 빛으로 창조한 영적 존재(알라와 인간의 중간자적 존재)로 여겼다.

한편, 천사에 대적하는 것을 샤이탄(사탄)이라 여겼다.

이슬람교는 유대교와 기독교의 흐름을 따르는 종교이므로 상당 부분이 겹친다. 신의 유일성, 절대성, 천사와 악마, 최후의 심판, 천국과 지옥 등도 공통적인 개념이다.

◎ 제정일치의 이슬람교

이슬람교도에게는 믿음과 함께, 다섯 개의 기둥이 되는 실천(오행)이 있다.

① 신앙고백(샤하다): 알라 외에 신은 없으며, 무함마드는 알라의 사도다.

② 예배(살라트): 하루에 다섯 번 신에게 절한다.

③ 단식(시움): 이슬람 달력으로 9월의 라마단은 일출에서 일몰까지 금식한다.

④ 구빈세(자카트): 이슬람에서 정한 일정 비율의 재산을 가난한 자에게 베푼다.

⑤ 성지순례(하즈): 여유가 있으면, 일생에 한 번은 메카를 찾아 참배한다.

예배는 새벽(해 뜨기 전), 정오, 오후, 일몰, 밤, 이렇게 하루 다섯 번, 반드시 신에게 기도를 올린다. 일련의 예배 단위를 라카라고 하는데, 복수형은 라카아트다. 새벽에는 2라카아트, 정오와 오후와 밤에는 4라카아트, 일몰 예배는 3라카아트로 정해져 있다.

라마단이라는 말을 종종 뉴스에서 들어본 적이 있을 것이다. 라마단이 포함된 달은 30일 동안, 해가 뜰 때부터 질 때까지 음식을 입에 대지 않는다. 밤에 먹는 것은 상관없다. 구빈세는 가난한 자를 위해 내는 세금으로 빈부의 격차를 해소하기 위한 사회정책이기도 하다.

『코란』에는 '너희는 누구든 라마단 달에 집에 있는 자는 단식하라. 단, 병자나 여행자는 다른 날로 대체해도 된다'라고 되어 있다. 신이 대체 일까지 설명해주는 친절함이 엿보인다.

또 순례는 재산에 여유가 있고 몸에 지장이 없으면 하라는 너그러움도 보인다.

이러한 이슬람 세계에서는 종교와 정치가 일치되어 있음을 알 수 있다. 현대의 국제사회를 이해하기 위해서는 **제정일치** 사회의 모습을 살펴보는 것이 도움이 된다.

인도 철학과 요가

요가를 하는 사람을 위한 인도 철학

◎ 우파니샤드 철학, 요가 사상으로 건강을 찾다

아시아 사상에서 **윤회 사상**은 현대를 사는 우리에게도 큰 영향을 주고 있다. ─ 서양에도 피타고라스 교단 등에 윤회 사상이 존재한다.

고대 인도의 우파니샤드 철학에서는 인간의 영혼은 영원불멸하며, 태어나면 죽고, 죽으면 다시 태어나고를 반복하며 계속 윤회한다고 생각했다.

다만, 인간의 영혼이 어떤 모습으로 태어날지는 알 수 없다. 다시 말해, 이번 생에서는 사람이지만 다음 생에서는 소나 돼지, 개구리나 바퀴벌레로 태어날지도 모른다는 뜻이다.

이 윤회에서 벗어나는 방법이 요가다.

『리그베다』는 인도에서 가장 오래된 문헌이다(기원전 1200년~1000년경 성립). 이는 신들에 대한 찬미를 집대성한 것으로, 이 밖에도 다양한 종류의 『베다』가 존재했다.

이 『베다』의 연장선상에 있는 것이 『삼히타』(본집), 『브라마나』, 『아라니아카』, 『우파니샤드』 등이다. 『우파니샤드』는 오의서(娛義書)라 불리는데, 신비한 철학 관련 이야기를 기록한 성전이다.

베다

기원전 1200년경에서 기원전 500년경에 인도에서 편찬된 문서 전체를 말한다. 『삼히타』(본집), 『브라마나』(제의서), 『아라니아카』, 『우파니샤드』(오의서) 등이 있다.

하타 요가

하타 요가는 인도의 힌두교 성자 고라크나트가 완성했다고 알려져 있다. 무드라(수인)와 프라나야마(호흡법)가 중심이다. 현대에서는 심신단련 운동으로 인기를 얻고 있다.

◎ 이 성전에는 윤회에서 **탈출하는 방법**이 적혀 있다

윤회란 빙글빙글 도는 동그란 고리 같은 것이다. 이 인생의 고리에서 탈출하고 싶다. 지하철 2호선을 타고 한참 졸다가 눈 떠보니 처음에 탔던 역으로 돌아오는 것처럼 어리석은 짓은 하고 싶지 않다.

그렇다면 어떻게 해야 할까? 만약 지하철에 타고 있다면 열차가 빙글빙글 계속 돌고 있는 것의 의미를 느끼지 못하지만, 운전사라면 이야기가 다르다. 운전사는 열차와 자신이 하나가 되는 물아일체의 경지에 달함으로써 고통을 잊을 수 있다. 어디까지나 예시지만 말이다.

영혼이 몇 번이나 다시 태어난다는 것은 영혼은 죽어도 사라지지 않는다는 의미다. 죽어도 사라지지 않을 뿐 아니라 영원히 사라지지 않는다. 이 영혼을 **아트만**(자아)이라 한다.

아트만은 실체이기 때문에 영원히 윤회를 반복한다. 한편, **브라흐만**[범(梵)]은 우주의 원리다. 따라서 자신은 아트만으로 윤회하고 있으나, 사실 본래의 나는 브라흐만이라 인식하는 것, 여기에 해탈의 경지가 있다고 생각했다.

브라흐만(범)과 아트만(자아)은 본래 동일하다고 생각하는 경지를 범아일여(梵我一如)라 한다. 범아일여를 체감한 수행법이 '요가'인 것이다. '다섯 가지 지각기관이 의식과 함께 정지하고, 감각 또한 멈추는 순간, 사람들은 이를 지상의 경지라 한다.'(『우파니샤드』) 즉, '마음의 사멸'을 지향하는 것이다.

마음을 사멸하는 엄청난 수행

◎ 요가에 다양한 자세가 있는 이유

'마음의 작용이 사멸되었을 때는 순수한 관망자인 진짜 나는 자기 본연의 상태로 멈추게 된다.'(『요가 수트라』)

나도 모르게 사람들 앞에서 긴장하거나, 중요한 순간에 갈팡질팡하거나, 성미가 급해 쉽게 언성이 높아지는 성격은 요가로 완화할 수 있다고 한다.

요가는 체위(아사나)로 몸을 정화하는 과정과 명상으로 이루어진다. 명상에서는 좌선을 하고 양쪽 다리를 반대편 허벅지 위에 올리는 '가부좌(파드마사나)' 등의 자세를 하나 선택한다. 애플의 창립자 스티브 잡스(➡ 354p)도 즐겨 하는 자세다. 스티브 잡스는 젊은 시절 '불교'에 심취해 일본에 가려고 한 적도 있었으나, 단념하고 근처에 사는 일본인 밑에서 수행을 했다. 그러고 보면 명상에 창의적인 발상을 끌어내는 비결이 있는지도 모르겠다.

이 가부좌를 할 때 다리와 허리에 통증이 느껴진다면, 양반다리만 해도 된다. 이때 단전(배꼽 근처)에 정신을 집중하고, 배를 천천히 수축시키며 충분히 숨을 내뱉는다.

이 상태로 1~2초 정도 숨을 멈추고, 코로 자연스럽게 숨을 들이마신다.

이번에는 가슴을 활짝 펴고 그 숨을 가득 채운다(가슴의 아래부터 위로). 가슴 위쪽까지 숨이 차면, 다시 1~2초 정도 숨을 참고 천천히 호흡을 내뱉는다.

이러한 수행법을 연마해 **차크라**를 개발하다 보면, 아트만과 브라흐만이 궁극적으로는 같은 것임을 깨닫고, 범아일여의 깨달음의 경지에 이를 수 있다고 한다.

◎ 차크라를 개발하는 것은 위험하다?

요가에서 난도가 가장 높은 수행법으로 **하타 요가**를 꼽을 수 있다. 하타 요가는 혼자서 할 수 없고, 반드시 지도자(구루)의 지도를 받으며 해야 위험하지 않다.

고전적인 요가와 비교해 이 하타 요가는 비밀스러운 가르침에 해당한다고 한다. 하타 요가 수행법은 불교에서의 선과 밀교(비밀불교) 등에 큰 영향을 준 것으로 알려져 있다.

옴진리교 사건으로 차크라나 공중부양과 같은 개념에 부정적인 이미지를 떠올리는 사람도 있겠으나, 원래 고대 인도의 하타 요가에서 사용하던 수행법으로 사실은 위험한 사상이 아니다.

이 사건 이후 이 역사 있는 신성한 가르침에 오해가 생겼다. 옴이라는 만트라(주문)도 널리 사용되는 성스러운 주문이다.

차크라 이론에 따르면 사람의 몸에는 일곱 가지 에너지 중심점이 존재한다. -다섯 개나 여섯 개라는 이론도 있다.- 하복부, 배꼽 주변, 명치, 가슴, 목구멍, 미간, 정수리 순서다. 꼬리뼈에 잠들어 있는 **쿤달리니**라는 잠재적인 우주 에너지가 등뼈를 따라 존재하는 영적인 통로인 수슘나를 통과하면서 이 일곱 가지 차크라가 각성한다.

쿤달리니의 에너지가 마지막에 남신(男神) 시바가 자리하고 있는 정수리의 사하스라라 차크라에 도달하면 완전한 해탈이 이루어진다고 한다. 이 쿤달리니가 상승할 때 나오는 에너지로 공중부양이 가능하다고 한다. 이를 위해서는 먼저 심신이 정화되어야 하는데, 그 수행법 중 하나가 다양한 아사나(체위)를 하는 것이다.

영적인 파이프인 수슘나가 휘어지면(척추가 휘면), 쿤달리니가 상승하지 못하는데 이때, '메뚜기 자세', '고양이 자세'를 하면 도움이 된다고 한다.

원시 불교의 교리

'무아'라는 개념을 이해하기가 상당히 어려운 불교

◎ 인생은 원래 모두 괴로운 것이다

고타마 싯다르타(석가)는 지금의 네팔 지역에 살고 있던 사키야 족의 왕자다. 왕자이므로 자유롭고 안락한 생활을 할 수 있었으나, 어느 날 생로병사라는 인생의 고통에 관해 고민하게 되었다.

불교에서는 '인생은 고난이다[일체개고(一切皆苦)]'라고 한다. 어쩌다 고난이 있는 것이 아니라 인생 그 자체가 고통이라는 것이다. '인생은 사고팔고(四苦八苦, 인간이 겪는 근본적인 네 가지 고통과 삶에 발생하는 네 가지 고통)'다.

생로병사라는 네 가지 고통에 더해, 애별리고(愛別離苦, 사랑하는 사람과의 이별), 원증회고(怨憎會苦, 원망스럽고 미운 사람을 만나는 것), 구부득고(求不得苦, 원하는 것을 얻지 못하는 것), 오음성고(伍陰盛苦, 인간의 육체와 정신이 생각대로 되지 않는 것)를 합쳐 **사고팔고**라고 한다.

고타마 싯다르타는 29세 때, 이러한 번뇌를 이기고자 출가했다. 그러나 그는 6년 동안의 고행을 통해서도 평안을 얻지 못했다. 그리고 고행을 그만두고, 보리수나무 아래에서 좌선을 통해 세상의 궁극의 진리(법, 달마)를 깨달았다. 각자(覺者) = **부처**가 된 것이다

석가(석가모니)(기원전 463년경~383년경)
불교의 개조로, 성은 고타마, 이름은 싯다르타다. 16세에 결혼해 아들을 낳았으나, 29세에 뜻을 정하고 출가했다. 수행 끝에 35세경 부다가야의 보리수나무 아래에서 좌선을 하다 깨달음을 얻고 붓다가 되었다. 80세의 나이로 생을 마감했다.

천상천하
유아독존

영차

◎ 아트만을 부정한 불교

우리는 나 혼자만의 힘으로 살아가고 있는 것처럼 느껴진다. 그러나 사실 씨실과 날실이 얽혀 만들어지는 직물처럼, 원인과 결과가 얽히고설켜 세상과 관계 맺으며 살아간다.

불교에서는 모든 것은 독자적으로 존재하는 것이 아니라, 상호의존 관계에 있다고 생각했으며, 이를 **연기**(緣起)라 불렀다.

불교 경전에서는 연기에 대해 다음과 같이 설명한다.

"이것으로 말미암아 그것이 있으니, 이것이 생기면 그것이 생기며, 이것이 없으면 그것이 없으니, 이것이 사라지면 그것이 사라진다."(『아함경』)

이 세상은 무수한 사건이 연관되어 계속 변해간다. 즉, 제행무상의 개념이라 생각하면 된다. 연기의 관점에서 생각하면 영원한 것은 없으며 모든 것은 변한다는 사실을 알 수 있다. 그러면 언제나 변하지 않는 불변의 진리는 존재하지 않음을 이해할 수 있을 것이다.

우파니샤드 철학에서는 독립된 실체인 **아트만**(자아)(➡ 65p)이 윤회한다고 주장한다. 그러나 연기 사상의 관점에서 보면, 이는 이상한 일이다. 모든 것은 상호의존 관계에 있으므로, 독립된 실체인 아트만의 존재는 모순이라는 것이다.

그래서 불교에서는 우파니샤드 철학에서 주장하는 아트만으로서의 '자아'를 부정하는 것이다. 이 사상이 **제법무아**(諸法無我)다.

초기 불교는 우리가 아는 불교와 달랐다

◎ '나'는 그저 집합체이므로 존재하지 않는다?

일반적으로 우리는 '나'라는 불변의 존재가 존재한다고 생각한다. 편의점에 물건을 사러 가는 나, 식사하는 나, 게임을 하는 나 등.

이러한 '나'라는 존재는 이 세상이 변해도 항상 동일하게 유지된다고 생각한다.

그러나 불교 교리에서는, 이 '나'라는 존재는 없다(무아, 실체가 없음)고 생각하기 때문에 이야기가 복잡해진다.

예를 들어, '라면을 먹는 나'가 있다고 생각하자. 그리고 우파니샤드의 주장처럼 '나'라는 존재가 다른 것과 상호의존 관계를 맺지 않은 독립적인 **실체**라 하자.

이 경우, 독립적인 실체인 '나'는 라면과 상호의존 관계를 맺지 않기 때문에 라면을 먹지 못한다. 한편 연기의 관점에서 보면 '제법무아'이므로, 역시 라면을 먹는 '나'라는 실체는 사실 존재하지 않는 것이 된다.

그러나 '당신은 존재하지 않는다'라고 해도, 우리는 여전히 자신이 존재하고 있음을 느낀다.

그래서 불교에서는 '나'란 다양한 조건의 집합일 뿐이며, 이를 실체라 착각할 뿐이라고 생각하는 것이다.

존재하는 것은 '나라는 실체'가 아니라, 다양한 자극에 반응하는 형태의 집합체로서의 '나'라는 것이다. 번뇌와 집착의 구심력으로 하나의 덩어리가 된 것이 나라는 존재다.

불교에서는 인간을 구성하는 요소를 **오온**(伍蘊)이라 한다. 오온은 색(色, 육체), 수(受, 감각), 상(想, 표상), 행(行, 마음의 작용), 식(識, 의식)을 말한다. 오온이라는 요소가 나이기 때문에 영원히 변치 않는 나 그 자체는 존재하지 않는다. 따라서 결국 '무아'라는 것이다.

◎ 우리는 순식간에 사라지는 존재다?

오늘의 나와 내일의 나를 연결하는 것은 사실 '나'라는 실체가 아니라 사물에 대한 집착이다. 따라서 집착을 버리면 '나'는 사라지고, 영원한 고뇌에서 벗어날 수 있는 것이다.

불교에서는 나 자신조차 사실은 자신의 것이 아니라고 생각한다. 자신을 소유할 수 없다면 다른 사람과 물건을 소유하는 것도 불가능하다. 이 법칙(다르마)에서 벗어나는 것은 하나도 없기에, 나 또한 한순간에 흘러가버리는 존재인 것이다.

붓다는 수행 또한 쾌락과 고행의 양극단에 치우치지 않도록 균형 잡힌 중도를 지켜야 한다고 주장했다 .

중도를 실천하는 길이 사제(四諦)와 팔정도(八正道)이며, 이 길을 통해 깨달음을 얻을 수 있다고 주장했다.

불교에서 길잡이 같은 것이 사제(고제, 집제, 멸제, 도제)다. 우선 인생은 고난이라는 진리[고제(苦諦)]를 알아야 한다. 그리고 고난의 원인은 번뇌라는 진리[집제(集諦)]를 알아야 한다.

고통은 모든 것이 변해가는[무상(無常)] 이 세상에서 욕망을 가지고 집착하며 살아가기 때문에 생기는 것임을 깨닫는 것이 중요하다.

따라서 번뇌를 없애면 고난도 없어진다[멸제(滅諦)]. 욕망을 없애면 이 고통도 사라지는 것이다. 이 수행이 중도=**팔정도**라는 것인데, 이것이 네 번째 진리[도제(道諦)]다.

붓다는 이 무상·무아의 법칙을 깨닫고, 아집을 버리면, 번뇌하는 마음이 사라진 열반(니르바나)의 상태, 즉 청정하고 평안한 해탈의 경지[열반적정(涅槃寂靜)]에 이른다고 주장한다.

확실히 가장 오르기 힘든 경지가 '무아'의 경지인 듯하다. 이는 논리적으로만 생각해서는 알 수 없지만, 깊은 명상(선정)으로 어느 순간 깨달을 수 있을지도 모른다.

14 일본에 지대한 영향을 미친 대승불교

대승불교로 인생을 바꾸다

◎ 대승불교의 궁극 사상은 '공'

붓다 사후 불교 교단은 제자가 가르침(경전)과 계율을 만들어 유지해갔다. 그러나 불교 교단 내부의 의견 대립으로 보수적인 상좌부와 진보적인 대중부 두 개로 분열되었다.

후에 전자는 **소승불교**, 후자는 **대승불교**라는 형태로 발전했다. 소승불교의 특징은 출가주의다. 소승불교에서는 아무리 수행을 해도 아라한(阿羅漢, 최고의 깨달음을 얻은 자)의 경지까지만 이를 수 있을 뿐, 붓다가 될 수 없다고 생각했다.

대승불교가 크게 도약한 이유는 '**공**(空)' 사상 덕분이다. 공 사상을 주장한 경전으로는 대승불교의 『대반야경』이 있다.

『대반야경』의 핵심을 짧게 정리한 『반야심경』은 일반인에게도 잘 알려져 있다.

'공' 사상을 발전시킨 것은 **용수**(나가르주나)라는 사람이다. 그렇다면, 대체 '공' 사상이란 무엇일까?

나가르주나
(150년경~250년경)

용수(龍樹). 남인도 출신으로, 승원을 설치하고, 대중부, 상좌부, 설일체유부, 대승 경전을 연구했다. 저서로는 『중론』, 『대지도론』 등이 있다.

아상가, 바수반두
(4~5세기경)

무착(無着), 세친(世親). 인도 불교의 유식학파의 형제 학자로, 유가행파다. 중관파와 함께 인도 대승불교의 중심이다.

구카이(홍법대사)
(774년~835년)

진언종의 개조로, 사누키 출신이다. 804년에 당나라에 유학을 갔다. 고야산 곤고부지(金剛峯寺)를 건립했다. 사가천황에게 도지(東寺)를 하사 받았다. 저서로는 『삼교지귀』, 『성령집(性靈集)』 등이 있다.

◎ '공'의 관점으로 세상을 바라보다

나가르주나는 공의 관점에서 '설일체유부(說一切有部)'를 비판하고, '공 사상'을 주장했다. 모든 물질은 연기의 법칙에 따라 다양한 원인과 결과가 얽히고설켜 존재한다.(➡ 69p) 따라서 물질은 고정적·영구적으로 존재하지 않는다.

물질의 본질은 없다. 즉, 『반야심경』에서도 주장하는 색즉시공＝'모든 물질은 공이다'가 성립하는 것이다. 또 공과 색(色)은 다르지 않기에 '공으로 인해 또 물질이 존재할 수 있다'라고 해석할 수 있다. ─『반야심경』은 중국에서 후에 다시 만들어졌다는 설도 있으나, 공이 중심 사상임은 확실하다.

연기는 상호의존을 나타내므로 당연히 그 본질·실체는 존재하지 않는다. 나가르주나는 이를 '자성(自性)이 없다'라고 했으며, '공'이라 해석했다. '공'은 '무(無)'는 아니지만 부정하는 상태이며, 이러한 관점에서 보면 무언가가 '있다'는 생각은 틀린 것이다.

당시, 소승불교의 학파에 **'설일체유부'**라는 것이 있었다. 이 학파는 실재론을 주장하는데 만물에 그 자체로 지닌 특성이 유지되고 있다는 입장을 취한다.

이 세상에 존재하는 모든 것은 연기의 법칙에 따라 생성하고 소멸하기 때문에 영원불변한 실체를 갖지 못한다[무자성(無自性)]. 이 '공' 사상은 대승불교의 중심적인 교리로 자리 잡았다.

대승불교로 인생을 바꾸다

◎ 역시 세상은 가상의 공간일까?

나가르주나는 이 '공' 사상으로 인간은 누구나 해탈해 부처가 될 수 있다고 주장했다. -초기 불교에서는 부처는 석가뿐이었다.- 누구나 '불성(佛性)'을 가지고 있다는 이론적 근거가 '공'이었던 것이다.

대승불교에도 다양한 사상이 존재하는데, 그중 매력적인 것이 **유식(唯識)사상**이다. 이는 아상가(무착)·바수반두(세친) 형제가 주장한 사상이다.

아상가와 바수반두는 '공' 사상을 발전시켰다. 그리고 '모든 존재는 인간의 마음과 정신작용 때문에 생겨난 표상이다'라는 '**유식 사상**'을 설파했다. 앞서 살펴본 세상은 가상공간이라는 철학이다. 플라톤의 이데아론(➡ 28p)이나 경험론 철학(➡ 90p)과 비교하면 이해가 쉬울 것이다.

의식을 거슬러 올라가면 그 궁극의 토대에 '**아뢰야식(阿賴耶識)**'이 있다. 이는 모든 현상을 만들어내는 마음의 근원적 작용을 의미한다.

즉, 인간은 '아뢰야식'으로 탄생한 가상세계에 현혹되어 있으나, 모든 것이 마음의 작용임을 깨닫게 되면 복잡한 세상에서 해탈할 수 있다는 주장이다.

우리는 왜 생사윤회를 반복하는 것일까? 불교에서는 이 질문에 자기 존재라는 결과를 도출하고, 그 존재의 질을 결정하는 것이 업(행위)이라 생각했다.

그러나 문제는 '무엇이 윤회하는가?'다. 무아(실체가 아님)라면 누가 윤회하는 것일까? '내'가 아니라면 대체 무엇이 그 주체에 해당한다는 말일까?

◎ 이것이 궁극의 불교 철학 '유식 사상'이다

불교에서 이 질문에 대한 사색이 깊어지고, 몇몇 부파에서 **윤회의 주체**를 생각하게 되었다. '윤회의 주체'를 깊이 연구하고 그 정점에서 발견한 것이 아뢰야식이었다.

바수반두는 아뢰야식에 관해 '이숙한 아뢰야식이라 칭해지는 것으로 일체의 종자를 갖는 것이다'(『유식삼십송(唯識三十頌)』) 라고 설명했다. '이숙(異熟)', 즉 '달리 숙성된다'는 의미다.

과거 혹은 현생의 업이 원인으로 현재세(現在世) 또는 미래세(未來世)에 결과로 나타난다. 이것이 즉 자기 존재이며 이 자기 존재의 근본을 형성하는 것이 아뢰야식이라는 생각이다.

예를 들어, 영화 〈매트릭스〉(➡ 29p)에서 말하는 컴퓨터 서버의 정보가 '아뢰야식'이다.

이는 후에 밀교 사상으로 이어진다. 이 세상이 전부 가상으로 이루어진 것이라면, 근본적인 프로그램을 바꾸면 현상세계도 바꿀 수 있다는 말이 된다.

일본에 밀교를 전한 것은 헤이안 시대에 구카이(홍법대사)인데, **밀교**(密教)는 귀족의 현생에서의 욕망을 이루어주었다. 구체적인 이론은 깊은 명상 상태에 들어가 '아뢰야식'의 정보에 접속한다. 그리고 현생의 이익에 부합하는 욕망을 설정하면, 그것이 실제로 이루어진다. 즉, 소망이 이루어지는 방향으로 발전한다는 것이다. 때문에 '아뢰야식'에 접속하기 쉽도록 다양한 방법이 고안되었다.

명상을 해 입정(入定)하고, 경을 읽고 주문(만트라, 진언)을 외우고, 만다라를 그리고, 호마의 수법(修法)을 행하는 등의 수행을 했다.

지금은 자기계발의 분야에서 이러한 방법을 간소화해, 과학적으로 활용할 수 있도록 시스템화했다. 영적인 '끌어당김의 법칙(무언가를 바라거나 기대하면 실제로 일어날 가능성이 높아진다는 법칙. 자기계발뿐 아니라 기업 마케팅에도 활용되었다-옮긴이)의 법칙'과도 관련이 있다.

근대 철학

3장에서는 르네상스 사상과 근대 철학에 관해 다룬다. 르네상스, 근대 철학과 함께 4장과 관련 있는 부분, 그리고 현대사회를 살아가는 우리에게 도움이 될 법한 부분을 골라 살펴보고자 한다.

하지만 여전히 '이해가 되지 않는' 부분도 있을 수 있다.

여기서는 근대 철학이 무엇을 다루어왔는지를 이해하기 위해 큰 흐름을 정리해보았다. 그렇지만 여전히 이해가 안 가는 부분이 있는 것도 정상이니 걱정하지 않아도 된다.

근대 철학자는 지금까지의 철학을 바탕으로 '이성'을 통해 0부터 시작해 수학처럼 정합성을 가진 철학을 추구한다. 그 시작은 데카르트다. 데카르트는 모든 것을 의심함으로써 절대 의심할 수 없는 철학 제1원리를 토대로 삼고, 여기서부터 연역적으로 여러 학문을 구축하고자 했다.

그 후 스피노자, 라이프니츠가 개념을 발전시켰다. 이는 '대륙합리론'이라는 사상 조류를 형성한다.

대륙합리론의 철학을 한마디로 정의하면 방에서 그저 생각만으로 우주의 끝, 우주의 구조, 원자 차원의 미시적 세계, 나아가 신의 존재, 영혼의 존재 등을 전부 이해할 수 있다는 철학이다.

말도 안 된다고 생각할지 모르나, 인간에게는 고도의 이성이 존재하므로 이를 사용해 논리적으로 생각하면 상당히 놀라운 수준까지 이해가 가능하다. 현대의 논리 물리학자는 수학을 이용해 가설 모델을 구축하므로, 이 합리론자의 태도도 이해하지 못할 것만은 아니다.

인간과 과학의 징검다리, 근대 철학
근대 철학을 통해 원대한 꿈을 품어보자!

다만 확실히 대륙합리론은 이론이 극단적이기 때문에, 상반되는 두 이론이 동시 병행해 어느 쪽이 옳은지 판단할 수 없는 이율배반에 빠지고 말았다.

한편, 로크, 버클리, 흄 등의 철학자는 경험을 중시했으므로 합리론처럼 우주의 끝에 대한 이야기까지 논리를 전개하지 않는다. 오히려 경험할 수 없는 것을 생각하는 것은 어리석은 일이라며 신중한 입장을 취했다. 이는 영국 경험론의 흐름과 직결된다.

그러면 경험은 그때그때 상황에 따라 달라지므로, 경험 그 자체를 항상 의심할 수밖에 없다는 허점이 있다. 지금 일어난 일이 내일 다시 일어난다고는 확신할 수 없으니 말이다. 그러면 의심이 의심을 낳고, 이 세상의 실재도 자신의 존재 자체도 의심해야 하는 회의론에 빠진다. 한마디로 표현하면 '물리법칙도 믿을 수 없고, 자신의 마음도 믿을 수 없는, 이도 저도 할 수 없는 상태'가 되는 것이다.

여기서 칸트가 등장한다. 칸트는 『순수이성 비판』에서 인간이 세상을 어디까지 이해할 수 있는지, 또 어디서부터 이해 불가능한지의 경계를 구분했다. 그는 이해 불가능한 영역을 '물자체(物自體)'라 규정했다.

그러나 그 후 독일 관념론이 보편적으로 보급되기 시작했고, '물자체'가 소거되었다. 헤겔 철학에서는 이성의 힘을 통해 변증법적으로 세상의 전체를 이해하려 했다.

이렇게 철학, 자연과학, 정치·경제학, 법학, 윤리학 등 온갖 분야가 철학의 체계에 포섭되는 놀라운 상태로까지 발전한다는 것이 이 장의 큰 흐름이다.

15

르네상스와 종교개혁

휴머니즘 사상과 가톨릭에 대한 반발

◎ 인간은 자유의지를 가진다는 새로운 개념 등장

르네상스는 십자군 이후의 동방무역을 통해 번영한 북부 이탈리아의 자치도시에서 14세기부터 시작되어 점차 유럽 각지로 확산되었다.

르네상스란 원래 재탄생이라는 뜻으로 그리스 로마 문화의 부흥을 의미한다. 르네상스 운동이 낳은 예술가로는 레오나르도 다빈치와 미켈란젤로 등이 유명하다.

사상적으로는 **인문주의**가 발전했다. 이는 플라톤(➡ 26p)의 저서 등 고전의 연구를 통해 새로운 인간의 삶의 방식을 탐구하는 사상이다.

이때, 다시 등장한 것이 '신플라톤주의'(➡ 38p)다. 이탈리아·르네상스의 인문주의자인 조반니 피코 델라 미란돌라는 인간의 자유의지를 강조했다. 그는 신플라톤주의와 함께 유대교의 은밀한 가르침인 카발라를 연구함으로써 인간은 기독교 신학의 깊은 뜻을 더욱 깊이 이해할 수 있다고 생각했다. 미란돌라의 사상은 인간중심주의(휴머니즘)라는 사상의 출발점이 되었다.

레오나르도 다빈치
(1452년~1519년)
이탈리아 르네상스 시대를 대표하는 예술가로, 음악, 건축, 수학, 물리학 등 다양한 분야에 업적을 남겼다.

조반니 피코 델라 미란돌라(1463년~1494년)
이탈리아 르네상스 시대의 철학자이자 인문학자로, 31세의 나이로 세상을 떠났다. 『인간 존엄성에 관한 연설』을 썼다.

마틴 루터
(1483년~1546년)
독일의 신학자, 교수, 성직자다. '만인제사장주의', '오직 믿음'라는 입장을 취했다.

장 칼뱅
(1509년~1564년)
프랑스 출신의 신학자로, 스위스를 중심으로 칼뱅파를 형성했다. 『기독교 강요』를 저술했다.

◎ 루터의 종교개혁과 활판인쇄 기술로 성서의 보급이 활발해지다

독일의 수도사였던 마틴 루터는 독일의 비텐베르크 대학에서 신학과 철학을 가르쳤다.

그러나 스콜라 철학이 좀처럼 납득이 가지 않았다. 어느 날, 루터는 성서의 「바울로 서간」에서 인간은 자신의 행위가 아니라 '신앙으로 의미를 갖는다'라는 구절을 발견한다.

루터는 1517년 10월 31일, 로마 가톨릭교회가 발행하는 면죄부의 악습을 공격하는 '95개조 반박문'을 발표했다. 루터의 논제가 독일 전역으로 퍼지자 교황청의 착취에 반발하는 제후와 시민, 영주의 착취 아래에 있던 농민 등 많은 사람들이 이를 지지했다.

1521년 신성로마제국 황제인 카를 5세는 보름스 제국의회에 루터를 소환해 그에게 주장을 취소할 것을 강권했다.

그런데도 루터는 '성서에 적히지 않는 내용을 인정할 수 없다'며 자신의 주장을 철회하지 않았고, 이에 교황은 그를 파문하도록 명했다. 루터는 『신약성서』를 독일어로 번역하기도 했다. 이로 인해 민중은 직접 기독교 교리에 접할 수 있게 되었는데, 이 시기는 **활판인쇄**(➡ 208p) 기술의 발달로 인쇄물이라는 미디어 기술이 기독교 교리 확대에 큰 역할을 했다. 또 일반적으로 성직자는 결혼하지 않는다는 것이 상식이었으나, 루터는 많은 수도자들에게 결혼을 권유하기도 했다.

현대 미국의 대형 교회

◎ **이혼하기 위해 일부러 나라의 종교를 개혁한다?**

프랑스인 장 칼뱅은 루터의 의견에 공감하고 기독교 개혁 운동을 이끌었으나, 박해를 받고 스위스 바젤로 망명했다. 그는 신의 절대성을 강조하고 인간이 구원받느냐 마느냐는 신이 미리 결정하는 것이라는 '(구원) 예정설'을 주장했다.

예정설에는 노동은 구원의 조건은 아니지만, 구원의 확신을 가져다준다고 되어 있다. 직업노동이 **'신의 영광'**을 드러내는 길이라 주장했기에 상공업자들의 지지를 얻었다.

20세기 초반 독일의 사회학자 막스 베버는 『프로테스탄티즘의 윤리와 자본주의 정신』에서 예정설이 자본주의 사회의 성립으로 이어졌다고 주장했다

칼뱅파는 16세기 후반에는 프랑스, 스코틀랜드, 영국 등지로 확산되어, 독일과 북유럽 국가들의 지지를 받던 루터파와 함께 유력한 기독교 종파로 부상했다.

그 신교도(**프로테스탄트, 개신교**)들은 로마 교황의 권위를 인정하지 않고, 성직자의 특권을 부정(**만인제사장주의**)했다.

한편 영국의 종교개혁은 국왕인 헨리 8세(1491년~1547년)의 통치하에서 시작되었다. 헨리 8세는 원래 루터파 지지자는 아니었다. 개혁은 캐서린 왕비와의 혼인을 무효로 해달라고 교황 클레멘스 7세에게 청한 것을 계기로 시작된 것이다.

로마 가톨릭에서는 이혼을 인정하지 않았기 때문에, 헨리 8세의 청은 거절되었다. 그래서 그는 1534년에 자신을 '지상에서 유일한 영국 교회의 수장'이라 칭하며, 로마 교황에게 독립한 국민교회를 확립했다. 이것이 **영국 국교회**가 성립된 이유다.

◎ 현대사회의 뉴스를 보는 데 도움이 되는 가톨릭과 개신교의 차이

16세기 영국 국교회에서 주로 칼뱅의 종교개혁에 따라 더욱더 철저하게 개혁을 추구한 사람들이 청교도(퓨리턴)다.

1620년에 '메이플라워호'로 영국에서 미국 대륙으로 건너간 '필그림 파더스'는 후에 침례교로 이어졌다.

로마 가톨릭교회와 개신교회의 차이가 복잡하기 때문에 비교를 통해 알아보자. 가톨릭교회에서는 예배는 미사를 비롯한 전례가 중심인 것에 비해, 개신교회는 성서 낭독과 설교를 중심으로 의식을 행한다. 가톨릭에서는 '신부'라는 성직자가 존재하나, 개신교에서는 신도 중 한 명이 '목사'라는 지도자 역할을 맡는다. '신부'는 결혼할 수 없으나, '목사'는 결혼해 가정을 꾸릴 수도 있다. 여성 목사가 존재하는 것도 개신교의 특징이다.

또 가톨릭에는 성인 신앙이 있어 **세례명**(기독교식 이름)을 부여받는데, 일반적으로 개신교에서는 성인의 세례명은 따로 없다. 우상숭배, 마리아 신앙도 존재하지 않는다. 가톨릭교회의 예배는 미사가 중심이다. 미사는 매일 열리는데, 특히 일요일 미사가 가장 중요하다. 개신교회에서 예배는 일반적으로 일요일에 진행된다.

또 가톨릭에서는 **수도원**이 있고, 수도 생활을 하는 데 비해, 개신교에서는 수도 생활과 관련된 전통을 딱히 찾아보기 어렵다.

기도 방식은 가톨릭은 '성부와 성자와 성령의 이름으로'라며 이마부터 가슴으로, 왼쪽 어깨에서 오른쪽 어깨로 십자가를 긋는 데에 비해, 개신교에서는 이런 의식은 따로 없다.

현대 미국의 개신교 대형 교회에서는 큰 강당에서 신도가 성서를 한 손에 높이 들고, 신의 영광을 찬미한다. 인터넷 사이트나 페이스북, 팟캐스트, 트위터 등에서 목사의 설교나 복음 성가 콘서트를 감상할 수도 있다. 온라인상에서 관련 물품을 판매하는 경우도 많다.

16 근대 철학의 아버지 데카르트

'나는 생각한다, 고로 존재한다'

◎ 의심의 여지없는 확실한 진리를 추구하다

데카르트는 수학자이자 철학자다. 그래서 수학적 방법을 이용해 철학의 체계화를 추구했다. 데카르트는 확실한 진리를 바탕으로 **연역적** 체계를 구축하는 것이 이상적이라 생각했다.

우선, 엄밀한 철학 체계를 구축하기 위해 확실한 원리를 출발점으로 삼아야 했다. 확실한 것을 발견하기 위해, 일부러 의심을 강화했다.

그리고 의심을 거듭해도 의심할 여지가 없는 것이 있다면, 그것은 이제 더는 의심할 여지없이 확실하다고 생각했다. 의심이 목적이 아니라, 진리를 발견하기 위한 신중에 신중을 기한 사고법인 것이다. 이를 **방법적 회의**라 한다.

우선, 데카르트는 감각을 통해 알게 된 것을 모두 배제했다. 감각이라는 것은 오류를 범하기 쉽기 때문이다.

또 데카르트는 '자신이 방에 있는 것'처럼 누구나 누구도 믿어 의심치 않는 사실도 의심했다. 우리는 꿈을 꿀 때, 대부분 그것이 꿈이라는 것을 알지 못한다. 그렇다면 방에 있다고 생각하는 지금도 사실은 꿈일지도 모른다는 것이다.

르네 데카르트(1596년~1650년)

프랑스 출신 철학자이자 수학자로, 근대 철학의 아버지다. '세상이라는 거대한 책'에 몸을 던져 많은 곳을 다니며 다양한 경험을 쌓았다. 철학 전체를 한 그루의 나무에 비유하고, 뿌리가 형이상학, 줄기는 자연학, 가지는 여러 학문이라고 생각했다. 스웨덴의 크리스티나 여왕을 위해 강의를 했다.

꿈에서 꿈을 꾸는 나를 봤어….

◎ 모든 것이 꿈이라 해도, 내가 존재함은 확실하다

데카르트의 의심은 지독했다. 2+3=5와 같은 수학적 진리도 의심했다. 계산할 때마다 어떤 힘이 개입해 그렇게 생각하도록 만들 가능성이 있다는 의심 때문이었다. 여기까지 의심하다니, 그에게 과연 확실한 것이 있기나 했을까 하는 생각이 든다.

데카르트는 모든 것은 가상현실 혹은 망상일지도 모르며, 수학조차 우리의 착각일지 모른다고 의심했다. '뭐 이런 바보가 다 있어'라고 생각할지 모르지만, 반대로 생각하면 이 세상이 가상현실이나 망상이 아니며, 수학이 절대적으로 옳음을 증명하는 것은 몹시 어려운 일이다.

그런데 이렇게 의심해도 단 한 가지만큼은 의심할 수 없는 것이 있었다. 바로 '지금 나는 의심한다'라는 사실이다. 이는 어떻게 해도 의심할 수가 없다. 왜냐하면 '나는 의심하고 있는 것일까?'라고 생각한 순간, 의심하는 것이 저절로 명확해지기 때문이다.

'내가 이렇게 모든 것은 거짓이라고 생각하는 순간도, 이렇게 생각하는 나는 필연적으로 어떤 존재가 되지 않으면 안 된다. 그리고 "나는 생각한다. 고로, 존재한다"는 진리, 나는 이 진리, 내가 추구한 철학의 제1원리로 이제야 안심하고 받아들일 수 있다고 판단했다.'(『방법서설』)

물체는 기계적으로 운동한다

◎ 주관과 객관을 어떻게 일치시킬 수 있을까?

'생각하는 나'는 정신 그 자체다. '생각하는 나'의 어디를 찾아보아도 '생각한다는 사실'밖에 도출할 수 없다. 그러면 '생각하는 나'는 다른 어떤 것에도 의지하지 않는 독립적인 실체라 할 수 있다.

생각하는 나(정신)와 육체(물체)는 전혀 성질이 다르다. 여기서 데카르트는 정신과 물체는 다른 실체라는 결론을 내렸다(심신이원론). 정신과 물체는 모두 실체이지만, 정신의 속성(본질)은 사유이며, 물체의 속성(본질)은 연장(공간을 차지하는 것)이기 때문에 이들은 전혀 차원이 다른 존재라고 생각한 것이다. ―그러나 심신 문제(➡ 168p)도 있으므로, 이 부분에 대해서는 고민했던 듯하다.

여기서 외부에 있는 물체를 주관은 얼마나 올바르게 이해할 수 있을까(주관과 객관은 어떻게 일치되는가)라는 까다로운 문제가 발생한다. 정신과 물체의 이원론(두 가지가 각각 독립된 실체)이므로, 이 둘을 연결할 토대가 필요하다.

그래서 데카르트는 논리적으로 **신의 존재증명**에 도전했다. 그는 신이 존재함을 증명함에 따라 주관과 객관은 일치한다는 결론을 내렸다.

여기서 신은 우주의 원리로서의 신이다. 신의 관념에는 '**성실**'이 포함되어 있다. '성실'하지 않은 신은 모순이다. 이로 인해 인간의 이성은 확실하다는 것이 보증되고, 인간은 있는 그대로의 세상을 있는 그대로 인식할 수 있다. 따라서 과학적 판단은 옳다 할 수 있다.

계속 의심을 하면, 어쩌면 눈앞의 페트병이 환각인 것은 아닐까, 가상현실인 것은 아닐까 하는 이야기까지 가겠지만, 데카르트는 신의 존재증명으로 주관이 객관에 일치한다는 증거를 얻은 것이다.

◎ 이렇게 과학은 진보했다!

한편 데카르트는 정신의 속성은 사유이므로, 여기에 자발성과 자유를 인정했다. 그러나 물체의 운동에 관해서는 철저한 기계론과 결정론으로 설명했다.

이전에는 아리스토텔레스·기독교 철학의 영향으로 물체와 정신의 경계선이 애매했다. 그러나 데카르트는 이 두 가지를 확실히 구분했다.

물체의 본질은 기하학적으로 규정된 삼차원의 양(量: 삼차원의 양은 물체의 질량뿐 아니라 부피, 개수 등을 말함−옮긴이)으로서의 연장(공간을 차지하는 것)이다. 연장이란 무한으로 분열 가능한 연속체다. 여기서는 물체가 공간을 차지하고 있으므로, 진공은 인정하지 않는다.

즉, 이 세계에 빈 공간은 전혀 존재하지 않는다는 뜻이다. 정신이 개입할 공간이 더는 없다는 말이기도 하다. 그러므로 유령이라는 존재는 없다.

이렇게 데카르트는 물체에서 정신적 요소를 모두 제거해 기계로서의 세계관을 확립했다.

아리스토텔레스·기독교 철학의 목적론적 세계관과 대비해 이를 **기계론적 세계관**이라 한다. 데카르트에 따르면 물체의 본질은 연장이므로, 물체는 스스로 운동하는 힘을 갖지 못한다.

기계론적 세계관은 당구공을 톡 쳤을 때처럼, 신이 맨 처음 한 번 톡 치자 연쇄적으로 운동하기 시작해 이 세계가 움직이고 있는, 그런 이미지를 떠올리면 된다. 마치 빅뱅을 연상케 한다.

또 하나님은 영원불변의 존재이므로, 항상성이 있다. 따라서 물체 또한 항상성, 즉 관성이 있다. 이렇게 세계는 한 번 움직이기 시작하면 영원히 운동한다는 '관성의 법칙'이 도출되었다. '나는 생각한다. 고로 존재한다'가 '관성의 법칙'을 낳은 것이라 봐도 무방할 것이다. −자연철학이므로.

그 후 스피노자, 라이프니츠 등의 철학자가 합리론 철학을 더욱 발전시켜, 장대한 세계상을 구축해나갔다.

대륙합리론의 발전

현대과학의 개념으로 이어지는 사상

◎ 업그레이드된 논리력! 유클리드 기하학의 증명법을 이용한 철학

네덜란드 철학자 스피노자의 저서 『에티카』는 철학 역사상 상당히 독특한 스타일의 책이다. 유클리드 기하학의 체계를 따르고 있으며 **정의, 공리, 정리**라는 형태의 논리적 체계로 구성되어 있다.

스피노자에 따르면 '신'은 세계를 외부에서 창조한 것이 아니라, 자연 그 자체다. 지금으로 말하면, 자신을 포함한 생물도 눈앞에 있는 스마트폰도 줄지어 늘어선 빌딩이나 산과 바다를 포함해 지구 전체가 '신'이라는 것이다[신즉자연(神卽自然)]. 이와 같은 생각을 **범신론**이라 한다. ─신은 정신과 물질의 근원이다.

그리고 스피노자는 이렇게 기록했다. '【정리 4】 다른 두 가지 혹은 복수의 물체가 서로 구별되는 것은 속성 차이, 혹은 속성의 변양(變樣)의 차이에 의한다.'(『에티카』 제1부)

페트병이나 스마트폰 모두, 실체(신)의 속성(성질)과 변양(다양한 변화)인 것이다. 예를 들어, 물이 수증기나 얼음으로 표현되듯이, 신은 세계의 다양한 형태로 모습을 바꾼다. '신'이라는 개념을 잘 모르겠으면 '우주 그 자체'로 치환하면 된다. 여기까지 이해하면 현대물리학의 개념을 이미 이해했다 할 수 있다.

바뤼흐 스피노자(1632년~1677년)
네덜란드의 철학자로, 포르투갈계 유대인이다. 유대교에서 파문당했으며, 렌즈 연마로 생계를 꾸렸다. 주요 저서로는 『신학·정치론』, 『지성 개선론』, 『에티카』가 있다.

고트프리트 빌헬름 라이프니츠(1646년~1716년)
독일의 철학자이자 수학자로, '모나드론' '예정 조화설'을 정립했다. 미적분법을 발견(뉴턴과는 별개)했다. 논리계산을 창시했으며, 저서로는 『모나드론』 등이 있다.

◎ **과거와 미래는 이미 정해져 있다?**

이 이론에 따르면, 신은 실제이며 정신과 물체는 그 속성이기 때문에 몸과 마음은 동일한 것이 다른 형태로 발현된 것이다(**심신병행론**).

스피노자에 따르면, 모든 것은 신이 표현된 '양태(樣態)'이므로 바닷물이 신이라 한다면, 세상의 변화는 파도와 같은 것이다.

모든 것은 자연=우주(신)라는 전체의 일부분일 뿐이다.

이는 모든 사건은 이미 결정되어 있다는 말이 된다(**결정론**). 게임 패키지가 신이라면 그 콘텐츠가 양태에 해당하므로, 처음부터 마지막까지 내용은 기계론적으로 결정되어 있다(**라플라스의 도깨비**).(➡ 346p)

따라서 인생에서도 내가 어느 학교에 들어가서, 누구와 만나고, 누구와 결혼하고, 몇 월 며칠 몇 시 몇 분에 죽는지까지 모든 것은 이미 결정되어 있다는 것이다. -인간에게 자유는 없다.

그러나 스피노자에 따르면 스스로 신의 안에 존재하고, 신을 통해 운명이 정해짐을 생각하는 **지적애**(知的愛)로 인간은 최고의 만족을 얻을 수 있는 것이다. 이를 '영원의 상 아래에서' 인식한다고 표현했다.

천재 라이프니츠는 이미 계산기를 생각했다

◎ 세계는 모나드의 힘으로 가득하다!

데카르트, 스피노자에 이어 라이프니츠 또한 합리론 철학을 주장했다. **모나드론(단자론)**과 **예정조화설**이다.

데카르트는 물체의 본질인 연장(공간을 차지하는 것)을 속성이라 생각했다. 그러나 연장이란 속성을 지닌 물체는 한없이 분할 가능하며, 여러 개로 분할될 수 있다. 사과를 반으로 쪼개고 또 쪼개면 마지막에는 어떻게 될까? 우리는 분자와 원자, 나아가 소립자 등의 이론을 알고 있으나, 당시에는 이러한 개념이 아직 밝혀지기 전이었다.

그러나 라이프니츠는 철학으로 마치 현대의 물리학을 이미 이해하는 듯이 말한 것이다.

라이프니츠에 따르면 '그 자신으로 존재하는 것'이라는 실체(참모습)의 이름에 어울릴 만한 것은 궁극의 최소단위라는 말이 된다. 그러나 궁극의 최소단위가 연장(공간을 차지하는 것)이라면, 더 분할될 수 있기 때문에 이는 최소단위라 할 수 없다. 난해한 이야기다. 그래서 라이프니츠는 궁극의 최소단위는 물체로는 생각할 수 없는 단순한 것이며, 이 단순한 실체에 **모나드(단자)**라 이름 붙였다. 갖가지 물체는 모나드의 집합이자 '현상'이라는 것이다. 그러나 모나드는 입자가 아니다. 모나드의 본질은 힘(force)이다. -〈스타워즈〉의 포스와는 다름.- 이는 현대의 원자물리학의 파동이론과 모순되지 않는다. 적어도 물질의 속성을 차근차근 추구해가면 결국 물체는 형태를 갖지 않는다는 것이다.

나아가 라이프니츠는 각각의 모나드는 자기 안에 전 우주를 반영하고 있다고 보았다. 우주의 일부분이면서 동시에 우주 전체가 응축된 소우주인 것이다. -'우주를 비추는 거울'.

◎ '언어가 기호화되고, 이를 계산하는 시대가 온다!'는 예언

컵이나 책상과 같은 모나드와 우리의 모나드는 무엇이 다를까?

모나드에는 표상 능력의 차이가 있어, '잠자는 모나드' '영적 모나드' '정신의 모나드' 세 단계가 있다. 물질(무기물)은 '잠자는 모나드', 동물이 '영적 모나드', 그리고 '정신의 모나드' 단계가 인간이다. 모나드는 표상뿐 아니라 욕망을 가지고 있다.

모나드에는 우주의 모든 것이 응축되어 있어, '정신의 모나드'에도 '잠자는 모나드', '영적 모나드'의 낮은 차원의 단계가 포함되어 있다.

따라서 인간이 꿈을 꿀 때나 실신한 상태는 '영적 모나드' 혹은 '잠자는 모나드' 상태인 것이다. ─죽으면 그렇게 될지도 모른다.

그런데 '모나드는 창이 없다'고 알려져 있는데, 그래서 모나드는 각각의 내부에서 활동성을 갖는다. 또 모나드는 다른 모나드로부터 영향이나 작용을 받지 않는다. 그럼에도 불구하고 모나드와 모나드가 서로 영향을 주고받는 것은 참으로 신기하다. ─리모컨 스위치를 누르면 TV가 켜지는 등.

라이프니츠에 따르면 이는 우주가 생성될 때 각각의 모나드에 전 우주의 프로그램이 이미 입력되어 있기 때문이라고 한다. 마치 두 개의 시계가 아무 관련이 없음에도 같은 시각을 가리키는 것과 같다. 이를 '예정 조화'라 한다.

라이프니츠의 탐구는 나아가 논리학(양상 이론의 선구자), 기호학, 심리학(무의식사상의 선점), 수학 등에까지 이르러 있어 이들을 종합한 **보편학** 구상을 가지고 있었다.

라이프니츠는 **2진법**의 기술도 고안했다. 또 미적분법을 아이작 뉴턴과는 다른 방법으로 발견하고 발명했다. 기계식 계산기를 고안한 천재이기도 하다. 논리학에서는 미래의 인간이 언어를 기호로 계산한다고 예언했다고 한다. 이는 마치 지금의 컴퓨터의 세계를 예언한 듯하다. 어쩌면 AI의 등장까지도 이미 알고 있었는지도 모르겠다.

18

영국 경험론 철학

경험을 중시하면 더 신중한 성격이 된다?

◎ 태어날 때 마음에는 아무것도 쓰여 있지 않다

영국의 존 로크는 철학에서 **인식론**을 발전시켰으며, 정치학과 법학에도 능통해, **사회계약설**(➡ 138p)을 발전시켰다. 고전 경제학(➡ 144p)에도 많은 영향을 주었다.

인식론이란 인간이 사물을 어디까지 파악할 수 있을지, 파악한 것이 어디까지 정확할 수 있는지에 관해 연구하는 철학의 한 분야다.

로크는 데카르트가 주장한 '제1원리에서 연역법적 논리를 발전시킨' 철학을 배우고, 나아가 데카르트의 주장을 발전시켜, 경험 차원에서의 진리를 추구했다. 그는 지식의 기원을 오로지 감각적인 경험에 의존하는 방법을 선택했다.

합리론에서는 인간은 몇 가지 지식을 태어날 때부터 가지고 있다고 생각한다(생득관념). 선천적으로 관념을 가지고 태어나기 때문에, 새로운 개념을 이해할 수 있다는 것이다.

그러나 로크는 이 생득관념을 부정했다. 그는 마음은 처음에는 아무것도 쓰여 있지 않은 백지(타불라 라사, tabula rasa)(➡ 140p)라 했다.

존 로크(1632년~1704년)
영국의 철학자이자 정치사상가, 영국 경험주의자다. 인식론의 아버지로, 정치사상은 미국의 독립과 프랑스 혁명에 지대한 영향을 미쳤다.

조지 버클리(1685년~1753년)
아일랜드의 철학자이자 성직자다. 자연과학의 유물론·무신론의 경향을 부정하고, 신의 영광을 옹호하고자 했다. 저서로는 『인간 지식의 원리론』 등이 있다.

데이비드 흄(1711년~1776년)
영국·스코틀랜드·에든버러 출신의 철학자다. 철학이 자명하다고 한 인과율까지도 의심하고 분석했다. 주요 저서로는 『인간이란 무엇인가』 등이 있다.

◎ 색깔, 소리, 향기와 더위, 추위는 마음먹기에 달렸다

로크에 따르면 우리의 지식은 관념을 통해 이루어진다. 관념이란 사고할 때의 대상이자 의식의 내용을 말한다.

관념 중 형태, 고체성, 연장(공간을 차지하는 것), 운동, 정지 등은 물체가 어떤 상태에 있더라도 물체 그 자체로부터 분리될 수 없다. 이처럼 물체 성질의 관념을 **제1성질**이라 한다.

한편, 색깔, 소리, 향기, 추위, 더위, 딱딱함, 부드러움 등의 감각은 인간의 안에만 존재하는 감각 상태이므로 물체의 성질을 있는 그대로 나타내는 것은 아니다.

이처럼 색깔, 소리, 향기와 같은 관념은 제2성질이라 부른다. 제1성질은 실제로 물체 안에 존재한다. 제2성질은 주관적으로, 인간 마음속에만 존재하는 관념이다.

예를 들어, '빨강' '초록'과 같은 색깔은 색맹이나 색약의 경우 다른 색으로 인식하는 경우가 있다. 로크는 이러한 사실에서 색은 물체 그 자체가 가진 성질이 아니라, 인간의 주관적인 관념이라 생각했다.

그러나 이 주장을 좀 더 발전시켜보면, 또 이 세상이 가상현실이라는 주장과 이어진다. 제1성질을 제2성질에 포함시키면, 모든 것이 마음속에 존재한다는 의미가 되기 때문이다. 이를 주장한 이가 바로 버클리라는 철학자다.

91

지나치게 신중한 성격 탓에 세상이 가상현실이라 생각하다

◎ 역시 외부 물질은 존재하지 않는다?

1685년, 아일랜드에서 태어난 버클리는 열다섯 살의 나이로 더블린에 있는 트리니티 대학에 입학해, 로크, 뉴턴, 데카르트 등의 철학자를 만났다.

버클리는 저서 『인간 지식의 원리론』에서 이 세상이 이른바 가상현실임을 주장했다. 예전에는 SF 세계에서만 가능한 이야기지만, 지금은 물리학이나 컴퓨터 기술의 발달로 이해하기 쉬운 철학적 개념이라 할 수 있다. 버클리는 물체의 형태, 고체성, 연장 등의 제1성질은 색깔, 소리, 향기 등의 제2성질을 분리해 생각할 수 없다고 주장했다. 색이 없으면 형태를 알 수 없고, 부드러움과 단단함 등의 촉감이 없으면 물체가 공간을 차지하고 있다는 것도 알 수 없다.

모든 것이 제2성질의 영향을 받는다면 세상은 마음속에 존재하는 것이 된다. 예를 들어, 눈앞의 사과는 마음속에 존재할 뿐, 굳이 외부 세계로 분리해 존재한다고 설명할 필요가 없다. 즉, 사과의 형태, 색깔, 감촉과 같은 데이터가 마음속에 있다면 그걸로 된다는 것이다.

이렇게 버클리는 어떤 감각적 사물도 이를 지각하는 마음속에서만 존재한다고 생각했다. '존재한다는 것은 지각된다는 것'이라 주장한 것이다.

자신의 방에 책상이 있는 것은 누군가 이를 보고 있으므로 존재한다는 것, 반대로 누구도 지각하는 사람이 없는 장소의 물체는 존재하지 않는다는 말이다. 관찰되는 동안, 그것은 거기에 존재하는 것이다.

그러나 이 말대로라면 세상은 우리의 망상이 되어 버린다. 그래서 버클리는 우주의 서버와 같은 개념(신)을 설정했다. 이렇게 하면 온라인 게임처럼 분명히 이 세계에서도 정보를 교환할 수 있으므로 문제없다.

◎ 심지어 거기까지 의심한다고?

마지막 결정타가 바로 영국 경험론자 흄이다. 경험론자가 아무래도 의심이 많을 수밖에 없는 것은 경험이라는 것 자체에 확실성이 없기 때문이다.

예를 들어, '마늘 듬뿍 라면'이 편의점에 있다고 믿고 편의점에 갔더니 다 팔렸다. 어째서 이런 예상을 벗어나는 일이 인생에서 종종 발생하는가 생각해 보면, 경험적으로 몇 번이나 겪은 일을 우리는 타성적으로 '또 이러네'라고 생각하고 말기 때문이다. 신중하게 의심을 거듭하며 행동하면, 이러한 일은 일어나지 않을 것이다. -전화해서 확인하는 등.

그런데 흄의 신중함은 이 정도가 아니었다. 물리학의 법칙, '원인과 결과'와 같은 **인과법칙**(인과율)(➡ 95p)을 의심한 것이다. 흄에 의하면 '원인'과 '결과'의 관념은 경험에 따른 것이다. 우리는 두 가지 사상(事象)(편의점과 라면의 존재)이 항상 동시에 일어나는 몇 번의 경험을 하면, 두 가지 사상의 사이에 필연적인 관계가 있다고 생각한다.

따라서 '불타는 것은 뜨겁다'와 같은 인과관계는 인간이 불에 닿으면 뜨겁다는 경험을 몇 번이고 반복하면서 확신하게 되는 것이다. 따라서 모든 과학적 인과법칙은 습관 때문에 생기는 신념이라는 것이다. -단, 수학만은 유일 논증적인 학문으로 봤다.

그렇다면 당시, 최첨단 자연철학(물리학)이었던 뉴턴역학도 절대적인 진리가 아니라는 말이 된다. 왜냐하면, '사과에서 손을 떼면 떨어진다'는 'A라면 B'라는 인과법칙을 전제로 하는 법칙이기 때문이다.

또 흄은 버클리의 주장처럼 물질이 지각되지 않는 동안에도 거기에 물질이 계속해서 존재한다는 보장은 없다고 보았다. 나아가 '마음의 존재'까지 의심했다. 존재하는 것은 지각뿐이라는 것이다. '마음, 자아'라 불리는 것은 상상할 수도 없을 만큼 빠른 속도로 생성되고, 끊임없이 변화하고 움직이는 **'지각의 다발 또는 집합'**이므로, 이는 존재하지 않는다는 것이다. 이러한 생각은 후에 과학철학으로 발전한다.

19

위대한 칸트의 철학

모든 사상은 칸트로 흘러 칸트에서 나온다

◎ 철학과 과학에 결정적인 영향력을 미친 철학자

칸트는 뉴턴의 자연철학에 관심을 보였다. 그는 뉴턴역학의 인력(➡ 346p)이나 천문학에 관한 논문도 썼다. 또 성운에 의한 태양계 성립에 관해 주장한 **성운설**(칸트-라플라스의 성운설)을 주장하기도 했다.

처음에 칸트는 우주의 끝의 유무, 물질의 최소단위의 유무 등을 추리하는 합리론 철학의 입장에 섰다. 그러나 흄의 과학적 지식의 기초를 구성하는 인과율의 존재를 의심하는 회의론(➡ 93p)이나 신과 자유에 관해서는 무엇도 알 수 없다는 불가지론(不可知論)을 접하고 '독단의 선잠'에서 깨어났다고 한다.

그래서 칸트는 인간의 이성 능력 그 자체를 음미하는 **비판철학**을 형성한다. 그는 인간의 인식은 감성이 받아들이는 소재와 이성이 지닌 이해의 형식[오성(惡性)]이라는 시스템으로 성립된다고 생각했다.

우선 외부 세계에서 소재를 얻는다. 이를 감성이 시간과 공간 형식에 따라 수용하고, 이것이 순수 오성개념을 통해 가공되어, 능동적으로 구성함으로써 인식이 성립한다고 생각했다.

임마누엘 칸트(1724년~1804년)
독일의 철학자로, 프로이센 왕국 쾨니히스베르크의 마구장이의 아들로 태어났다. 쾨니히스베르크 대학에서 뉴턴 물리학을 공부했다. 라플라스에 앞서 성운설을 주장했다. 쾨니히스베르크 대학의 교수였고, 저서로는 『순수이성비판』, 『실천이성비판』, 『판단력비판』 등이 있다.

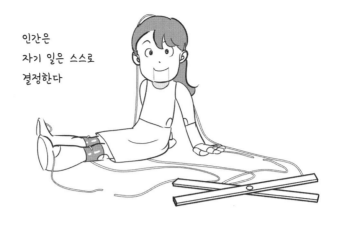

인간은
자기 일은 스스로
결정한다

◎ 합리론과 경험론 문제를 동시에 해결

칸트에 따르면 인과율과 같은 형식은 선험적(경험보다 먼저, **아 프리오리**)으로 갖추어져 있다. 흄의 '인과율의 부정'은 부정되었으므로, 이로써 뉴턴역학이 옳음이 증명되었다.

칸트의 인식론에서는 소재 → 감성 → 오성이라는 과정을 거쳐, 인식이 생겨난다. 이것이 현상이다. 단, 인식이 성립하기 전 소재는 카오스 상태다. 현상을 뛰어넘어 배후에 존재하는 것은 인식할 수 없다. 이를 '**물자체**'라 한다.

즉, 인간의 이성은 경험할 수 없는 것에 관해서는 알지 못한다는 사실이 판명되었다.

합리론 철학에서는 '우주의 끝은 존재하는가. 시작은 존재하는가?' '물질의 최소단위는 존재하는가?' '인간에게 자유는 존재하는가?' '신은 존재하는가?' 등을 논증하고자 해, **이율배반**에 빠졌다. 이율배반이란 서로 모순되는 명제가 동등한 타당성을 가지는 경우다.

이는 합리론 철학이 이성의 한계를 뛰어넘어 사고를 하기 때문에, 이른바 사고의 오류가 발생했기 때문인 것으로 보인다. 여기서 일단 전통적 신의 존재 증명(➡ 249p)은 부정되었다. −이는 후에 다시 부활한다.

인식론을 토대로 도덕철학으로

◎ '사물을 보는 시각이 180도 달라진다'는 것은 바로 이런 것

칸트는 과학적 인식을 추구하는 이성(이론이성)의 입장이 아니라, 도덕적 실천과 관련된 이성(실천이성)으로 신과 영혼, 자유 등을 논리적으로 증명했다.

칸트는 이율배반의 난제가 인식능력에 대한 무이해에서 기인한 가짜 문제(pseudo problem, 질문을 할 때 암묵적인 가정이나 전제가 틀렸거나 검증할 수 없는 것에 의거한 탓에 애초에 답이 존재하지 않는 문제를 말한다.-옮긴이)라 생각했다. 원래 알지 못하는 것을 생각하려 했다는 것이다. 물자체와 현상을 구별하면 이율배반 문제는 해결된다.

인간의 인식은 스마트폰의 카메라가 대상을 인식하는 것과는 다르다. 소재를 내부에서 적극적으로 구성하기 때문에 '인식이 대상을 따르는'(스마트폰의 카메라) 것이 아니라, '대상이 인식을 따르는'(스스로 가공한 느낌) 것이 된다.

칸트는 이 인식의 역전을 **코페르니쿠스적 전환**라 불렀다. '우주의 끝, 시작의 유무', '물질의 최소단위의 유무' 등을 지금은 물리학이 담당하고 있다.

칸트는 신의 존재증명, 영혼 불멸의 증명을 부정했다. ―그러나 신의 존재와 영혼의 불멸은 도덕적 요청이라는 형태로 인정된다.

나머지는 '인간에게 자유가 존재하는지'에 관한 문제뿐이었다. 인간에게는 다른 것으로부터 속박받지 않을 자유(외적 자유)와 자신의 의지를 자발적으로 결정할 수 있는 자유(내적 자유)가 있다.

칸트는 자신의 욕구에 따라 생각하는 대로 행동하는 것은 욕구에 충실한 것이므로 의지의 자발성이 없다고 생각했다. 즉, 욕구를 따르는 것은 욕구에 구속되었으므로 자유라 할 수 없다는 것이다.(➡ 367p)

◎ 궁극의 도덕철학 완성

어떤 사람이 거짓말을 하지 않으면 죽이겠다는 협박을 받았다고 하자. 그러나 그 사람의 실천이성(내적 이성)은 '거짓말은 하면 안 돼'라는 의무를 그에게 명령한다. 칸트는 여기서 인간의 자유를 인정했다.

자유란 이성의 명령에 따르는 **의지의 자율**이며, 자율은 자신이 자기 이외의 존재에게 지배를 받지 않는 것이라 생각했다.

칸트에 따르면 **도덕법칙**에 따라 행동하는 것은 의무이기 때문에 도덕법칙에 따라 행동한다는 것이다. 칸트는 이 도덕법칙에는 뉴턴 물리학적 법칙과 마찬가지로 보편성이 있다고 생각했다.

이를 '당신의 의지의 격률(행위의 원칙)이 항상 동시에 보편적 입법의 원리로서 타당하도록 행동하라'고 표현했다.

그리고 이 명령은 '만약 A를 원한다면 B를 하라'라는 조건의 명령[가언 명법 (假言命法)]이 아니라 무조건적인 명령[정언 명법(定言命法)]이어야 한다고 생각했다.(➡ 367p)

이러한 행위만이 도덕적으로 선이라 주장했다. 칸트에 따르면 이 세상에서 무조건적인 선으로 볼 수 있는 것은 선한 동기, 즉 선의지뿐이라 했다. ─동기설, 반대가 결과설.

자신이 기대하는 결과를 가져오는 **수단**으로서의 유용성(자신의 상황에 이익이 되는 것)은 악을 낳는 경우도 있기 때문이다. 칸트는 인격주의를 주장하고, 사람을 수단이 아닌 **목적**으로 보고 서로 존중하는 사회를 **목적의 왕국**이라 했다.

칸트는 '목적의 왕국'을 실현하기 위해 각국이 상비군을 폐지하고 전쟁을 없애 영구적으로 평화를 실현할 필요가 있다며, 국가들을 민주화와 동시에 서로 협정을 맺고 주권을 서로 제한하는 국제적인 평화 유지기관의 창설을 제안했다. 이는 후에 국제연맹(1920)과 국제연합(1945)의 성립으로 이어진다.

20 헤겔과 근대 철학의 완성

세계사는 절대정신의 자기 전개

◎ 철학의 백과사전 헤겔 철학

인간은 사회나 역사와 깊은 관련을 맺는다. 프랑스 혁명(1789) 이후의 사회는 루소의 '일반의지'(➡ 141p)와 칸트의 의지의 '자율'이 좀처럼 실현되지 못하고 혼란한 상태에 빠졌다.

이런 상황에서는 이성에 대한 신뢰가 흔들리기 때문에 쇼펜하우어처럼 세계의 본질을 **비합리적인 의지**라 생각하는 철학자가 나타났다. -이 세상은 투쟁과 고뇌로 가득 찼다는 생각.(➡ 194p)

그러나 헤겔은 이성적인 철학을 더 발전시켜 이상과 현실의 대립이라는 주제에 도전장을 내밀었다. 나아가 역사를 중시한 자세 또한 큰 업적이다.

먼저 헤겔은 **범신론적** 입장을 취했다. 범신론(➡ 86p)은 신을 '세상의 모든 것(세상 그 자체)'으로 보는 입장이다. 헤겔은 정신과 물질과의 이원론적인 구분을 하지 않고 일원적으로 생각했으며, 절대자인 신의 작용을 **절대정신**이라 불렀다. 절대정신이 정신의 대립물인 물질로 '자기외화(自己外化)'한 것이 자연 세계다. '자기외화'라는 것은 창작자 정신과 비슷한 개념이다.

게오르크 빌헬름 프리드리히 헤겔(1770년~1831년)

독일 관념론의 대성자라고도 불렸다. 저서로는 『정신현상학』, 『논리학』, 『엔찌클로패디(Enzyklopädiea der philoso phischen Wissenschaften im Grundrisse)』 등이 있다. 예나 대학의 강사, 객원교수가 되었으나, 나폴레옹 군대의 대학봉쇄로 사직했다. 베를린 대학의 교수, 학장을 역임했다. 콜레라로 갑작스럽게 생을 마감했다.

지양(Aufheben)

대립

대립

높은 차원으로,
더 높은 차원으로.

◎ 내면을 외화한 노동이 세상을 움직인다

이는 예술가가 작품에 자기를 표현하는 것과 비슷하다고도 알려져 있다. 정신은 자기부정을 하고 물질로 외화함으로써 스스로 정신임을 증명한다. 세상 자체가 위대한 창작자인 것이다.

화가는 내면을 외화함으로써 타인에게서 **인정**받는다. 화가의 내면에 주관적인 인격이 처음부터 존재하는 것이 아니라, 객관적인 작품을 완성하기 위한 노동으로 도야(형성)되어 비로소 현실로 실현되는 것이다.

헤겔은 세계 전체도 정신이 스스로를 현실로 외화하고, 역사적으로 발전하는 과정이라고 보았다. 이 과정에서 세계의 본질이 '자유롭고 이성적인 정신'임을 깨닫는다.

정신이란 자기반성을 하는 의식이며, '자유'를 본질로 한다. 또 이것이 민족정신과 시대정신 등 나아가 개인의 정신으로 발현된다고 생각했다.

이처럼 헤겔은 '이성적인 것은 현실적, 현실적인 것은 이성적이다'라며, 현실 세계에서의 자유의 실현이 역사의 목적(➡ 276p)이라고 보았다. '세계사는 자유 의식의 진보다.' 이는 역사가, 절대정신이 인간의 자유로운 의식을 매개로 자기의 본질인 자유를 실현하는 과정임을 의미한다.

역사의 발전 방식에는 일정한 법칙이 존재한다?

◎ '세계의 본질도 정신이다'

역사는 절대정신(세계정신)이 외화한 것이다. 절대정신은 역사에 자신을 투영하고, 여러 경험을 하고 자신에게 돌아간다. 이는 음악가가 자신의 곡을 연주하면서 다시 이를 귀로 듣는 것과 비슷하다. 이 세계정신은 나폴레옹과 같은 영웅을 배출하고, 다양한 몰락의 과정을 거쳐 역사를 발전시킨다. 이를 '이성의 교지(List der Vernunft)'(➡ 278p)라 부른다.

이 역사의 과정은 '변증법'이라는 법칙을 바탕으로 발전했다.

변증법에 대한 헤겔의 설명을 살펴보면 다음과 같다.

'꽃이 피면 꽃봉오리가 사라지기 때문에, 꽃봉오리는 꽃에 의해 부정된 것이라 할 수 있다. 마찬가지로, 열매로 인해 꽃은 식물 본연의 모습으로서는 여전히 거짓이었음이 선고되고, 꽃 대신 열매가 식물의 진리에 자리하게 된다.'(『정신현상학』 「서론」)

이처럼 꽃봉오리가 꽃에 의해 부정되고, 꽃이 열매로 대체되었듯이 모든 현상은 **즉자**(卽自)(정), **대자**(對自)(반), **즉자 동시에 대자**(합)로 발전한다. 변증법은 원래는 대화를 위한 기술이나 문답법(➡ 24p)을 의미했으나, 헤겔은 이를 철학적 논리로 확립했다. 모든 존재는 그 자체에 모순과 대립적 요소를 포함하고 있다. 그리고 상호작용하면서 나선을 그리듯이 더 새롭고 본질적인 높은 차원으로 통합되어 발전해간다는 것이다.

모든 존재는 자기 안에 자신과 대립하고 모순되는 요소를 포함하고 있으며, 이 대립과 모순을 더 높은 차원으로 통합해 가는 것을 **지양**[아우프헤벤(Aufheben)]이라 불렀다. 존재와 인식의 사고법으로서의 변증법은 만능 공식이다. 따라서 무언가를 생각할 때, 이 변증법의 패턴을 적용하면 도움이 될 것이다.

◎ 가족·시민사회·국가와 인륜이 완성되다

헤겔의 역사철학(➡ 278p)에서는 동양은 한 사람(전제 군주)이 자유롭고, 그리스 로마에서는 여러 사람(폴리스의 시민)이 자유롭다고 한다. 기독교 게르만 사회에서는 모든 인간이 자유롭다고 보았다.

흔히 역사를, 인간이 자유를 자각하고 이를 체제로서 현실화하는 과정이라 한다. 역사가 무작위로 발전해온 것이 아니라, 하나의 거대한 법칙성을 가지고 있다는 것이다. 이처럼 역사에 일정의 법칙성을 부여한 것이 헤겔의 큰 업적 중 하나다. 이는 후에 마르크스의 **유물사관**(➡ 279p)으로 이어진다.

한편 모든 모순은 더 높은 단계로 이행함으로써 해결된다. 전체가 유기적으로 통일되어 최종적으로는 이성적인 방향으로 발전하고 있는 것이다.

복잡한 이야기가 이어지는데, 나아가 헤겔의 **인륜**(人倫)이라는 키워드에 주목할 필요가 있다. 인륜이란 객관적인 공동체의 **법과 제도** 그리고 주관적인 개인의 양심과 관련된 도덕(칸트의 도덕과 관련)을 하나로 통일한 인간 공동의 정신이다.

헤겔은 이 인륜을 '**가족 - 시민사회 - 국가**'라는 세 단계로 생각했다. 가족은 부부·부모와 자녀·형제가 자연스럽게 애정으로 맺어지며, 아이가 성장해서 부모에게서 자립하고 가족 관계로부터 독립해, 한 명의 시민이 된다. 시민사회에서 개인은 자유롭게 욕구의 충족을 추구하고, 일을 통해 상호 관계를 맺는다. 이는 대등한 계약으로 묶인 법률과 행정이 관리하는 경제사회를 의미한다. 이 사회는 개인이 서로를 자신의 욕망을 위해 이용한다(욕망의 체계).

나아가 가족과 시민사회와의 모순을 지양하는 국가가 탄생하고, 자유와 공동성이 동시에 실현된다. 인륜의 최고 형태인 국가에서 자기 의지(도덕적 심정)와 국가의 의지(법률적 책임)와의 일치 속에서 자유가 실현된다. 헤겔 철학의 영향은 지대했으며, 이는 현대의 정치철학으로까지 이어진다.

근대에서 현대까지의 철학

4장 '근대에서 현대까지의 철학'에서는 주로 현대 철학으로 어떻게 철학이 방향을 전환했는지에 관한 이야기를 살펴본다.

그 시작은 우리에게 잘 알려진 니체다. 니체는 원근법(perspective)이라는 개념을 고안했다. 니체는 인간마다 각자 '사물을 바라보는 관점'이 다르다고 주장했다. 여기에 '힘에 대한 의지'라는 개념이 더해진다. 그러면 인간은 욕망과 감정에 따라 보고 싶은 것을 자기 멋대로 해석하고, 보고 싶은 대로 본다는 말이 되므로 인간으로부터 떨어져 존재하는 진리는 존재하지 않는다. 이것이 허무주의(nihilism)다.

그러자 근대까지의 철학의 토대가 흔들렸다. 이전의 철학에서 최고의 가치는 '신'이었으나, 니체가 '신은 죽었다'라는 명제를 등장시킴으로써 최고의 가치가 사라져버린 것이다. 여기서부터 인간은 이성이 아닌, 욕망으로 움직이는 존재라는 새로운 시각의 사상이 전개된다.

미국의 고전적인 실용주의(pragmatism) 철학도 근대 철학의 절대적 진리가 존재한다는 주장과 상반된 입장을 취했다. 윌리엄 제임스는 진리란 인간에게 있어 유용한 것이라 주장했다. 한마디로 '결과가 좋으면 그것이 바로 진리'라는 것이다.

실용주의에서는 자연과학도 인류가 그 단계에서 진리라 생각한 것에 지나지 않으므로, 훗날 자연과학의 법칙도 바뀔 수 있다고 생각했다.

프로이트의 정신분석학도 현대사상에 지대한 영향을 미쳤다. 인간의 의식은 표면적인 것으로, 그 내면의 무의식적 욕망 따라 움직인다고 보았다.

인간을 움직이는 것은 이성보다는 욕망이다!
세상의 숨겨진 이면을 이해하는 데 도움을 주는 사상

그러면 이성적이라 생각하고 한 행동도 실은 자신이 하고 싶은 일을 한 것일 뿐이며, 나중에 여기에 그럴듯한 이유를 갖다 붙였을 뿐이라는 말이 된다. 이성적인 주장이 마치 변명처럼 취급된 것이다.

구조주의에서는 무의식적인 구조에 따른 관계성에 주목했다. 이는 현대 사회와 미개 사회에도 각각의 구조가 존재하므로, 현대적 사회가 꼭 시대를 앞서 간다고 말할 수는 없다는 이야기가 된다. 이는 문화상대주의와 관련 있다.

이러한 사상은 근대 철학이 중시한 실체와 이성, 그리고 진리, 나아가 발달 사관을 부정한다. 한마디로 '인간은 저마다 다른 존재이며, 정해진 것은 없고, 욕망으로 움직이기 때문에 자신이 자신의 행동을 통제하지 못하고, 목적도 없다'라는 인간의 민낯을 온 천하에 밝힌 것이다. 어찌 되었든 믿었던 인간의 이성이 산산조각으로 붕괴된 시대가 현대다.

현상학은 근대적인 주관·객관 도식을 극복하고자 했다. 또 니체의 계보학의 영향을 받은 푸코는 지식의 고고학을 전개한다.

비트겐슈타인 이후의 분석철학(과학철학)에서는 언어의 분석만이 철학이 해야 할 일이라 생각했다.

철학이 난해한 이유는, 고대부터 근대에 이르기까지의 철학을 부정하면서 발전했기 때문이다. 이는 바꾸어 말하면, 예전의 철학과 지금의 철학을 연속적으로 비교하면 시야를 확장할 수 있다는 말이기도 하다.

21

니체의 철학과 허무주의

과거 철학을 전부 원점으로 되돌린 인물

◎ 그 말을 하면 끝장이야

니체 철학이라 하면 긍정의 철학(➡ 358p)이라는 이미지가 있다. 물론, 그 사상적 측면도 도움이 되지만 철학사적으로는 과거의 철학을 완전히 뒤집어엎었다는 점에서 의미가 있다.

니체의 사상을 한마디로 설명하면 '사실이란 자신이 믿고 싶은 것을 진실이라 생각할 뿐이다'라고 정리할 수 있다. 귀에 걸면 귀걸이, 코에 걸면 코걸이다.

이 사상대로라면 플라톤의 **이데아론**은 실격이다. 이데아를 믿고 싶은 사람이 이를 진리라 말했을 뿐이다. 그저 현실이 괴로워서 괴로운 현실을 초월한 세상을 추구한 것뿐이라는 것이다. 기독교도 실격이다! 신이 있다고 믿고 싶기에 그것이 진리라고 생각할 뿐인 것이다. 이런 말을 하고 다니면 주위에서 소외당하는 건 어찌 보면 당연한 일이다. 니체는 인생 말미에 지독한 고독 속에서 정신을 놓고, 폐인이 된 채 생을 마감했다. 시대를 앞서간 천재의 말로였다.

고대부터 근대에 이르기까지 철학자들의 주장도 '그냥 그렇게 믿고 싶으니까'라고 치부했다. 그렇다고 이 책의 앞에서 한 말이 다 쓸모없는 이야기일까? 그렇지는 않으니, 안심해도 좋다. 여기에서 다시 철학은 발전기를 맞는다.

프리드리히 니체(1844년~1900년)
독일의 철학자, 고전 문헌학자로, 24세에 스위스 바젤 대학의 교수가 되었다. 1879년, 대학을 떠났다. 10년의 사색 활동을 거쳐 1889년 정신착란을 일으켰다. 바이마르에서 사망했다. 저서로는 『비극의 탄생』, 『반시대적고찰』, 『차라투스트라는 이렇게 말했다』 등이 있다.

◎ 믿으면 힘이 나니까 '옳다'고 말할 뿐

이제까지의 철학은 소크라테스(➡ 25p) 이후, 이성적인 사고를 거듭하면 종국에는 반드시 진리에 도달한다는 **로고스**(논리, 법칙)를 믿었다.

헌데 만약 이 세상에는 '참된 것'이 없다면 어떻게 해야 할까? 플라톤의 주장처럼 '진실재'나 최고의 가치인 '선'이 존재하지 않는다면? 모든 것은 원점으로 돌아갈 것이다.

사물을 바라보는 관점은 저마다 다르다(상대주의). 이는 그리스 시대부터 알려진 이야기다. 니체는 나아가 **원근법**을 강조했다. 원근법은 '관찰자의 인식이 사물을 보는 각도에 따라 변한다'는 시각적 '광학'을 의미한다. 단순히 사람에 따라 사물을 보는 방식이 다르다는 의미가 아니다. 인간은 자신이 보고 싶은 것을 본다. 그리고 자신이 활기차고 행복하게 살아갈 수 있는 방식으로 해석하고 그것이 '옳다'고 믿는다.

그렇다면 이렇게 해석하는 힘은 무엇일까? 니체는 이를 **힘에 대한 의지**라 불렀다. 지금의 나를 뛰어넘어 더 발전하고 싶다는 근원적인 의지를 말한다.

과거의 철학은 인간의 '힘에 대한 의지'로 해석해서, 자신이 강해질 수 있는 논리를 '진리'로 삼았다는 것이다.

문제는 무의미한 세계를 어떻게 극복할 것인가다

◎ '진실'이라 생각하는 것은 모두 자신에게 유리하게 해석한 것일 뿐이다

인간의 모든 사고와 언행은 일정 기준이나 가치평가라는 필터를 거친 후에 출력된 값이다. 이는 학문적인 설명이나 도덕적 설명도 마찬가지다.

니체는 여러 저서를 통해 인간의 욕망과 감정적인 힘이 논리적인 판단을 왜곡하는 예를 들었다.

'왜 반대하는가. 인간은 종종 어떤 의견에 반대한다. 그러나 사실 그것을 말하는 어조에 동감하지 못할 뿐이다.'(『인간적인 너무나 인간적인』)

반론 내용의 진위는 어찌 되든 상관없다. 어떻게 해서든 자신이 우위에 서고 싶기에 일단 '글쎄, 과연 그럴까?' 하고, 반론 내용은 나중에 생각한다는 것이다.

'의견의 고집. 어떤 이가 의견을 고집하는 것은 그가 혼자서 그것을 생각해 냈다고 어느 정도 자만하고 있기 때문이며, 또 어떤 이가 그러는 것은 그가 고생해 그것을 배웠기 때문이며, 이를 이해한 것을 자랑하고 싶기 때문이다. 즉, 전자와 후자 모두 허영심에서 비롯된 것이다.'(『인간적인 너무나 인간적인』)

인간은 무언가를 주장할 때 그 주장이 논리적으로 올바르다 믿는다. 그러니 자신이 믿고 싶은 사실에 가장 알맞은 논리를 선택하는 것이다. 무언가를 주장하고 싶다면 '어째서 나는 그렇게 생각했는가?' 하고 그 근거를 찾는다. 그리고 '아, 이런 식으로 생각할 때 나는 기운이 나는구나' 하고 분석한다. 니체는 욕망에 따라 논리가 왜곡되기 때문에 인간은 전혀 이성적이 아니라는 사실을 폭로한 철학자다.

◎ 허무주의 극복이 후세 철학의 과제였다

니체는 도덕을 비판했다. 일반적으로 도덕은 절대적으로 옳다고 생각한다. 그러나 사실 '힘에 대한 의지'가 자신에게 유리한 쪽을 선택해 자신을 변명한다고 본 것이다.

누구나 어렴풋하게 느꼈을지 모르지만, 도덕적인 말을 하는 사람은 어쩐지 설교 같고, 어딘가 미심쩍은 느낌이 든다. 왜냐하면 도덕으로 자신을 변명할 수 있기 때문이다.

니체는 **선과 악**의 기원에 관한 물음도 던졌다. 일반적으로 약자는 '선'이며, 강자는 '악'이라고 생각하기 쉽다. −예: 가난은 미덕, 부자는 악인.

약자는 마음속에 앙심(르상티망＝원한)을 품고, 약자인 자신은 '선'이며, '옳다'고 해석한다.

'도덕에서의 노예 반란은 르상티망 그 자체가 창조적이며, 가치를 창출하게 되었을 때 비로소 일어난다. 다시 말해, 이는 진정한 반응, 즉 행위에 따른 반응이 거부당했기에 오로지 **상상 속의 복수**로만 위안을 얻으려는 자들의 르상티망이다.'(『선악의 저편』)

약자가 가치를 전환해, 강자를 끌어내리는 것을 '노예 반란'이라 표현했다. 이 또한 니체다운 거친 표현이다.

전체적으로 정리하면 다음과 같다. 인간은 힘을 더 강화하고자 하는 '힘에 대한 의지'가 있다. 따라서 모든 것은 '힘에 대한 의지'의 해석이므로, 진실은 존재하지 않는다(허무주의). 이데아나 신은 약자가 강자를 이기기 위해 날조한 것이므로 존재하지 않는다. 그러면 최고의 가치로서의 '신'은 존재하지 않는다. 그러므로 '신은 죽었다'.

그렇게 인류는 최고의 목적인 신을 잃게 되자, "무엇을 위해서 사는가?"라며 삶의 목적을 상실한다.

후에 니체는 허무주의와 대립해, 이를 극복하고자 했다(초인, 영원회귀 등). (➡ 261p)

실용주의 철학

긍정적인 고전적 실용주의 철학

◎ 머리를 비우는 방법

퍼스는 미국의 철학자, 논리학자, 수학자이자 과학자다. 실용주의[프래그머티즘 (pragmatism)]의 창시자이자 기호론(➡ 229p)의 아버지기도 하다.

퍼스는 **오류가능**(fallibilism)을 주장했다. 영국 경험론의 흐름을 따랐으므로, 철저하고 신중하게 생각하는 입장을 고수했다.

'즉, 실제로 진리를 발견하게 되는 첫 번째 단계는 자신이 아직 충분한 인식 단계에 이르지 못했다는 것을 인정하는 것이다. 자신이 옳다고 믿는 병에 걸리는 것만큼 지적 성장을 저해하는 요소는 어디에도 없다.'

퍼스는 우리가 가지고 있는 지식은 새로운 관념을 도입하는 추론으로 확대되기 때문에 결코 **절대적인 것이 아니라** 생각했다.

퍼스는 '귀결된 지식들의 합계가 그 개념의 모든 의미를 구성한다'고 주장했다. 즉, '단단하다'라는 개념은 무엇인지 생각만 해서는 알 수 없다. 다이아몬드를 긁어도 흠집이 나지 않는다든지, 쇠망치로 두드려도 깨지지 않는다는 결과에서 '단단하다'라는 의미를 알게 된다는 것이다.

찰스 샌더스 퍼스(1839년~1914년)
미국의 자연과학자, 논리학자, 철학자다. 실용주의의 아버지로, 기호논리학, 수학기초론, 과학적 방법론의 창시자다.

윌리엄 제임스(1842년~1910년)
미국의 철학자, 심리학자로, 하버드 대학의 교수다. 저서로는 『종교적 경험의 다양성』 『실용주의』 등이 있다.

존 듀이(1859년~1952년)
퍼스의 강의를 듣고, 논리학 탐구 방법에 관한 관점을 확립했다. 교육을 비롯해 사회개혁을 추진했다. 저서로는 『민주주의와 교육』 등이 있다.

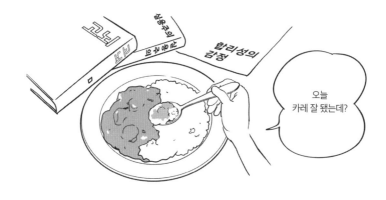

◎ '진실'은 결과에서 도출하면 알 수 있다

퍼스는 '사고의 작용은 의심(doubt)이라는 자극으로 활성화되며, **신념**(belief)을 얻었을 때 멈춘다. 따라서 사고의 유일한 기능은 신념을 확고히 하는 것'이라 주장했다.

의심이 멈추면 신념이 생긴다는 것이다. 이를 일반적으로 '진리'라 한다. 그렇다면 '진리'는 나중에라도 변할 수 있다는 의미가 된다.

퍼스는 이러한 생각을 정식으로 정리한 논리적 규칙을 **실용주의의 격률**이라 불렀다.

심리학자이자 철학자인 윌리엄 제임스는 퍼스의 주장을 발전시켰다. 퍼스는 제임스와 결별하고, 자신의 철학의 명칭을 프래그머티시즘(pramaticism)으로 변경했다.

퍼스는 대상에 실험을 추가해 얻은 결과를 바탕으로 이야기했으나, 제임스의 경우 개인의 특수한 경험에까지 '실용주의의 격률'을 적용했다. 개인의 인생 문제에 관여한 것이다. 인생에서 누군가 실제로 효과를 본 것이 있다면 그것이 진리라는 것이다.

이로 인해 과학과 종교의 조화가 추구되었다. 종교를 믿는 행위를 통해 실질적인 효과를 얻었다면 이것은 진리라는 것이다. 이는 후에 미국의 **적극적 사고**(positive thinking)(➡ 358p) 개념으로 이어진다.

앞으로는 미국의 철학이 주류가 된다?

◎ '삶에 의미가 있는가?'에 대한 대답

'삶의 의미'에 관해 우리는 고민한다. 과연 인생은 살아볼 만한 가치가 있는 것일까? 제임스에 따르면 행복한 상태가 영원히 지속된다면, 인간은 '사는 게 의미가 있을까?'라는 생각은 하지 않는다고 한다.

애초에 이 질문이 떠올랐다는 것 자체가 '인생은 고통'이라 느꼈기 때문일 것이다. 따라서 **삶의 의미**를 형이상학적으로 생각할 것이 아니라, 실용주의의 실제적 효과의 측면에서 다시 생각해볼 필요가 있다.

제임스에 따르면 우리가 삶을 살아갈 때 '양식(糧)으로서의 진리'를 나타내는 단어가 있다고 한다. 이는 '명석함' '기쁨' '강력함' '편안함' '안락함' 등을 말한다. 이와 같은 안심과 쾌락이 충만한 감정을 **합리성의 감정**이라 한다.

제임스가 주목한 것은 탐구의 도착점에 존재하는 진리가 아니라, 살아가는 양식으로서의 진리를 추구하는 인간 개개인의 사고와 경험이었다.

제임스에 따르면 이것이 영국 경험론이 걸어온 길이라고 한다. 제임스는 '다양한 개념의 의미를 그것들이 인생에서 어떤 차이를 만들어내는가'에 주목했다.

이 방식을 이용해 '결과적으로' 행복해지는 해석을 선택하면 그것이 바로 진리가 된다. 이를 '일시적 위안'이라고 생각한다면 합리적이지 않다. 애초에 진리가 어딘가에 실재한다는 입장(플라톤의 이데아론 등)과 반대 입장을 취하므로, 결과적으로 행복하다면 이것이 '진리'가 되는 것이다. 경험적으로 자신에게 '기분 좋은 것'을 유지하면 된다는 것이 이 사상의 합리적인 결론이다. '기쁨' '강인함' '편안함' '안락함'의 이미지를 떠올려보자.

◎ 미국 점령군의 '교육개혁'

존 듀이는 퍼스와 제임스, 다윈 등의 영향을 받아 실용주의를 발전시켰다.

듀이는 생각하는 행위가 환경을 통제하기 위한 도구라 생각했다. 통제는 행위를 통해 이루어지고, 그 행위는 상황의 분석과 예측이 이루어진 후에 실행된다. 그는 이를 **도구주의**(instrumentalism)라 불렀다.

그는 사고를 의심을 통해 신념으로 향하려는 노력이라 생각한 퍼스의 생각에 동의하며, 반성적 사고를 다음 5단계로 제시했다.

① 의심이 발생하는 문제 상황, ② 문제 설정, ③ 문제를 해결하기 위한 가설 제시, ④ 추론에 따른 가설 재구성, ⑤ 실험과 관찰을 통한 **가설의 검증**.

사상은 하나의 도구이므로, 이 사상을 이용해 효과가 있었다면 이를 계속하면 된다. 만약 문제가 발생했다면 반성을 통해 낡은 사상은 버리고, 새로운 도구로서의 사상을 적용하면 된다는 것이다.

듀이는 제임스와 달리 과학적 방법만이 인간의 선을 실현할 수 있다고 생각했다.

나아가 듀이는 교육의 획일성을 비판하면서, 아이들의 성장과 활동에 중점을 두어야 한다고 주장했다. 인간의 자발성을 중시한 것이다.

그의 실험주의적 교육이론은 전후 일본에서 미국 점령군의 '교육개혁'의 형태로 사용되었다.

고전적 실용주의에서 시간이 흘러, 20세기 초반부터 중반에 걸쳐 일어난 **언어적 전회**(➡ 112p)의 영향을 받아, 새로운 실용주의가 주장되었다. 이를 **신실용주의**(Neopragmatism)라 부른다. 이 사상은 리처드 로티 등 여러 철학자들 덕분에 널리 확산되었다.

23

비트겐슈타인의 철학

논리학이란 수학과 비슷해서 어렵다

◎ 학교에서는 가르쳐주지 않는 논리학이란 무엇일까?

니체(➡ 104p)의 과거 철학에 대한 비판도 강렬했으나, 비트겐슈타인의 철학은 철학 그 자체에 종언을 고할 기세였다. 그는 과거의 얽히고설킨 철학의 난제를, 언어를 엄밀히 사용함으로써 해결할 수 있다고 생각했다. 이로 인해 철학은 **언어적 전회**라 불리는 새로운 단계로 진입한다.

아리스토텔레스(➡ 31p)는 논리학을 하나의 분야로 체계화했다. 여기서 논리학은 사고의 문법이라 생각하면 된다. 사고의 소재가 완전히 동일한 내용이라 하더라도, 배열이나 양적·질적인 요소에 따라 논리의 진위가 어떻게 달라지는지 그 패턴을 연구하는 학문이다. 라이프니츠(➡ 89p)는 논리학을 이용한 **보편학을 구상**하기도 했다. 아리스토텔레스의 논리학 체계가 완성된 후, 그 연구는 세기를 뛰어넘어 비약적인 발전 양상을 보였다. 19세기 중엽부터 20세기 전반에 걸쳐 수학자들의 노력도 더해져, 새로운 논리학이 탄생했다.

새로운 논리학은 **기호논리학**이라 불리며, 러셀(➡ 240p)과 화이트헤드 공저의 『수학 원리(Principia Mathematica)』로 집대성되었다.

루트비히 비트겐슈타인(1889년~1951년)

오스트리아 빈 출신의 철학자로, 후에 영국 케임브리지 대학의 교수가 되었다. 영국 국적을 취득했다. 논리실증주의와 옥스퍼드학파의 영향을 받았다. 분석철학, 과학철학의 기초를 확립했다. 저서로는 『논리-철학 논고』, 『철학적 탐구』가 있다.

내 푸딩
어디 있지?

…

말할 수 없는 사실은 침묵

◎ **언어를 수학처럼 계산하는 학문?**

기호논리학은 명제논리학과 술어논리학으로 분류된다.

　　명제논리학에서는 명제의 긍정과 부정, 명제와 명제를 연결하는 접속사 (copula)에만 주목해 언어를 기호화했다. 예를 들어보자. '이번 달은 3월이다'라 는 명제를 p라 하고, '입학식이 있다'를 q라 하면, 이를 '→'(~라면 'ⅽ')라는 접 속 기호로 연결해 'p→q', 즉 '이번 달이 3월이라면 입학식이 있다'로 만들 수 있다.

　　다음에는 p나 q 등의 의미 내용은 무시하고, p와 q에 관한 기호의 관계에 관해 참(T)인지 거짓(F)인지만 판단한다.

　　한편, **술어논리학**은 어떤 'x'를 주어로 삼아, 이외의 것은 모두 그 술어로 취 급하는 논리학이다.

　　술어논리학에서는 '모든 동물은 죽는다'라는 명제가 있으면, '모든 x에 관 해, x가 동물이라면, 그 x는 죽는다'가 되고, 이는 다시 $\forall x(Fx \supset Gx)$라는 어려 운 기호로 표현된다.

　　이 기호를 계산하는 사이트도 있을 정도로, 프로그래밍 언어와 상성이 잘 맞는다. 논리학과 뇌의 구조 등에 관한 연구가 더 발전하면, AI(➡ 341p)가 인간 의 사고를 완벽하게 수행할 수 있는 날이 머지않았는지도 모른다.

과거의 철학 문제는 해결되었는가? 그렇지 않은가?

◎ 언어와 세계는 표리일체

한편, 비트겐슈타인의 저서 『논리-철학 논고』는 상당히 독특한 형식을 취하고 있다. 이는 요즘 쓰는 워드프로세서의 아웃라인 형식과 비슷하다.

> 1 세상은 일어나는 모든 것이다.
> 1·11 세상은 여러 사실로, 나아가 이것이 모두 사실이라는 전제하에 결정된다.
> 1·13 논리 공간에 존재하는 사실들이 곧 세상이다.

이처럼 문장에 일련번호가 매겨져 있으며, 마지막에 '7 말할 수 없는 것에 대해서는 **침묵해야 한다**'로 이어진다.

비트겐슈타인은 언어와 세계에는 공통적 구조가 존재한다고 보았다. 세계와 언어는 이른바 동전처럼 분리할 수 없다. 즉, 언어로 표현되는 것 자체가 세계라는 것이다.

보통은 먼저 세계가 독립적으로 존재하고, 거기에 언어를 갖다 붙이는 식이라 생각한다. 그러나 그게 아니라 '세계 그 자체가 언어'라는 것이다.

그러면 '이번 달이 3월이라면 입학식이 열린다'라는 명제는 세계를 올바르게 투영하고 있음을 알 수 있다. 『논리-철학 논고』에는 '2·12 상(像)은 현실의 모형이다'라는 말이 나온다. 이를 **사상**(寫像) **이론**라 한다. 언어와 세계는 '음표와 음악'과 같은 관계라 할 수 있다. 그렇다면 논리학에서 다양한 철학적 명제를 분석하면, 참인 명제와 거짓 명제가 바로 계산을 통해 밝혀질 것이다.

대학에 따라 논리학 수업이 있기도 한데, 시험도 계산 문제가 주로 출제되기 때문에 쉽지 않으므로 대학생이라면 고심해서 선택하기를 추천한다.

◎ 문제 그 자체가 틀렸을 경우

세계와 언어의 관계를 밝히고 정확한 언어표현(논리학)을 바탕으로 과거의 철학을 분석했기 때문에, 세계와 언어는 완전히 일치하고 언어는 논리학의 기호화로 완전히 표현된다는 것이다. 그러면 세계에서 발생하는 사건의 패턴은 모두 논리학의 기호(명제)로 표현할 수 있다.

이를 분석해보면 '세계의 존재' '삶의 의미' '사후 세계' '신의 존재' 등 근대까지의 철학이 고민해온 문제는 처음부터 답이 없는 가짜 문제였음을 알 수 있다.

'6·521 삶과 관련된 문제가 해결되었음을 인간이 인정하는 것은 이 문제가 사라짐으로써 가능하다.'

'자신의 존재 의미를 잘 모르겠다'라는 문제일 경우, 『논리-철학 논고』의 논리에 따르면 적어도 '그 고민은 질문 자체가 무의미하다. 따라서 이 문제를 해결하기 위해서는 그 질문을 없애는 것이 제일이다. 말할 수 없는 것에는 침묵하자'가 된다. 말할 수 없는 것에는 침묵한다고 했으니, 말할 수 없는 것이 '존재'한다는 의미다. 즉, '나의 의식'이나 '신' '사후 세계' 등은 말할 수 없는 무언가라는 것이다. 그러나 논리의 한계가 곧, 세상의 한계이므로 '언어의 한계가 세상의 한계를 의미'하는 것이다. 따라서 논리적으로 신을 증명하는 것이 아니라 마음에 담아두면 된다.

그래서 『논리-철학 논고』에는 '6·522 그러나 표명할 수 없는 것이 존재한다. 그것은 스스로 드러낸다. 그것은 신비로운 것이다'라는 말이 나온다.

한편, 이로써 모든 철학적 문제가 해결되었다고 생각한 비트겐슈타인은 철학의 세계에서 은퇴했다. 그러나 비트겐슈타인은 스스로 『논리-철학 논고』의 핵심이 되는 '사상 이론'이 틀렸다고 반성했다. 철학사에서는 드문 일이다. 그래서 비트겐슈타인은 일상 언어를 치밀하게 고찰하고, 언어의 구체적인 다양성을 **언어 게임**이라는 개념으로 제시했다. 이 비트겐슈타인의 철학은 분석철학이라는 거대한 조류로 이어졌다.

구조주의란 무엇인가?

언어학에서 시작된 구조주의

◎ 언어가 존재하기 때문에 고양이가 존재함을 알 수 있다

소쉬르는 프랑스 귀족의 후손으로 제네바의 명문가에서 태어났다. 일찍부터 언어학 분야에서 두각을 나타냈고, 대학에서 강의를 딱 세 번 했다. 그가 세상을 떠난 후, 강의 그 자체가 사라졌기 때문에 청강생들이 자신의 노트를 이용해 소쉬르의 강의를 후대에 전했다. 이것이 『일반언어학 강의』다. 이 또한 철학사상의 **언어적 전회(➡ 112p)**에 혁명적인 영향을 주었다. 우리는 눈앞에 일단 물리적 대상이 실제로 존재하고, 거기에 언어가 부여된다고 생각한다. 그러나 소쉬르에 따르면, 언어로 이름을 붙이기 전에 사물이나 관념은 존재하지 않는다.

소쉬르에 따르면 언어라는 **기호(시뉴)**에서는 시니피앙과 시니피에가 표리일체의 관계다.

기표(시니피앙)란 언어가 가지는 감각적 측면을 말한다. 고양이라는 단어를 예로 들면, '고양이'라는 문자나 'goyang-i'라는 음성이 시니피앙에 해당한다. 또 **기의(시니피에)**란 이 시니피앙에 따라 의미가 부여되거나 표현된 고양이의 이미지나 고양이라는 개념(의미 내용)을 말한다.

이 관계에 필연성은 없다(기호의 자의성).

클로드 레비-스트로스(1908년~2009년)
프랑스의 문화 인류학자, 민족학자로, 벨기에의 브뤼셀에서 태어나 프랑스 파리에서 자랐다. 콜레주 드 프랑스의 사회인류학 강의를 담당했고, 미국 원주민의 신화를 연구했다. 구조주의의 아버지로, 저서로는 『우리는 모두 식인종이다』, 『야생의 사고』 등이 있다.

◎ 언어가 세계를 분리한다

기호가 자의성을 갖는다는 것은 예를 들어, 고양이의 경우 이를 '고양이'라 쓰고 'goyang-i'라 발음하는 필연성이 없기 때문이다. 따라서 언어에 따라 '고양이'라는 명칭이 바뀌는 것이다. 그러나 필연성이 없는데도 이를 공유하는 시스템이 존재한다는 것이 언어의 불가사의다.

이렇게 생각하면 근대까지의 철학이 주장한 **그 자체(실체·본질)**를 사고하는 것은 불가능함을 알 수 있다. 이는 우리가 언어로 지칭하는 것(시니피앙)과 지칭된 대상(시니피에)이라는 안경을 통해서만 세계를 고찰할 수밖에 없기 때문이다.

우리는 눈을 가루눈, 함박눈, 싸락눈 등으로 나누는데, 에스키모는 눈을 다양한 종류로 나누어서 생각한다. 언어가 현실 세계를 분리하며, 그 반대로는 작용하지는 않는다.

'사전에 확립된 **관념이란 존재하지 않고**, 언어의 출현 이전에는 그 무엇도 확실한 것이 없다.'(『일반언어학 강의』) 이름을 붙임으로써 비로소 그것이 다른 것과 구별되어 존재를 인식할 수 있다는 것은 소쉬르의 위대한 발견이다. 이 발견은 다양한 분야에서 관계에 주목하도록 만들어, **구조**를 논하는 계기가 되었다.

구조는 보이지 않아도 관계로서 존재한다

◎ 구조주의의 실마리가 된 언어론

구조주의는 1960년대에 등장해 프랑스를 중심으로 발전했다. 문화 인류학자인 레비-스트로스는 원주민 사이에 섞여 들어가 친족 관계와 신화 등을 연구했다.

그는 친족 관계의 구조분석을 통해 미개하다 여겨지는 사회에는 문화와 자연을 조화시키는 구조나 독특한 사고방식이 존재함을 발견하고, 이를 **야생의 사고**라 이름 붙였다.

레비-스트로스는 러시아인 언어학자 로만 야콥슨의 음운론에서 구조주의의 힌트를 얻었다. 야콥슨은 소쉬르가 주장한 구조언어학의 원리를 발전시켰다. 야콥슨은 발음으로서의 음운(음소)은 물리적인 것이 아니라고 주장했다.

가령, r과 l이라는 음은 전혀 다르게 발음되기 때문에, 영어에서는 rice는 '쌀'이지만, lice는 '이'를 의미한다. 그러나 일본어에서는 r과 l의 구분이 없기 때문에, '라이스'는 '쌀' 이외의 의미를 갖지 않는다.

언어가 다르면 음소도 달라진다. r과 l의 발음이 아무리 **다르더라도**(➡ 214p) 일본인에게는 그 차이가 존재하지 않는다. 발음은 의미에 따라 구분된다. 즉, 관계(구조)가 먼저 선행되어야 함을 알 수 있다.

여기에 더해, 레비-스트로스는 생물학자 톰슨(D'Arcy Wentworth Thompson)의 주장을 응용했다. 톰슨에 따르면 물고기의 형태를 좌표에 그려 좌표 자체를 변형함으로써 다양한 종류의 물고기 형태가 될 수 있다고 한다. 예를 들어, 복어의 좌표를 '변형'하면 개복치라는 것이다. 구조는 다양한 표상에 침잠되어 있는 관계성으로, 이는 계속 '변형'되고 유지된다.

◎ 구조주의가 미친 지대한 영향

미개 사회에서 친족과 결혼 등의 관계는 서양에서의 관계와 달라 보이지만, **구조라는 관점**에서 보면 근본적으로 앞서거나 뒤처진 것이 아니다.

레비-스트로스는 '야생의 사고'라는 구체(具體)의 과학으로 지금까지의 근대적 사고만이 이성적이라는 선입관을 비판했다. 또한 **자민족중심주의**(➡ 313p)에 치우친 서양의 세계관·문명관에 대한 근본적인 반성을 촉구했다.

'자신의 사회 속에 인간의 삶이 가질 수 있는 의미와 존엄이 모두 응축되어 있다고 선언하고 있는 것이다. 그 사회든 우리 사회든, 역사적·지리적으로 다양하고 수많은 존재 양식 중 어느 하나에만 인간의 모든 것이 내재해 있다고 믿기 위해서는 상당한 **자기중심주의**와 소박한 단순함이 필요하다. 인간에 관한 진실은 이처럼 다양한 존재 양식 간의 **차이와 공통점**으로 구성된 체계 속에 존재한다.'(『야생의 사고』)

그런데 실존주의자인 사르트르(➡ 183p)는 인간의 자유로운 주체성이 역사를 움직인다고 주장했다. 구조주의에서 주체는 그 배후에 있는 시스템(구조)에서 **무의식** 중에 영향을 받는다고 생각했다. 따라서 주체적인 인간이 사회 발전을 이끈다고 주장하는 근대 서구사상을 근본적으로 비판하고, 사르트르의 실존주의와 대립했다.

구조주의의 영향을 받은 팔레스타인 출신 에드워드 사이드(1935~2003)는 **오리엔탈리즘**(➡ 313p)에 관해 언급한다.

또 구조주의를 계승해 진보주의와 주체성을 강조한 근대주의와 계몽주의를 비판하고, 벗어나고자 한 사상운동을 포스트모던이라 한다. 질 들뢰즈, 펠릭스 과타리, 안토니오 네그리(➡ 308p)를 포스트모던에 포함시키는 사람도 있다. ―본인은 포스트모던이라 하지 않는다.― 리오타르(➡ 210p)는 『포스트모던의 조건』을 저술했다.

현상학의 창시자 에드문트 후설

현상학이란 결국 무엇인가?

◎ 외부에 존재하는 세계의 확실성을 묻기란 상당히 난해한 일

처음 현상학을 접하는 사람이라면 잘 이해가 가지 않을 것이다. 애초에 무엇을 문제로 삼는지가 명확하지 않기 때문이다. 여기서는 무엇을 하려는 철학인지 대략적으로 알 수 있는 정도로 살펴보고자 한다.

우선, 다시 이 세계가 가상공간이 아닐까 하는 상식 밖의 생각으로 돌아가보자. '이 세상은 꿈이 아닐까?' 혹은 '나의 망상은 아닐까?'로 물음을 바꾸어도 좋다.

즉, 주관적으로 '보는 것'과 객관·대상으로서 '보이는 것'은 어떻게 일치하는지에 관한 이야기다. 데카르트는 과거, 신의 존재증명으로 이를 해결하고자 했다. 스피노자는 범신론으로 **심신병행론**을 주장했다. 칸트(➡ 96p)는 주관과 객관은 **선험적**인 형식이라 주장했다. 헤겔(➡ 100p)은 변증법으로 주관과 객관은 일치[절대지(絕對知)]한다고 생각했다.

그러나 이 정도로 주관과 객관을 일치시키려 한다 해도 역시 세상은 우리의 망상일 뿐이며, 확실성이 없을지도 모른다.

에드문트 후설(1859년~1938년)

당시 오스트리아령의 프로스테요프에서 태어났다. 현상학의 창시자로, 28세부터 할레 대학, 괴팅겐 대학, 프라이부르크 대학에 부임했다. 퇴직 후에도 정열적으로 연구를 이어갔다. 저서로는 『산술 철학』, 『논리 연구』, 『순수현상학과 현상학적 철학의 이념들』 등이 있다.

◎ **이것이 현상학적 환원이다!**

자신이 생각하는 것과 세계가 일치하지 않으면, 모든 학문에서 **엄밀성**이 사라진다. 따라서 '나의 주관이 객관적인 대상을 올바르게 받아들인다'는 확실한 증거가 필요했다.

그래서 오스트리아 철학자 후설은 이 문제에 새로운 방법으로 접근했다. 후설은 독일의 철학자이자 심리학자 브렌타노(1838~1917)의 '**지향성**'의 개념을 이어받았다. 이 개념에서 의식이란 항상 '어떤 것에 관한' 의식이다. 텅 빈 의식은 없다는 것이다. —무심(無心) 같은 상태는 없다는 말이다.

먼저, 후설은 인간이 세계를 **자연적 태도**로 받아들인다고 설명한다. 눈앞에 컵이 있고, 이를 있는 그대로 의식이 받아들이는 것은 지극히 평범한 자연스러운 태도다.

그러나 이 태도를 취하는 이상, 세계 속에 자신이 존재하는 것이 되기 때문에 주관은 객관과 일치하지 않는다.

그래서 후설은 이 자연적 태도를 버리는 방법을 취한다. 눈 앞의 현상을 괄호 안에 넣어두고 보류하는 것이다. 컵이 외부에 존재하고, 자신의 의식이 이를 받아들이는 방식을 **판단 중지**(에포케)한다. 이러한 조작을 **현상학적 환원**이라 한다.

세계가 의미를 부여받아 눈앞에 나타나는 순간

◎ 환원 후, 순수의식으로 발현하다

후설은 현상학적 환원으로 세계의 존재에 관한 확신을 깨끗하게 단념했다. 그래서 이번에는 반대로 직접 경험한 의식체험으로 어떻게 해서 컵과 같은 물건이 외부에 존재한다는 **확신(타당성)**이 생기는지를 관찰하고자 했다. '세상을 초월해 세상의 근원을 묻는 것'이므로 **초월론적 환원**이라고도 표현한다.

물론 세상이 '환원'되었다고 해서 세상의 존재를 부정하거나 상실했다는 의미는 아니다. 이는 사고실험과 같은 것이다. 현상학적 환원을 하면 적어도 눈앞의 컵이 '자신의 의식상에 뚜렷이 존재한다'는 것만은 확실하기에 더는 가상현실, 꿈, 환각이라 생각할 필요가 없다.

의식상에 전개되는 의미로서의 '컵'으로 변하는 것이다. 주관·객관 도식에서는 정신과 물질에 해당하는데, 의식의 세계로 무대가 바뀐 것이다.

그리고 세계가 판단 중지된 지금 '거기에 컵이 정말 있는 것일까'라는 의문은 불필요해지고, '어째서 나는 컵이 거기에 있다고 확신하는가'라는 질문으로 바뀐다.

이렇게 되면 지금까지처럼 컵과의 관계를 물리적으로 설명하는 입장에서 벗어나, 우리가 컵을 의식상에서 어떻게 받아들이는지에 관해 확실한 지평(地平, Horizont: 의식의 환원을 추진하는 과정에서 끊임없이 새로운 차원에 놓이는 주관 앞에 펼쳐지는 시야. 후설이 사용한 현상학 용어다.-옮긴이)에서 말할 수 있게 된다.

자신이 실제로 느끼는 것을 솔직하게 기술한다면 오류가 생길 리 없다. 착각이라도 상관없다. 그 착각을 한 체험 또한 분명히 자신의 의식상의 진실인 것이다. 이 환원된 후의 의식은 **초월론적 의식, 순수의식** 등의 용어로 설명한다.

◎ 자신이 확신하는 조건을 적어간다

현상학적 환원 이후에는 컵을 보고 있을 때, 내가 의식하는 내용 그 자체가 실제 컵으로 채워진다. 의식상에서 전개되는 의미로서의 '컵'으로 변하는 것이다.

현상학적 환원에 따라 의식의 세계로 무대가 바뀌는 것이므로, 다음 순서로 사물이 의식상에 흘러가는 과정을 분석하면 된다. 펜, 책상, 공책 하는 식으로 의식의 흐름을 따라간다.

후설은 의식은 다양한 체험을 통일해 의미를 부여하는 작용을 한다고 생각했다. 이 지향작용을 **노에시스**, 지향의 대상인 '펜, 책상, 공책, 컵' 등을 **노에마**라 한다. 우리는 그저 막연히 외부에서 들어온 정보를 받아들이고 흘려보낼 뿐 아니라, 그때마다 의미를 부여하는 작업을 한다.

우리는 항상 '이것이 옳다'며 어떤 확신을 갖고 살아가는데, 그것은 우리가 그때마다 의미를 부여하고, 마음속에서 직관(본질직관)하고 있기 때문이라는 결론에 이른다.

여기서 일단 '이 세상은 꿈이나 환상이 아닐까'라는 의문에 대한 답을 찾을 수 있다. 왜 이 세상은 꿈도 환상도 아니라고 우리가 확신할 수 있는가 하면, 가령 "에잇!"하고 주문을 외워도 컵이 사라지거나 갑자기 나타나거나 하지 않을 때, 우리는 거기에 틀림없이 컵이 있다 또는 없다는 확신을 얻을 수 있기 때문이다.

그 밖에 '대상을 자유자재로 변화시킬 수 없으므로', '눈을 감았다가 떠도 거기에 여전히 컵이 존재하므로'와 같은 의식 경험을 통해 우리는 그것이 외부에 있다고 확신을 한다. ―외부에 실재함을 증명한 것은 아니다.― 그러한 확신으로 이루어진 것을 우리는 '세계'라 부른다.

이처럼 자신의 의식을 관찰하는 현상학은 마르틴 하이데거, 모리스 메를로퐁티, 장 폴 사르트르, 에마누엘 레비나스 등의 철학에서 응용되었다.

푸코와 계보학

정상과 비정상을 구별하는 사람은 정상일까?

◎ 구분하는 방식이 정신병을 만들어낸다

프랑스의 철학자 푸코는 처음에 구조주의 철학자로 알려졌다. 그러나 정작 푸
코는 구조주의를 비판하는 입장을 취했기 때문에, 후에 **포스트 구조주의**로 분
류되었다. ―여기에는 여러 설이 있다.

푸코는 『광기의 역사』(1961)에서 광기가 지금의 정신병으로 인지되기까지의
과정을 시대에 따라 논하고 있다. 우리는 정신병이 아주 예전부터 존재하고 있
다고 생각한다. 광기와 정상이라는 기준이 처음부터 정해져 있다고 생각하기
때문이다.

하지만 푸코에 따르면 광기가 먼저 존재한 것이 아니라, 사회가 광기를 규정
한다는 것이다.

즉, 광기를 이성(정상)과의 관계 속에서 역사적으로 규정된 것이라 본 것이
다. 따라서 정신병은 새로운 구분법에 따라 탄생했다는 말이 된다.

여기에는 구조주의(➡ 118p)가 영향을 주었다. 푸코에 따르면 서구사회에서
중세까지는 광기를 가진 사람은 '신의 중개자'로 신의 메시지를 받아 전하는
역할을 했다(고대의 무녀 등).

미셸 푸코(1926년~1984년)

프랑스의 철학자로, 1968년에 파리 대학 뱅센 분교의 교수, 1970년에 콜레주 드 프랑스의 교수를 역임했다. 구조주의
의 영향을 바탕으로 과학사·사상사의 사고의 고고학을 개발했다. 서구 문명 역사에서 사고형식의 구조 변천을 탐구한
다. 저서로는 『광기의 역사』, 『말과 사물』, 『감시와 처벌: 감옥의 탄생』 등이 있다.

◎ 역사적으로 변해가는 '지식의 틀'

그렇지만 이윽고 광기는 감시와 금기의 대상이 되었다. 이는 이성이 중시되고, **정상과 비정상**에 대한 구분이 이루어졌기 때문이다. 결과적으로 광기가 정신병이라는 '질환'으로 인식되기 시작한 것이다.

이는 현대의 의료 문제와도 관련이 있다. ─예: 의사가 명확하게 우울증 진단을 하지 못하는 등.

푸코는 역사를 거슬러 올라가 이것들을 실증해갔다. 구체적으로는 프랑스 왕조의 절대군주제는 파리에 일반 시료원(施療院) 설립을 선포하고, 여기에 미친 사람을 가두었다. 그 후, 18세기 말부터 미친 사람들은 보호시설이라는 제도로 다루어졌다. ─17~18세기는 이성의 철학(➡76p)이 가장 성행한 시기.

즉, 푸코는 광기가 정신병으로 분류되면서, **정신의학**과 **심리학**이 성립했다고 생각한 것이다.

푸코는 나아가 인간의 '지(知)'의 흐름에 관해 이 계보를 거슬러 올라갔다. 푸코는 각각의 시대에서의 **에피스테메**(지식의 틀, 사고의 토대)를 밝혔다(지식의 고고학). 『말과 사물』(1966)에 따르면, 중세 르네상스(➡78p)의 에피스테메는 '**유사**(類似)'다. 예를 들어, '호두와 뇌가 비슷하므로, 호두를 먹으면 머리가 좋아진다'는 유사 과학적 사고방식인 것이다.

우리가 사는 사회도 감옥이다?

◎ 이성적인 가치관을 기준으로 두는 흐름은 한물갔다

17세기 중반에 접어들면, 대상을 분류·정리하는 시대가 도래한다. 데카르트 (➡ 82p)처럼 **이성**이 옳고 그름을 판단하는 기준이 되는 에피스테메의 시대다. 이때 다양한 이성적 학문이 발전한 것으로 보인다.

19세기 초반부터는 경제학, 언어학, 생물학, 인류학, 심리학 등의 에피스테메가 발전했다. 푸코는 여기에서 '인간'이라는 틀이 탄생했다고 주장했다. 푸코는 '주체'로서의 인간은 근대의 '발명'에 지나지 않는다고 보았다.

물론, 먼 옛날부터 생물학적인 인간은 존재했다. 그러나 여기서 말하는 '인간'이란 새로운 '에피스테메'라는 필터를 통해서 본 인간을 말한다.

그리고 푸코는 **인간의 종언**(終焉)을 주장했다. 미래에 '에피스테메'가 바뀌면 '인간'도 끝나기 때문이다. ─인류가 멸망한다는 의미는 아니다.─ 미래에 완전히 다른 관점이 출현한다는 의미다. 이 또한 뇌를 유연하게 만드는 사고법이다.

이처럼 푸코는 서양의 인간(이성) 중심주의의 한계와 문제점을 밝혀냈다. 근대 이후, 인간의 이성을 척도로 한 문명사회는 질병과 광기, 범죄와 같은 반이성적인 것을 일상생활에서 배제했다. 이는 사회의 관리체제 강화로 이어졌고, 사회는 감시사회가 되어갔다.

근대의 이성적인 인간관은 '자신을 이성적 존재'라 생각하게 함으로써 도덕적인 자립을 추구했다. 이것이 발전하면 근본적으로 '성(性)'의 문제는 한쪽 구석으로 밀려난다.

◎ 나를 감시하는 자는 바로 나 자신이었다

푸코의 『감시와 처벌: 감옥의 탄생』(1975)에서는 제러미 벤담(➡ 154p)이 고안한 **파놉티콘**(일망감시시설)에 관한 설명이 등장한다. 파놉티콘은 중앙에 감시탑을 설치해, 거기서 방사상으로 배열된 독방에 수감된 죄수의 동태를 한눈에 감시할 수 있는 감옥이다. 중앙에 탑이 있어 간수가 둘러볼 수 있다.

그러나 죄수들에게는 간수가 보이지 않는다. 그러면 죄수는 자신이 언제 감시를 당하는지 알 수 없기 때문에 스스로 자신을 감시하는 효과가 있어, **순종하는 주체**가 된다고 보았다.

과연 '순종하는 주체'가 주체성을 가지고 있을까? 사실 우리도 파놉티콘적 생활을 하고 있을 가능성이 있다. '누가 보고 있을지도 몰라(사실 아무도 보고 있지 않지만…)'라는 생각으로 자신의 행동을 규제한다. 스스로 결정한 것 같지만, 사실 주변에서 강요를 당하는 괴로움이 바로 이것이다. 푸코는 관리통제의 권력구조를 지적한 것이다.

'폐쇄되고, 세분화되고, 각처에서 감시되는 이 공간, 거기에는 각각의 인간은 고정된 장소에 놓여진다. 어떤 미세한 움직임이라도 감시당하고, 이런저런 일들이 기록된다. 기록하는 작업은 끊임없이 도시의 중추부와 주변부를 연결하고, 권력은 계층 질서적인 체계화된 조직도를 바탕으로 일제히 행사된다. 끊임없이 각 개인은 평가되고 감시당하며, 생존자·병자·사망자로 분류된다.'(『감시와 처벌: 감옥의 탄생』)

푸코의 사상은 사회학·정치학·교육학 등 다양한 분야에 지대한 영향을 미쳤다. 니체(➡ 106p)나 프로이트 이론과 종합해 생각하면 도움이 될 것이다.

사상의 흐름 면에서는 자크 데리다, 질 들뢰즈(➡ 214p) 등의 철학자로 이어졌다.

27

정신분석의 흐름

위대한 프로이트의 정신분석

◎ 무의식의 구조를 과학적으로 밝힌 최초의 인물

근대의 이성주의 때문에 과학기술이 발전하고, 자연에 대한 지배가 점차 확산되었다. 그러나 이는 인간의 **자연스러운 내면**(감정, 충동, 본능 등)을 억제하는 것이기도 했다. 마음의 병은 사회현상과 관련이 있다.

20세기 초, 오스트리아의 정신과 의사 프로이트는 꿈에 관한 연구와 신경증을 치료하던 중 인간의 마음 깊은 곳에 **무의식**이라는 영역이 존재함을 발견했다.

이 무의식은 **이드**(에스)라 해서, 생명체를 지탱하는 본능적인 영역이라 보았다. 이드는 신체 영역에서 생기는 **리비도**(성적 에너지)의 장이다. 리비도는 유아기부터 성장하고 발달한다. 5~6세 정도에 남자아이의 리비도는 엄마에게 향하고, 엄마의 애정을 독점하려 한다. 이 시기에 아빠를 질투한다.

이때 엄마에 대한 사랑과 아빠에 대한 미움이 무의식중에 억압되어, **초자아**가 형성된다. 프로이트는 이 심리를 아빠를 죽이고 엄마를 아내로 맞이한 그리스 신화의 오이디푸스 왕에 빗대어, **오이디푸스 콤플렉스**(➡ 214p)라고 이름 붙였다.

지크문트 프로이트(1856년~1939년)
오스트리아의 정신과 의사이자 정신분석의 창시자다. 신경증의 치료법과 정신분석을 확립했다. 저서로는 『꿈의 해석』, 『정신분석학 입문』 등이 있다.

카를 구스타프 융(1875년~1961년)
스위스 심리학자, 정신분석학자, 바젤 대학의 교수다. 1948년 취리히에 융 연구소를 설립했고, 저서로는 『무의식의 심리학 상징』, 『심리 유형』 등이 있다.

◎ **무의식의 응어리를 제거하는 정신분석**

초자아는 '~해야 한다' '~하길 바라다' '~하지 않으면 안 된다' 등의 금지·이상을 추구하고 담당한다. 자아는 이드와 초자아를 조화시키는 일을 한다. **마음의 에너지**를 중재하는 것이 자아의 역할이다.

프로이트는 히스테리 질환을 치료하려고 시도하던 중, 환자들이 의식의 이면에 예외 없이 성적인 트라우마를 지니고 있음을 발견했다. 또 망각 속에서 그 기억을 떠올려, **의식화하고,** **자각시킴으로써** 환자의 히스테리 증상이 사라진다는 사실을 확인했다.

프로이트에 따르면 성적인 욕구와 관련된 체험이 왜곡된 형태(성적으로 불쾌한 경험 등)로 남은 경우, 내면을 보호하기 위해 내면의 자동안전장치가 작동하고, 그 경험 내용을 기억 저편으로 억압한다는 것이다. 억압이란 불쾌한 경험이나 비정상적 경험을 무의식의 탱크에 깊숙이 넣어버리는 것이다.

또 **노이로제** 환자들의 내면에는 마찬가지로 무의식적 억압이 발생하고, 이를 해방시키면 노이로제 증상이 사라지는 경우가 있음을 확인했다. 이는 현대의 심리적 외상이나 PTSD(Post Traumatic Stress Disorder: 외상 후 스트레스 장애) 연구와 관련 있다.

프로이트는 무의식에 억압된 내용을 떠올리고 언어로 표출할 수 있으면, 증상이 사라지는 **카타르시스** 치료를 개발했다.

뛰어난 융의 분석심리학

◎ 모든 인간에게 공통된 '집합적 무의식'이란 무엇일까?

융은 프로이트의 영향을 받은 스위스의 정신의학자이자 심리학자로 독자적인 심층심리학을 확립했다. **심층심리학**은 의식보다 무의식의 작용이 지대한 영향을 준다고 생각하는 심리학이다.

심층심리학의 학파는 프로이트가 창시한 정신분석학파를 필두로 융의 분석심리학파 외에도 아들러(➡ 132p)의 개인심리학 등으로 분류된다.

프로이트는 개인적 무의식에 관해 고찰했으나, 융은 내면의 깊은 심층부에 **집합적 무의식**이 존재한다고 생각했다. 이는 개인적인 경험으로 생기는 것이 아니라, 유전적으로 물려받은 선천적인 마음의 영역이다.

원형(아키타이프)은 모든 인간의 마음 근저에 존재하는 보편적인 형태를 말한다. 시대와 민족을 뛰어넘어 인류의 신화·구전·예술·종교, 개인의 꿈에도 공통적으로 나타나는 것으로 알려져 있다. 신화학에서는 '모티브', 인류학에서는 '집단상징'이라 불린다. '집합적 무의식'은 '원형'을 통해 발현된다.

융은 서로 다른 나라와 문화에서 자란 사람이 동일하게 뱀의 환각을 보는 경우 등에 착안해, '집단적 무의식'에 선조의 경험도 포함된다고 생각했다.

융은 '원형'으로 **그레이트 마더**(대모), '**아니마**', '**그림자**', '아이', '늙은 현자', '동화 속 요정' 등을 들었다.

'그레이트 마더'는 모든 것을 품는(또는 삼키는) 작용을 한다. '아니마'는 여성의 모습을 본떠서 발현되는 것으로 신화의 세계에서는 인어, 숲의 정령 등으로 표현된다.

◎ 원을 보면 마음이 편안해진다

융의 심리학에서는 원형의 이미지를 해석하고, 개인이 의식과 무의식을 통합하는 '개성화'를 추구한다. 이에 따라 내면이 분열되거나, 여러 가지 콤플렉스에 시달리는 증상을 치료한다.

융은 복잡한 감정적 반응이 나타나는 현상을 **콤플렉스**라 불렀다. '파더 콤플렉스'는 아버지에 대한 적대심이나 아버지를 뛰어넘으려는 마음이다. 남성의 경우 상사나 윗사람에게 반항적인 태도를 취하고, 여성의 경우 나이 많은 남성에게 사랑의 감정을 품는 형태로 나타난다고 알려져 있다.

'마더 콤플렉스'는 여성이 따뜻하게 대해주면 과도하게 응석을 부리거나 졸졸 따라다니는, '사랑받고자 하는 마음', '더 사랑을 갈구하는 마음에서 나타나는 원망', '버림받는 것에 대한 두려움' 등을 갖는 것을 말한다. '카인 콤플렉스'는 형제자매 사이에 경쟁하고 질투하는 감정적 반응이다. '메시아(구세주) 콤플렉스'는 다른 사람을 도움으로써 자신의 존재를 확인하거나 우위에 서려는 감정적 반응이다. 자아(에고)를 품고 있는 전체를 **자기(셀프)**로 보았다. 집합적 무의식을 탐구하는 것이 치료의 일환인 것이다.

융은 동양의 만다라가 자신의 내면의 다양한 요소를 합해 하나로 통합하는 전체성을 상징한다고 생각했다. 만다라로 무의식이 해방되고, 억압되었던 내면의 에너지가 해방되기 때문이다.

만다라는 '특히 라마교에서 그중에서도 탄트라 경전파의 요가에서 얀트라로 사용하던 의례에 사용하는 의례의 원 내지는 마법의 원'(『연금술에서 본 구원의 관념』)이라 설명하고 있다. 융은 중국의 만다라를 통해 중국의 연금술을 알게 되었고, 그때부터 서양의 연금술(➡ 344p)에 대해 연구했다. 그리고 '대립하는 것의 결합'이라는 주제를 그 속에서 도출했다. 그 밖에 **싱크로니시티**(Synchronicity, 공시성) 이론 등도 고안했다.

아들러 심리학 외

삶의 고민은 모두 대인관계에서 비롯되었다?

◎ 더 높은 가치를 창출하고자 하는 데서 고민이 시작된다

프로이트의 정신분석에서는 과거의 경험으로 인해 내적 에너지가 정체된다고 생각했다. 그런데 오스트리아 출신 정신과 의사 아들러는 과거의 경험으로 우리의 인생이 결정되는 것이 아니라, 우리가 한 과거의 경험이 미래에 어떤 의미를 갖는지에 따라 삶의 의미가 결정된다고 생각했다. 이 인생에 대한 의미 부여를 '생활양식(life style)'이라 한다.

나아가 우리는 지금보다 더 나은 존재가 되고 싶어하며 살아간다. 아들러는 이를 '우월성의 추구'라 불렀다.

'모든 사람에게 동기를 부여하고, 인류의 문화에 공헌을 하게 하는 원천이 우월성의 추구 때문이라는 것이다. 인간의 모든 생활은 이 활동의 굵직한 선을 따라, 즉 아래에서 위로, 마이너스에서 플러스로, 패배에서 승리로 진행된다.'(『삶의 의미』)

그런데 인간은 좌절하면 열등감(콤플렉스)을 느낀다. 그렇지만 이 '열등감'은 인류 진보의 원동력으로 작용하기도 한다.

알프레드 아들러(1870년~1937년)
오스트리아의 정신의학자로, 정신이상의 원인을 우월함에 대한 과도한 욕구에서 찾았다. 저서로는 『인간 이해』, 『삶의 의미』 등이 있다.

빌헬름 라이히(1897년~1957년)
오스트리아·독일·미국에서 활동한 정신분석가이자 정신과 의사다. 오르곤 이론을 주장했고, 유사 과학이란 평을 들었다.

라이벌

◎ 열등 콤플렉스를 극복하기 위한 용기

인간은 자기 자신을 더욱 향상시키고자 하는 힘을 가지고 있다. 이는 니체의 '힘에 대한 의지'(➡ 107p)와 관련 있다.

그러나 그 힘을 더 키우고 싶어도 생각처럼 되지 않는 것이 인생이다. 이 힘이 지나치면 **열등 콤플렉스**와 **우월 콤플렉스**가 한 덩어리가 되어버리는 심리가 형성된다.

열등 콤플렉스는 '변명'으로 발현된다. 예를 들어, '누군가를 만나는 것이 불편한 사람'인 경우에는 "불편하다"라고 말해두면 그 행동을 하지 않아도 된다. 즉, 그편이 그 사람에게 편하고 행복하다는 것이다.

열등 콤플렉스의 뒷면이 우월 콤플렉스다. 자신이 뛰어난 사람이란 허영심에 가득 찬 태도를 취함으로써 열등 콤플렉스에 대처한다.

자신의 자랑을 일장 연설하거나, 겉모습을 화려하게 꾸미는 행위도 여기에 포함된다. ─물론, 화려한 패션을 좋아하는 사람이 반드시 콤플렉스를 가지고 있다는 의미는 아니다.

콤플렉스는 대인관계를 맺으며 살아가기 때문에 생긴다. 나 혼자만 살아간다면, 열등 콤플렉스나 우월 콤플렉스를 느낄 이유가 없을 것이다.

아들러는 삶의 고민은 모두 대인관계에 있다고 생각했다. 왜냐하면 누구나 타자와 관계를 맺는 것에 두려움을 느끼기 때문이다.

심리학의 다양한 응용 버전

◎ 열등 콤플렉스를 원동력으로 발전한다

아들러에 따르면 열등 콤플렉스와 우월 콤플렉스는 하나의 경향에서 나온 두 가지 측면이다. 따라서 아들러는 신경증의 본질도 열등 콤플렉스에서 벗어나려 하기 때문에 비롯된다고 보았다.

아들러는 자신의 열등 콤플렉스를 사회적·현실적 방법으로 극복할 수 없을 때, 이것이 신경증의 형태로 나타난다고 보았다. 열등 콤플렉스를 극복할 수 없어 자신의 행위에 관해 불합리한 변명을 하거나, 공상 속에서 자신을 우월한 사람으로 만드는 경우도 있다고 한다.

아들러는 나아가 범죄의 심리적 원인도 열등 콤플렉스에서 비롯된다고 보았다. 범죄의 형태는 다양하지만, 타인의 소유물, 신체, 명예 등을 가로챈다는 점에서 공통점이 있다. 범죄란 가장 간단한 방법으로 열등 콤플렉스를 극복하며, 타인의 주목을 받아 우월성을 얻고자 하는 욕망이 포함된 행위라는 것이다.

또 인간은 대부분의 경우 소극적이다. 그래서 반대로 적극적으로 나아가고자 노력한다. 인간은 열등감을 느끼기 마련이니, 어찌 보면 그런 자세는 당연하다.

그러나 대인관계에서 우월성을 유지하려면 타자와 경쟁을 해야 한다. 차라리 우월성을 추구하면서 본인도 발전하고 남도 발전하는 형태가 이상적이다.

아들러는 타자와의 관계를 **공동체 감각**이라 표현했다. 이는 자신이 소속된 가족, 학교, 직장, 사회, 국가, 인류, 우주라는 모든 것을 포함한 의미다. 개인은 생물학적으로는 개체 보존과 종족 보존이라는 목표를, 또 사회적으로는 소속, 심리학적으로는 그 사람에게 맞는 소속이라는 목표를 위해 행동한다.

◎ 미국에서 사회현상을 일으킨 라이히 사상이란?

오스트리아 출신 정신분석학자 라이히 또한 프로이트 밑에서 연구를 했다. 베를린으로 거처를 옮겼으나, 나치로 대표되는 파시즘을 비판한 『파시즘의 대중심리』를 쓴 적도 있어서, 이후 미국으로 이주했다.

프로이트가 **리비도**를 문화적으로 승화시키는 입장을 취했다면, 라이히는 리비도를 해방하기 위해 사회의 제도를 변혁시키는 길을 선택했다. 이는 사회현상을 낳았다.

라이히는 쾌락 상태에서 발생하는 에너지로서의 바이오 전기(리비도의 물리적 현상)가 어떻게 흐르는지 기계로 측정하는 연구를 진행했다. 나아가 비(非) 생명물질과 생명물질의 이행단계에 발생하는 소포(小胞)에 바이온이라는 이름을 붙였다.

라이히는 '오르곤 방사(orgone radiation)'에 관한 가설을 세웠다. 바다의 모래를 가열하면 바이온이 발생한다고 한다. 라이히는 이 힘의 원천을 **오르곤 에너지**라 명명했다. 다음 연구단계로 라이히는 오르곤 에너지를 수용하는 장치(오르곤 에너지 집적기)를 만들기 시작했다. 그리고 바이온을 그 안에 넣어 관찰한 결과, 명확한 광학 현상을 관찰했다고 한다.

나아가 라이히는 특정 구름이 나타나면 숨이 막힐 듯한 분위기가 형성되고, 동물의 움직임이 둔해진다고 주장했다. 여기서 그는 구름에서 마이너스 오르곤 에너지를 빨아내면 어떻게 되는지 연구했다.

그래서 긴 금속 파이프를 구름을 향해 세우고, 케이블 선을 연결해 깊은 우물에 접지를 연결했다. 이 실험 장치를 **클라우드 버스트**라 한다.

라이히의 오르곤 이론은 유사 과학이라는 취급을 받으며 세상으로부터 인정을 받지 못했다. 그러나 그 자유로운 발상에는 배울 점이 상당히 많다. 이와 같은 사고 방법이 때로는 새로운 과학적 발견으로 이어지는 경우도 있기 때문이다.

사회와 경제사상

경제학과 철학은 언뜻 전혀 관련이 없는 것처럼 보인다. 그러나 이 둘을 연결해 세상이 크게 변했기 때문에 우리의 실생활과 밀접한 관련이 있음을 알 수 있다.

고전 경제학에서는 크게 애덤 스미스의 경제이론부터 존 스튜어트 밀의 경제학까지를 다룬다. 여기서는 자유 방임주의의 형태로 국가가 경제에 개입하지 않은 구조를 중심으로 살펴본다.

공리주의를 주장한 제러미 벤담은 '최대 다수의 최대 행복'을 지향하는 정책을 주장했다. 존 스튜어트 밀은 이를 이어받아 질적인 공리주의를 전개했다.

또 밀은 개인의 자유주의(liberalism)를 통해 타인에게 피해를 주지 않는 범위 내에서의 자유를 주장했고, 이는 우리가 무엇에 대해 어디까지 자유를 행사할 수 있는지를 다시금 고찰할 때 매우 유용한 철학이다.

또 산업혁명으로 자본가와 노동자라는 계급이 생기고, 빈부격차가 벌어졌다. 철학자이자 경제학자인 카를 마르크스는 자본주의를 분석한 『자본론』을 저술했다.

마르크스는 헤겔의 관념론적 변증법을 비판하면서, 헤겔의 역사법칙을 유물론적 변증법으로 재해석했다.

역사는 뉴턴 역학과 동일한 수준의 법칙성을 갖는다고 보았기 때문에(물질의 집합이 움직이기 때문에), 자본주의의 발전으로 인해 더욱 모순이 커지면서 사회주의 혁명이 발생하고, 프롤레타리아 독재의 단계를 거쳐, 새로운 무계급사회인 공산주의 사회가 탄생하는 것이 과학적으로 설명된다. ─과학적이므로

현대 사회를 이해하기 위해서는
경제사의 흐름과 사회의 변천을 알아야 한다

반드시 그렇게 된다는 개념이다.

마르크스·레닌주의에 관해서는 여러 설이 있으나, 일반적으로 사회주의는 과도기로 공산주의를 최종목표로 하는 사상이라 알려져 있다.

1929년에 발생한 세계 대공황으로 실업자가 대거 발생했다. 이를 해결하기 위해 미국에서는 공공사업을 늘려 실업자에게 일자리를 만들어주는 뉴딜정책을 시행했다.

경제학자 존 메이너드 케인스는 국가가 경제에 개입하고, 유효수요 창출로 실업자를 줄이는 이론을 주장했는데, 이는 후에 뉴딜정책의 이론적 근거가 되었다.

자유주의 경제에서의 국가의 개입정책과 사회주의 정책은 국가의 경제에 대한 개입 수준에 차이가 있다. 어느 쪽이 맞는지는 다시 세계 대공황이 발생했을 때를 대비해, 미래를 위해 생각해봐야 할 문제일 것이다.

제2차 세계대전 중에 히틀러가 이끈 나치가 대두하고, 유대인이 학살당했는데, 세상은 이를 '전체주의'라 비판했다. 전후에 프랑크푸르트학파는 이 전체주의를 분석했다. 또 철학자 한나 아렌트도 전체주의를 분석했다. 전체주의가 발생하는 대중심리를 알아두면, 이를 예방할 수 있을 것이다.

사회계약설과 혁명

기계론 철학에서 정치철학으로 발전

◎ **자연 상태란 어떤 상태를 말하는가?**

영국의 철학자 홉스는 『리바이어던』을 저술했다. 리바이어던이란 『구약성서』 '욥기' 제41장에 기록된 바다 괴물의 이름이다. 홉스는 국가라는 거대한 창조물을 이 가공의 괴물로 표현하고, **사회계약설**을 전개했다.

홉스는 데카르트와 스피노자와 마찬가지로, 기계론적 세계관(➡ 85p)을 근저에 두었다. 인간은 자동기계와 같다고 주장하고, 인간의 지각, 감정, 행동도 기계적으로 설명했다. 그런 의미에서 인간은 심신의 여러 능력이 태어날 때부터 평등하다고 보았다. ─이성주의에도 바탕을 둔 평등사상.

사회계약설은 **자연 상태**(원시 상태)를 설정한 후, 여기서부터 생각을 발전시킨다. 사실, 이 자연 상태라는 것은 역사에서 실제로 존재한 상태가 아니라, 사고 실험에서 시작 지점으로 삼은 전제를 말한다.

이 사회계약설의 근거가 되는 원시 상태를 20세기 정치학자 롤스(➡ 222p)는 『정의론』에 응용했다. 현대 사상도 종종 아주 예전의 지식을 전제로 두는 경우가 많아서, 철학사·사상사를 알아두면, 앞으로도 최신 사상 관련 서적을 읽을 때 도움이 될 것이다.

토머스 홉스(1588년~1679년)
영국의 철학자로, 17세기 근대 철학에서 기계론적 세계관의 선구자 중 한 명이다. 인공적 국가론과 사회계약설을 주장했다.

장 자크 루소(1712년~1778년)
프랑스의 철학자로, 프랑스어권 쥬네브 공화국에서 태어났다. 주로 프랑스에서 활동했다. 저서로는 『인간 불평등 기원론』, 『사회계약론』 등이 있다.

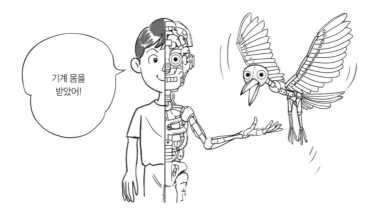

기계 몸을 받았어!

◎ **투쟁을 피하기 위해 국가가 성립했다?**

자연 상태에서 인간은 자기보존의 본능을 지니고 있으며, 자신의 생명을 지키는 **자연권**을 가지고 있다. 여기서 말하는 자연권이란 자신의 생명을 지키기 위해 폭력을 행사해도 되는 권리를 말한다.

그러면 '인간은 인간에게 늑대'이므로 '만인의 만인에 대한 투쟁 상태'가 나타난다.

자연권을 남용한 나머지 투쟁이 일어날 수 있지만, 인간도 바보가 아닌 이상 '이대로는 안 된다!'고 다시 생각을 고쳐먹는다.

자신의 생명을 지키려다 죽음의 공포에 노출되는 것은 모순이기 때문이다. 그래서 각각의 자연권을 억제하자는 **자연법(이성의 명령)**이 작동한다.

일부러 사람들이 자신이 가진 자연권을 하나의 공통권력에 양도하고, 이를 제한하는 협약을 맺은 것이다. 홉스는 여기서 국가가 성립했다고 보았다.

홉스는 정치철학의 창시자라 불릴 정도로 정치의 원리를 명쾌하게 설명했다.

그 후, 영국의 경험론에는 로크(➡ 90p)가 재등장한다. 로크 또한 자연 상태에 관해 생각했으나, 이는 홉스가 말한 투쟁 상태와는 전혀 다른 개념이었다.

헌법의 내용과 관련 있는 사상

◎ 소유권을 알면 현대의 정치철학이 보인다

로크에 따르면 자연 상태에서 인간은 각 개인의 권리를 침해당하지 않고 서로 평화롭고 평등하게 살고 있었다. 로크에게 자연권은 **생명·자유·재산**을 의미한다.

그러나 화폐의 발명으로 사람들 사이에 재산의 차이가 발생하고, 때론 타인의 소유권을 침해하는 사람도 생겼다. 그러나 자연 상태에서는 이를 처벌하는 공통의 권력이 존재하지 않았기 때문에 여러 가지 불편이 생겼다.

그래서 각자가 각자의 재산을 지키거나 빼앗는 문제가 생기는 가운데 안전이 확보된 상태로 살기 위해서는 상호 불가침을 약속하는 계약이 필요해졌다.

로크에 따르면 각각의 인간은 동의를 바탕으로 합의체에 자연권을 맡기고, 이를 통해 정치적 사회를 형성했다. 로크의 인식론에서 인간은 태어날 때부터 백지상태(tabula rasa)(➡ 90p)라 주장하는데, 이 개념이 평등권으로 이어졌다.

로크는 **소유권**을 강조한다. 먼저 각 개인이 신체를 소유한다. 신체는 개인의 소유물이다. 그 소유물인 신체를 이용해 행하는 노동은 그 사람의 것이다. 따라서 생산수단인 토지와 도구, 노동의 성과로 얻은 생산물, 그리고 재산은 각자에게 귀속된다.

무언가를 '소유'한다는 것은 그 자체를 배타적으로 사용(사용권)하고, 점유(점유권)하며, 자유롭게 처분(가처분권)할 수 있음을 의미한다.

로크는 정치체제에 대한 **저항권·혁명권**을 인정했다. 만약, 입법부나 집행부가 사람들의 생명·자유·재산(자연권)을 침해한다면, 인민은 이에 저항할 권리가 있다. 최고의 권력은 국민들에게 있으며, 의회나 정부는 이들에게 권력을 신탁(위탁)받은 존재일 뿐이기 때문이다.

◎ '주권재민' '기본적 인권의 존중'의 기원을 알 수 있는 루소의 사상

프랑스의 정치철학자 루소는 인간의 본성은 선량하며, 자연 상태에서의 인간은 '자기보존의 욕구'와 **동정**(연민)의 감정이 있다고 보았다. 그런데 사유재산이 생기고 빈부의 격차로 불평등이 발생했다. 그래서 루소는 원래의 사회 상태로 돌아가기 위해서 개인의 자유를 보장하는 최선의 정부를 만들 수밖에 방법이 없다고 생각한 것이다.

루소에 따르면 정부란 주권자인 인민의 의지로 형성된 집행기관에 지나지 않기 때문에 자유로운 사회계약에 따라 형성된다.

새로운 자유 국가에서는 '인민은 주권자'의 위치에 있다. 또 국가의 주권은 전인민의 공통이익을 추구하는 **일반의지**다.

예를 들어, 친구들이 모여 점심을 먹을 때, 먹고 싶은 음식이 햄버거, 카레, 라면으로 나뉘었다고 치자. 이 경우에는 각자 먹고 싶은 음식이 다르므로, **특수의지**라 불린다.

따라서 햄버거, 카레, 라면 세트를 파는 가게가 있다면, 그곳에서 먹으면 일반의지가 성립한다. 이처럼 일반의지란 누구나 옳다고 판단하는 선의 의지다. 일반의지는 양도할 수도 쪼갤 수도 없는 절대적인 개념이므로 정부나 법은 여기에 의존한다.

일반의지는 인민 자신의 의지이기 때문에 이에 복종하는 것은 자신에게 복종하는 일이 된다. ─자신들이 세트 메뉴로 정한 것이므로 불평을 할 수 없다.─ 인민은 스스로 제정한 법을 따름으로써 권리를 보장받고 자유를 획득할 수 있게 된다.

또 일반의지에 바탕을 둔 정치이므로 루소는 '간접민주제(대의제)'를 비판하고, '**직접민주제**'를 주장했다. 기본적 인권, 주권재민, 자유평등 등의 사상은 근대 시민사회의 원리로서 프랑스 혁명 등에 지대한 영향을 미쳤다. 이는 후에 마르크스의 사상(➡ 279p)으로도 이어졌다.

철학과 경제학의 관계

경제학의 배경에는 인간의 감정이 존재한다

◎ 중상주의를 비판한 애덤 스미스

우리는 **시장경제** 속에서 살아간다. 시장경제는 16세기 이후 유럽에서 성립한 자본주의 경제와 거의 비슷한 시기에 발전했다. 시장경제가 성립하기 위해서는 토지나 노동과 같은 생산요소가 시장에서 교환된다는 사실이 전제되어야 한다. 이 조건을 충족하는 것이 **중상주의**의 정책이다.

역사적으로 유명한 영국의 동인도회사 등의 식민지정책은 중상주의에 바탕을 두고 있다. 그러나 중상주의 정책을 전개하면 다른 나라도 지지 않고 같은 방식으로 대항한다. 그리고 서로 관세장벽을 설정해 수입을 억제하기 때문에 전체적으로 해외무역에 차질이 생긴다.

그래서 영국의 철학자이자 경제학자 애덤 스미스는 『국부론』에서 이를 비판했다. 중상주의에서 부를 대표하는 것은 금은 또는 '재화와 보석'이었다. 이는 금은화폐에 최고의 가치를 두고, 이것들의 증대를 중시하는 경제정책이다. 금은을 획득하는 수단은 해외무역이므로, 부를 획득할 수 있는 장소는 해외시장이었다. 또한 적은 비용으로 가격이 낮은 상품을 수출한다. 그러면 노동자의 임금은 낮은 수준에서 억제되고, 장시간 노동에 시달린다.

애덤 스미스(1723년~1790년)

영국의 철학자, 윤리학자, 경제학자로, 스코틀랜드 출신이다. 중상주의를 비판하고, 자유주의 경제를 주장했다. 저서로는 『도덕 감정론』, 『국부론』 등이 있다.

데이비드 리카도(1772년~1823년)

영국의 경제학자로, '비교생산비설'을 주장했다. 마르크스, 케인스와 어깨를 나란히 하는 경제학자다. 저서로는 『정치경제학과 과세의 원리에 대하여』 등이 있다.

◎ 신의 '보이지 않는 손'으로 부가 창출된다

애덤 스미스는 이를 비판하고, 부란 특권계급(금은을 중시하는 계급)이 아니라 다양한 계층의 사람들에게 '생활 **필수품**과 **편의품**'이 증대되는 것이라 주장했다.

많은 사람들이 부자가 되려면 '국가가 부유해질' 필요가 있다. 자국의 노동으로 생산력을 향상시키면, 부의 양이 증대한다. '그러나 그렇게 함으로써, 다른 대부분의 경우와 마찬가지로 이 경우에도 **보이지 않는 손**이 작용해, 자신이 의도하지 않은 목적을 촉진하게 된다.'(『국부론』)

한편, 애덤 스미스의 저작 『도덕 감정론(도덕 정서론)』은 1759년에 출판되었다. 이는 철학(특히, 윤리학)에 관해 저술한 책이다. 여기서 말하는 감정이란 **동감**(공감, sympathy)을 말한다. 인간은 동감을 통해 타자로부터 평가받고, 인정받고자 하는 욕구를 지닌다. 그러나 현실에서는 각자가 자신의 주장을 펼치기 때문에 이해관계가 발생한다. 여기서 인간의 이기심·상호애(相互愛)·자비심 등의 감정을 '공평한 관찰자'가 기준을 정해줄 필요가 있다.

이는 경제학과 언뜻 관련이 없어 보이는 철학적 주장이지만, 『국부론』의 '이기심', '보이지 않는 손'(현대의 수요공급 균형이론)으로 이어졌다.

고전 경제학의 기본적 흐름

◎ 철학과 경제학의 관계

스미스의 철학에서는 신은 인간에게 일단 **이기심**이라는 본능을 주었고, 그다음은 인간에게 맡겼다고 주장한다. 신은 인간을 창조한 후, "마음대로 하라"고 했으니, 인간은 그 본능을 계속 활용하면 그만이다.

오히려 인간은 모처럼 신이 주신 이기심을 마음껏 발휘하는 것이 좋다. 그것이야말로 신의 의도에 부합되는 일이니 말이다.

스미스의 『국부론』에 따르면 이기심은 일반적으로 악덕으로 분류된다. 그러나 이 악덕이라 분류되는 이기심이 우리도 모르는 사이에 사회 공익의 복지를 발전시켰다. 신이 인간에게 준 '이기심'이 저절로 작동했다는 뜻인 것이다.

'이기심'이 발동되면, **'절약'**, **'근면'** 등의 덕목이 생겨난다. 특히, 건강이나 재산, 사회적 지위나 명예를 신경 쓰는 태도가 나타난다고 알려져 있다('신중'의 덕).

나아가 시장가격도 자유경쟁으로 정해지므로, 상인들의 이윤과 사람들의 수요에 따라 자동으로 결정된다. 시장의 상품에 대한 수요와 공급이 어긋나더라도 가격을 지표로 하는 시장의 자유로운 경쟁에 따라 저절로 **균형가격**(스미스는 자연가격이라 불렀다)이 형성된다는 이론이다. 단, 이것은 **'완전경쟁'**이란 조건 하에서 성립된다.

판매자와 구매자가 각자 자유롭게 가격과 공급량을 정하고, 상품은 모두 동일한 품질이며, 가격은 하나만 존재하고, 또 누구나 자유롭게 시장에 참가하거나 불참할 수 있어야 한다. 현실적으로 검증하기 위해서는 상당히 까다로운 조건이다.

◎ 현대 경제는 '세이의 법칙'으로 설명하지 못한다?

산업혁명에서의 빈부격차는 사유재산 제도와 전제정치로 인해 발생했다는 주장이 지배적이었던 분위기 속에서 맬서스(➡ 200p)는 빈부격차의 원인을 인구법칙에서 찾았다.

영국의 고전 경제학자 데이비드 리카도는 인구법칙을 인정하고, 맬서스의 '이윤론'을 비판하면서 곡물의 자유무역을 주장했다.

리카도는 지주·노동자·자본가로 구성된 3대 계급으로, 지대·임금·이윤이 분배되는 원리를 밝혔다. 또 자본축적에 따른 3대 계급의 분배 변화를 밝히고, 나아가 『정치경제학과 과세의 원리에 대하여』(1817)에서 **노동가치설**을 바탕으로 한 분배론을 체계화했다. 국제 분업론(비교 생산설)을 전개하기도 했다.

노동가치설이란 상품의 가치는 그 상품을 생산하기 위해 필요한 노동시간에 따라 가치가 결정된다는 이론이다. 영국에서는 스미스, 리카도 등이 대표적으로 거론되는데, 이 주장은 프랑스에서도 전개되었고, 후에 마르크스가 완성했다.

그런데 프랑스의 경제학자 장 바티스트 세이(1767~1832)는 화폐는 교환의 매개수단에 지나지 않는다고 주장했다. 생산물은 생산물로 지급되는 것과 동일한 가치를 가지므로 사회 전체에서 생산과 소비(판매와 구매)는 항상 같아진다.

여기서 세이는 전반적인 과잉생산이 발생하는 현상은 있을 수 없다는 '판로설'을 주장한다. 이는 '공급은 스스로 수요를 창출한다'는 법칙으로, 케인스는 **세이의 법칙**이라 불렀다. 이는 생산해두면 결국에는 팔린다는 것이다. ―살짝 이상하긴 하다.

그 후, 고전 경제학자 중에서 세이나 리카도의 주장이 주류를 이루었으나, 리카도가 세상을 떠난 후, 존 스튜어트 밀의 경제학(➡ 157p)이 전개되었다.

20세기에 들어선 후 케인스는 판로설을 전면적으로 비판했다.

마르크스의 유물사관

일할 의욕이 없어지는 건 왜일까?

◎ 자본주의 속에서 노동자는 의욕을 잃는다

독일의 철학자이자 경제학자 마르크스는 헤겔의 관념론을 **유물론**으로 전환하고, 변증법으로 역사의 과학적 법칙성을 주장했다. 헤겔은 노동을 변증법(➡ 100p)으로 설명했다. 인간은 내면에 있는 것을 일단 스스로 떼어내고(소외), 객관화해 다시 자신을 자각하는 형태로 성장해간다는 것이다.

본래 노동이란 자신을 표현하는 즐거운 자기실현이다. 사실 노동을 하면 가슴이 설레야 하는 것이다. 그러나 우리는 왜인지 노동은 괴로운 것, 가능하면 피하고 싶은 것이라 생각한다.

마르크스에 따르면 자본주의 사회에서 생산물은 상품이고, 노동력까지도 상품화된다. 마르크스와 엥겔스에 영향을 받은 독일의 철학자 포이어 바흐는 인간이 '**유적 존재**(類的存在, speices-being)'라 했다. 유적 존재란 물질의 생산과 교환을 통해 서로 도우며 살아가는 존재라는 것이다. 자본주의 사회에서는 이런 이상적인 모습이 실현되지 않는 것 같다. 마르크스는 이러한 현상이 나타나는 것은 자본주의 사회 그 자체에 문제가 있기 때문이라고 생각했다.

카를 마르크스(1818년~1883년)

독일·프로이센 왕국 출신의 철학자, 사상가, 혁명가, 경제학자로, 과학적 사회주의를 확립했다. 31세 이후 영국을 거점으로 활동했다. 친구 엥겔스와 함께 『자본론』을 썼다. 20세기 이후의 국제정치·혁명운동에 지대한 영향을 미쳤다.

◎ **노동 소외에 빠지면 자기가 자기의 본질을 잃는 비본질적 상태에 놓인다**

헤겔의 주장처럼 인간은 타자로부터 **인정**(➡ 99p)받고자 하는 욕구를 바탕으로 노동을 한다.

그러나 자본주의 사회의 '분업'하에서는 개인의 개성이 무시되고, 익명성을 바탕으로 한 생산물을 만들게 된다. 그런 상태에서 노동을 하면, 자신이 마치 기계의 부품과 같다는 생각이 들 것이다.

이러한 상황에서는 생산물이 냉정하게 나의 손을 떠나(소외가 발생), '노동에서 소외되는(**노동 소외**)' 상태에 빠진다. 이는 본래 자기실현을 추구하는 인간의 모습과 괴리가 있다.

나아가 자본주의에서는 인간과 인간의 사회관계가 왜곡되어, 사물과 사물과의 관계가 중심이 된다. 다양한 상품 간의 교환이 이루어지는 가운데 금이 공통된 상품으로 부상한다. 이것이 **화폐**다.

인간과 인간의 사회관계가 왜곡되고, 사물과 사물과의 관계가 중요해지면(물신화), 마치 화폐 그 자체가 가치를 가지는 듯한 착각을 부른다(물신숭배). 금이나 물건을 만능이라 생각하며 신봉하는 태도를 **물신적 성격**(페티시즘적 성격)이라 한다. 페티시즘적 성격을 가진 자본가의 경우, 자신의 재화를 축적하기 위해 노동자를 혹사한다.

그렇다면 어떻게 하면 노동자는 본래적 자기를 회복할 수 있을까?

활기차게 일할 수 있는 곳을 만들기 위해서는 어떻게 해야 할까?

◎ **어떤 일정한 단계의 생산관계에 들어가면 인간은 폭동을 일으킨다**

마르크스에 따르면 상품에는 그 쓰임새의 가치(사용가치)와 교환의 값어치(교환가치)가 존재하는데, 교환하는 물건의 공통점은 '노동'이다. 즉, 얼마나 노동이 들어갔는지에 따라 그 물건의 가치가 결정된다는 것이다(노동가치설).

마르크스에 따르면, 노동자의 노동력 또한 상품이며, 노동력과 교환되는 물건이 '임금'이 된다. 임금으로 노동자가 일을 할 수 있는 최소한의 의식주 비용이 지급된다.

자본가는 노동자에게 많은 일을 시켜 '잉여가치'를 창출하고 '착취'를 한다. 자본주의 사회에서는 '생산수단(토지·공장·기계 등)의 사유화'와 **노동자의 노동력 상품화**가 이루어진다. 생산물은 상품이 되고, 노동력이 상품화되는 동시에 해당 생산물은 자본가에게 귀속된다.

마르크스는 '일정한 성숙 단계에 들어가면, 특정한 역사적 형태는 파기되고, 더 높은 차원의 한 형태로 대체된다'고 설명한다. 역사에 조예가 깊었던 마르크스는 자본주의가 미래에 어떤 형태로 자리 잡게 될지 예측한 것이다.

회사와 회사가 싸우면, 회사가 도태되어간다. 이것이 세계 전체로 확산되면, 자본주의는 필연적으로 붕괴된다고 생각한 것이다. —여기에는 여러 설이 존재한다.

사회에서 물질적 생산력이 발전하면, 일정 단계에 이르러 생산관계와 재산소유 관계 사이에 모순이 발생한다. 즉, 생산성이 올라가면 빈부격차가 벌어지기 때문에, 일정 정도의 수준에 도달하면 혹사당하는 쪽도 폭발한다. 이를 **계급투쟁**이라 한다.

◎ 마르크스의 이론은 현재진행형?

마르크스는 사람들이 생활에 필요한 물자를 사회적으로 생산함으로써 특정한 생산관계(자본가와 노동자)를 형성하고, 이것이 사회 전체의 **하부구조**(토대)를 형성하고, 나아가 법률제도와 정치제도(이데올로기)가 **상부구조**로 성립된다고 생각했다. 우선 경제적 토대가 형성되고, 여기에 맞는 정치·법률·문화 등이 성립한다는 것이다.

그런데 여기에 생산력과 생산관계의 모순으로 인한 변증법적 발전을 발견할 수 있다. 이는 생산력은 항상 변하고 발전하는데, 생산관계, 즉 사용자와 노동 공급자의 관계는 고정적이며 좀처럼 변하지 않는다. 그렇게 되면 혁명이 일어날 수밖에 없다.

경제적 기초에 변혁이 일어나면, 이와 함께 상부구조 전체에 변화가 찾아오고, 역사적 혁명으로 발현된다. 이는 **유물론**을 바탕으로 한 과학적인 법칙으로 설명된다.

자본주의가 변증법적으로 파괴된 후에는, 사회주의 제도(공산주의 제도로 가는 과도기)의 단계에 진입하게 된다. 이 단계에서는 자본가가 존재하지 않기 때문에, 노동자는 착취되지 않는다. 즐겁게 일하고, 동시에 '노동에 맞는 보수를 지급받는' 이상적인 상태에 놓인다.

사회주의 제도는 나아가 '필요한 만큼 취하는' 역사적 목표로서의 공산주의 제도로 이행한다. -모두가 언제나 고기를 마음껏 먹을 수 있는 이상적 사회다.

현실은 사회주의 제도로 이행해도 소련 붕괴(1991)가 일어났듯이, 이론대로 되는 것은 아니다. 중화인민공화국의 경우 공산당 정권하에 자본주의 정책이 실시되고 있다(하나의 국가에 두 개의 제도).

그러나 철학적으로 뇌를 유연하게 만들고, '세계대공황이 발생하면, 마르크스주의가 부활하는 것이 아닐까?' 같은 여러 시나리오에 관해 생각해보는 것은 개인의 자유다.

케인스 경제학

세계 대공황이 발생했을 때 대책은 무엇인가?

◎ 실업자가 발생하는 이유는 무엇일까?

고전 경제학(➡ 144p)에서는 대량 실업이 발생한 원인을 지나치게 높은 임금률 때문이라 생각했다. 임금률의 하락을 억제하려는 움직임(노동조합의 행동)과도 관계가 있는 것으로 보았다.

이 주장에 따르면 실업은 **자발적 실업**이 된다.

자발적 실업이란 일할 의욕은 있으나, 현재의 낮은 임금에 불만을 품고 실업 상태에 놓이는 것을 말한다.

그래서 정부는 가능한 경제에 개입하지 않고(작은 정부), 점차 자유 방임주의로 가면, 그 과정에서 일하는 사람이 늘어난다는 것이다. 세이의 법칙(➡ 145p)과 함께 이 주장은 신뢰를 얻었다.

그러나 1929년 세계공황에 찾아오고, 실업자가 대거 발생해 일하고 싶어도 일을 할 수 없는 **비자발적 실업자**가 급수적으로 늘어났다.

케인스는 비자발적 실업을 해소할 힘이 시장에 없다면, 어떤 자극을 인위적으로 가할 필요가 있다고 주장했다.

즉, 노동자의 숫자가 남아돌고 있으므로, 노동수요를 높일 필요가 있다고 생각한 것이다.

존 메이너드 케인스(1883년~1946년)

영국의 경제학자다. 『고용, 이자 화폐의 일반이론』에서, 유효수요론·승수 이론·유동성 선호설을 주장했다. 실업과 불황의 원인을 밝히고 완전고용달성 이론을 제시했다. 이 이론을 바탕으로 정부의 경제에 대한 적극적 개입이 이루어졌다.

◎ 부와 소유가 불평한 이유는 무엇일까?

케인스에 따르면 우리가 살아가는 경제사회의 단점은 완전고용이 실현되지 않는다는 점, 또 부와 소득이 불공평하게 분배된다는 점이다.

케인스의 **거시경제학**은 고전 경제학의 자유방임주의를 비판함으로써 경제학에 거대한 전환점을 마련했다. 거시경제학은 산출량, 소비, 투자, 이자율 등의 상호의존 관계로 정의된다.

케인스는 투자가 증가하면 일자리가 증가하므로 소득도 증가한다는 이론(승수 이론)을 주장했다. 이를 위해서는 감세가 필요하다고 주장했다. 또 공공투자 등의 정책으로 투자를 증대하도록 유인하면, **유효수요**(화폐를 사용해 구입하는 것)가 증가한다고 주장했다.

실업의 원인은 유효수요의 부족 때문이며, 노동자의 수가 남아도는 이유는 생산물의 수요(소비와 투자)가 부족하기 때문이다. 따라서 케인스는 정부가 창출하는 유효수요, 즉 고용을 늘려 불황극복과 완전고용을 실현해야 한다고 주장했다.

케인스에 따르면, 경기가 나빠졌을 때 인위적으로 **이자율**을 내리면 자연히 사람들이 새로운 사업에 투자를 하기 때문에 경기가 좋아진다. 이를 위해서는 기존의 균형재정을 고집할 필요 없이, 일부러 국가가 **국채를 발행**해야 한다. 이로써 사업이 활발해지는 것이다.

일본의 재정위기는 있는가, 없는가?

◎ 사람들이 주식보다 저축을 선호하는 이유

투자란 장래의 수익을 기대하고 하는 현시점에서의 의사결정이라 할 수 있다. 장래에 수익을 얻기 위해서는 거액의 돈을 빌려서 불확실한 미래를 위해 사업에 투자해야 한다. 따라서 투자는 미래의 수익과 비용에 대한 사람들의 **예상**(기대)에 좌우된다. 케인스에 따르면 주관성이 강한 현상이 투자의 본성이다.

또 이자율이 정해지면 투자가 정해지고, 투자가 정해지면 유효수요가 정해진다. 유효수요가 정해지면 생산량이 정해지므로, 그 생산에 필요한 고용량이 결정된다. 이 이자율이란 공정금리가 아니라, 기업이 설비투자 자금을 금융시장에서 대출할 때 제시받는 평균적 장기금리를 말한다.

전통적인 경제학에서는 이자율을 현재의 소비를 절제했을 때의 보수라는 의미로 해석되었다[대인설(待忍說)].

케인스는 이를 비판했다. 왜냐하면 우리는 소득을 얻으면 그중 얼마를 소비하고, 나머지 얼마를 저축할지 결정한다. 이를 **소비성향**이라 한다. 케인스에 따르면 소비와 저축의 비율은 습관이기 때문에 이자율이 높아졌다고 해서 소비를 절제해 저축에 힘쓰는 사람은 별로 없다.

소비성향에 따라 저축금액을 정했다면, 어떻게 저축할지를 생각한다. 장롱에 넣어둘지, 절반은 정기예금에 넣고 나머지는 투자신탁에 넣을지, 혹은 큰맘 먹고 주식이나 채권에 투자할지 결정한다. 여기서 의사결정에 사용되는 재료가 이자율이다. 즉, 이자율은 어떤 저축 형태를 선택할지 좌우하는 것이다. 케인스가 전제하는 세계는 **불확실성**으로 가득 찬 미래다. 따라서 자산 형태의 일종으로 이자를 낳지 않는 화폐를 선호하는 경우가 많다는 것이다.

◎ 일본의 재정위기를 예측하는 힌트

이처럼 화폐를 선호하는 현상을 케인스는 **유동성 선호**라 표현했다. 금리가 높을 때 유동성 선호 경향을 보이는 사람은 많지 않으며, 반대로 현재 금리가 낮을 때에는 금리 인상을 대비해 당장의 투자보다는 유동성을 선호하는 사람(화폐를 선택하는 사람)이 많아진다.

여기에는 **심리적**인 영향이 크게 작용하기 때문에, 정부 고관의 한 마디가 결정적인 작용을 하고, 고용에도 지대한 영향을 주기도 하는 것이다.

또 이자율이 정해지면 이와 함께 자본의 한계효율(예상되는 이윤율)을 예상해 투자가 결정된다. 투자가 정해지는 과정에서 유효수요가 발생하고, 이 유효수요가 흡수될 만큼의 재화와 서비스가 생산된다. 그리고 이 생산에 필요한 만큼의 일자리가 증가한다. 그러나 이것이 완전고용으로 이어질지는 불확실하다. 여러 사람의 수요 수준이 완전고용 수준을 초과하면, 임금·물가가 함께 상승해 인플레이션이 찾아온다. 완전고용 수준에 달하지 않으면 **디플레이션**이 되어 비자발적 실업이 발생한다.

디플레이션 상태가 되면 경기에 자극을 가할 필요가 있다. 금융정책에서는 실업자 대책으로 금융완화를 실시한다. 공개시장 조작에서는 중앙은행이 인수인이 되어 채권을 매입하기 때문에, 그 대금으로 화폐 공급이 늘어난다. 케인스가 금본위제 이탈과 지금의 **관리통화 제도**를 주장한 이유다. 디플레이션이 지속되고, 금융정책이 효과를 내지 못할 때는 **재정정책**을 통해 정부의 지출을 늘린다. 'OO정권, ××조 원의 예산안'과 같은 문장을 본 적 있을 것이다. 이를 과감히 실시하면, 경기가 회복된다.

그런데 정부의 빚은 흑자로 전환되면 변제해야 하는데, 이를 변제하지 않고 재원에 여유가 조금이라도 보이자마자 경기 자극책을 쓰면 재정에 문제가 발생한다. 과연 국가가 빚을 내어 적극적인 재정정책을 펼치는 것이 올바른 것인지, 아니면 기초 재정 수지(primary balance)를 흑자로 유지하는 것이 올바른 것인지에 관한 논의는 지금도 현재진행형이다.

기타 공리주의 사상

'최대 다수의 최대 행복'을 위해!

◎ 현대사회에까지 절대적인 영향력을 미친 공리주의

영국의 철학자이자 경제학자 벤담은 공리주의를 체계화해 사회에 지대한 영향을 미쳤다. 벤담에 따르면 자연은 인류를 '**쾌락**(pleasure)'과 '**고통**(pain)'이라는 두 군주의 지배하에 두었다.

벤담이 참신하다는 평가를 받는 이유는 도덕적 선악의 기준도 쾌락과 고통에 따른 것이라 봤다는 점 때문이다. 벤담은 쾌락을 증가시키는 행위는 선이며, 고통을 가져오는 행위는 악이라 단언했다(공리의 원리).

이러한 점을 생각하면, 도덕이나 종교에서 권장하는 금욕은 옳지 않은 덕목이 된다. '금욕=도덕적 선'의 근거가 약해지기 때문에 이제까지의 도덕철학과 정반대의 입장을 취하게 된다.

공리주의에서는 행위의 선악은 행위 그 자체의 본질에 따라 정해지는 것이 아니라, 행위로 인한 '결과'가 얼마나 큰 쾌락을 포함하는가에 따라 결정되는 것이다. 이러한 생각을 **결과주의**(결과설)라 한다. 칸트의 동기주의(동기설)(➡ 97p)와 비교하면 편할 것이다. 따라서 이해관계자의 쾌락이 증가하는지 감소하는지에 따라 모든 행동의 옳고 그름을 결정해야 한다는 의견이 대두되었다.

제러미 벤담(1748년~1832년)
영국의 공리주의 철학자, 법학자로, 유복한 변호사 가문에서 태어났다. 12세에 옥스퍼드 대학에 입학했다. 저서로는 『도덕과 입법의 원리 서설』 등이 있다.

존 스튜어트 밀(1806년~1873년)
영국의 정치철학자, 경제사상가, 과학철학자로, 저서로는 『정치경제학 원리』 등이 있다. 『논리학 체계(A System of Logic)』에서는 인과관계와 진리성의 문제를 다루었다.

◎ **쾌락을 계산해보자!**

그래서 벤담은 특정 행위의 결과가 얼마만큼의 쾌락 또는 고통을 낳는지 예측하고, 그 양을 비교해야 한다고 주장했다. 그 방법이 **쾌락계산법**이다.

쾌락은 아래 7가지 기준을 바탕으로 계산한다. ① 그것이 얼마나 강한 쾌락인가(강도), ② 그 쾌락이 얼마나 지속되는가(지속성), ③ 그 쾌락이 얼마나 확실한 것인가(확실성), ④ 그 쾌락을 얼마나 빨리 얻을 수 있는가(근접도), ⑤ 그 쾌락이 다른 쾌락을 낳을 가능성은 얼마나 있는가(다산성), ⑥ 그 쾌락은 고통이 따를 가능성에서 얼마나 자유로운가(순수성), ⑦ 그 쾌락이 얼마나 많은 사람에게 영향을 주는가(범위)에 따라 쾌락과 고통의 총량이 결정된다는 것이다.

공리주의에서는 쾌락은 행복이라는 단어로 치환할 수 있다. 그러면 사회는 다수의 개인으로 구성되기 때문에 가능한 다수의 사람이 고통을 피하고 쾌락을 얻게 되면 행복이 증가한다. 따라서 벤담은 개개인의 행복의 총량이 최대가 될 때 **최대 다수의 최대 행복**을 달성할 수 있다고 생각했다.

사회 전체의 행복은 공리의 원리를 **입법·행정의 원리**로까지 확대함으로써 실현된다. 벤담의 **정치철학**은 현대에도 지대한 영향을 미치고 있다.

존 스튜어트 밀의 철학·사회학·경제학

◎ 무조건 쾌락을 늘리는 것만이 능사는 아니다

영국의 철학자이자 경제학자 존 스튜어트 밀은 벤담에게 공리주의를 배웠으나, 이를 비판하며 발전시켰다. 밀은 벤담의 '최대 다수의 최대 행복'을 계승했으나, 쾌락의 질적인 차이에 관해 생각했다. 쾌락계산법에서는 결과만이 중시된다.

밀은 쾌락에도 질적으로 더 높은 수준의 쾌락과 질적으로 더 낮고 열등한 수준의 쾌락이 존재할 수 있다는 의문을 품고, '만족한 돼지보다 불만족한 인간이 낫다. 만족한 바보보다 불만족스러운 소크라테스가 더 낫다'(『공리주의』)라며 **질적 공리주의**를 주장했다.

돼지에게는 인간이 가진 번뇌는 없지만, 그렇다고 분명 돼지가 되고 싶은 사람은 없다. 밀의 주장에서는 질적으로 높은 수준의 쾌락을 늘리면 공리주의의 성과가 실현된다. 또 사회 전체적으로 양질의 행복을 추구하면 이상적 사회가 형성될 것이라 주장한다.

현대 정치학자인 샌델(➡ 224p)은 일본 NHK 프로그램 〈하버드 백열 교실〉에서 독특한 방법으로 밀의 질적 공리주의 실험을 진행하기도 했다.

그러나 개인의 행복(쾌락)과 사회의 행복(쾌락)이 항상 일치하는 것은 아니다. 따라서 이기심을 자제해 극복하고, **이타주의**를 확대해 나갈 필요가 있다.

개인이 사회의 일반적인 행복을 위해 자신의 행복을 희생해야 하는 경우도 있기 때문에 진정한 쾌락·행복은 헌신이라는 것이다.

이를 실현하기 위해서는 '남에게 대접받고 싶은 대로 남을 대접하라'라는 예수의 **황금률**이 중요하다.

◎ 일본의 현재와 미래에 관련된 이야기

밀은 개인의 사상과 행동을 자유로운 판단에 맡기고, 사회적인 규제를 최소한으로 억제해야 한다는 『자유론』을 저술했다.

여기서는 사회가 개인에 대해 행사해도 되는 권력의 한계에 관해 나와 있다. 밀은 개인에게만 관련된 영역이 인간 자유의 분야라 주장했다. 여기에는 ① 사상과 양심의 자유 ② 취향과 탐구의 자유 ③ 단결의 자유, 이 세 가지의 자유를 제시했다. 개성의 자유와 완전한 발달이야말로 인간의 목적이므로 이것은 존중되어야 한다.

또 개인의 자유를 간섭할 수 있는 것은, 타인에 대한 **위해를 방지**하는 경우뿐이라고 주장했다(위해방지원리).

경제학자이기도 한 밀은 사유재산 제도와 경쟁이 영원불변한 것이 아니라 하나의 역사적 제도라고 생각했다. 시대가 지나면서 사람들의 행복을 위해 사회는 개선될 수 있다는 것이다. 이는 사회주의의 역사 발전 단계에 영향을 받았다.

생산의 법칙은 물리적인 것이므로 바꾸기 어렵다. 그러나 사람들에 대한 분배 제도는 사회의 법률이나 관습에 의존한다. 인위적이기 때문에 변경이 가능한 것이다.

밀은 생산론에서 노동의 생산력을 높이는 방법에 관해서도 고찰했다. 그는 그 요소로 '노동' '기능과 지식' '단순한 협업과 분업을 바탕으로 한 협업' '대규모 생산' 등을 들었다.

그런데 생산의 증가가 제약되는 경우가 있었는데, 바로 맬서스(➡ 201p)와 리카도(➡ 145p) 이후에 공통적인 인식으로 자리 잡은 인구법칙과 **토지 수확체감의 법칙**이다. 토지 수확체감의 법칙이란 농업생산량을 늘리기 위해 비용을 들여도, 인구증가로 농업생산이 이를 따라가지 못한다는 예측이다.

밀은 사회제도가 바뀌더라도 이 생산법칙은 바뀌지 않으므로, 노동자의 생활을 개선하기 위해서는 산아제한을 통한 인구 억제가 필요하다고 주장했다. 이는 지금의 저출산 문제와도 관련된다.

전체주의와 윤리 사상

나치의 유대인 학살은 왜 일어났나?

◎ **국가가 위기에 처하면 악인을 만들어 집단 괴롭힘 현상이 발생한다**

독일 출신의 유대인 철학자이자 사상가인 한나 아렌트는 히틀러가 정권을 잡자 1933년에 파리로 망명한다. 1940년에 프랑스가 독일에 항복하자 파리를 탈출해 1941년에 뉴욕으로 망명했다. 그리고 1951년에 『**전체주의의 기원**』을 저술한다.

이는 귀속의식을 잃고 고립된 대중이 나치의 인종적 이데올로기에 소속감을 찾아가는 과정을 분석한 내용이다.

아렌트에 따르면 19세기의 유럽은 문화적 연대로 연결된 **국민국가**였다. 국민국가란 문화를 공유하는 사람들의 집합체, 국민과 국가의 통일을 추구하는 국가를 의미한다.

그러나 당시 국민은 부유층과 빈곤층으로 나뉘었기 때문에, '하나의 문화'를 형성하려 해도 생각처럼 되지 않았다.

또 유대인은 유대교로 이어져 있었다. 다시 말해, 계급 사회로부터 분리된 별개의 집단으로서 존재한 것이다. 나라 안에서 불만이 터지자, 민중들은 유대인에게 그 분풀이를 했던 것이다.

한나 아렌트(1906년~1975년)
독일 출생의 유대인 정치철학자이자 사상가로, 『예루살렘의 아이히만』 등의 저서가 사회에 지대한 영향을 미쳤다.

에마누엘 레비나스(1906년~1995년)
프랑스의 철학자다. 후설이나 하이데거의 현상학에 영향을 받아, 독자적인 윤리학으로 타자론을 주장했다. 저서로는 『전체성과 무한』 등이 있다.

◎ 프로파간다로 뇌가 물들다

대표적인 예로 드레퓌스 사건을 들 수 있다. 프랑스군의 참모본부에서 일하던 유대계 장교인 알프레드 드레퓌스는 스파이 혐의로 체포되어, 유대인이란 이유로 가혹하게 종신형을 선고받는다.

자본주의가 **제국주의**(➡ 308p)로 이행한다는 것은 자본 수출을 추진하는 정부가 타국에 대한 지배를 강화함을 의미한다.

국민국가는 영토, 인민, 국가를 역사적으로 공유하는데, 제국주의 단계에서는 이질적인 주민을 동화하고, '동의'를 강제할 수밖에 없다.

위기감이 고조되면 개인은 귀속의식을 잃고 부화뇌동하기 쉬운 대중 가운데 한 명으로 전락한다.

그러면 인간은 고립되고 무력감에 사로잡혀, 귀속감을 주는 허상의 픽션에 사로잡힌다.

이리하여 **나치의 프로파간다**에 따라 지배 인종과 노예 인종, 백인과 유색 인종, 고귀한 혈통과 열등한 혈통이라는 구별이 생기고(우생 사상과 관련), 여기에 대중은 동조하게 되는 것이다.

결과적으로 국민국가는 독일인＝아리아인이라는 공식이 성립되었다. 히틀러는 유대인을 독일인으로 인정하지 않고, 합법적으로 유대인을 배척했다.

타자를 이해하는 사회를 만들자

◎ 다양한 의견을 자유롭게 이야기할 수 있는 사회

이 땅에 살아가는 사람은 혼자가 아니다. 저마다 개성이 있고, 하나의 기준으로 규정할 수 없다(복수성).

그런데 이렇게 인간이 다른 사람과 함께 살아가는 공공성을 지닌 사회에서 각자의 삶이 단절되면서, 공공성이 제동력을 잃을 때 전체주의가 나타난다.

아렌트는 『인간의 조건』에서 고대 그리스를 예로 들며 인간의 기본적 활동을 '**노동**(labor)' '**작업**(work)' '**행위**(action)'로 구분했다. '노동'이란 생활비를 벌기 위한 생명 유지 활동을 말한다. '작업'이란 도구제작 등의 문화적 활동을 의미한다. '행위'란 인간이 '노동' '작업' 외의 시간을 이용해 정치에 관해 이야기하는 자유로운 언어활동을 의미한다.

이 시민의 자유로운 '행위'야 말로 공공적인 정치공간으로서의 역할(공공성)을 담당한다고 아렌트는 주장한다.

그러나 사적인 공동체의 근저에 존재하는 것이 식욕 등의 생존본능이다(공통의 본능). 따라서 세상이 혼란에 빠지면 매사를 타인에게 떠맡기려는 경향이 나타난다. 히틀러와 같은 독재자가 등장하는 원인이 여기에 있다.

아렌트에 따르면 대중이 독재자에게 만사를 위임하는 것은 '대중 스스로가 죄악을 저지르는 일'이기도 하다.

아렌트는 다양한 의견이 존재하는 것이 중요하며, 자유롭게 이야기하고 공동의 활동에 참가하는 자유로운 행위가 이루어질 때야말로 인간의 개성과 능력이 발휘될 수 있다는 공공성을 강조했다.

전체주의가 다시 고개를 들지 못하도록 할 힌트를 여기서 찾을 수 있을 것이다.

◎ 타자가 존재하기에 비로소 내가 존재한다?

유대인 철학자 레비나스는 나치의 포로 수용소에 끌려가, 가족이 전원 살해당했다. 살아남은 레비나스는 현상학(➡ 120p)을 통해 **타자**와 살인에 관한 윤리학을 전개했다.

레비나스에 따르면, 자신도 타인도 아닌 '익명성'을 가지고, '그저 존재하는 상태'를 '**일리야**(ilya)'라 불렀다. '일리야'로부터 출현하는 '나'는 '절대적으로 고독'하다.

고독한 '내'가 '타자'와 만나는데, '타자'는 '나'와 절대적으로 다른 존재다. '타자'의 의식 속으로 들어가기란 불가능하다. 현상학자 후설은 '타자'에 대한 감정이입(➡ 271p)으로 타자문제를 설명하려 했다. 이는 타자 또한 자신의 의식의 일부임을 의미하기 때문에 명쾌하게 설명하기엔 부족했다.

레비나스의 경우, 타자는 절대 이해불가능(**초월적**)한 존재로 타자의 내면적인 경험은 자신에게 절대 전해질 수 없다고 했다.

나는 그 타자의 '**얼굴**'과 직면하고, 그 배후에 초월적인 타자의 존재를 감지한다. '타자'는 세계 속에 존재하지 않는데(세계를 초월한 곳에 존재하므로) '얼굴'을 통해 '타자'의 존재를 감지하는 것이다.

'이 무한한 존재는 살인보다 강하기 때문에, "타자"의 얼굴로 이미 우리에게 저항하고 있다. 이 무한한 존재가 "타자"의 얼굴이자 본원적인 표출이며, **"당신은 살인을 해서는 안 된다"**는 최초의 말인 것이다.'(『전체성과 무한』)

나아가 '타자의 존재 그 자체가 윤리'다. '타자'는 자신의 생각대로 할 수 없는 존재인데, 이에 대한 불만이 걷잡을 수 없이 커지면 살인으로 발전한다. 죽이면 '타자'는 '타(他)'가 아니게 된다. 이것이 살인이다.

'얼굴'은 "당신은 살인을 해서는 안 된다"라는 메시지를 가지고 있다. 레비나스는 타자의 무한한 응답에 책임을 다하는 것이 윤리라 생각했다.

프랑크푸르트학파의 사상

독재자 출현을 막기 위한 예방적 사상

◎ 유대인 학살은 어떻게 일어난 것일까?

프랑크푸르트학파란 1930년대에 독일의 프랑크푸르트의 **사회연구소**에 모여 연구를 하던 사람들을 말한다. 초대 소장은 호르크하이머였다. 그 후, 그들은 나치에 쫓겨 외국으로 망명했고, 전쟁이 끝난 후 귀국해 1950년에 사회연구소를 다시 열었다. 제1세대에는 호르크하이머, 아도르노, 벤야민(➡ 206p), 마르쿠제, 프롬, 제2세대에는 위르겐 하버마스(1929~)가 있다.

국가에 위기 상황이 발생하면, 대중은 조직의 명령에 따라 잔혹한 행위를 아무렇지 않게 자행하는 경우가 있다. 나치의 유대인 학살이 대표적인 예다.

아도르노는 『부정변증법』에서 인간은 왜 **본래(고유)의 자신**을 추구하는가에 대한 답을 밝혔다.

이는 인간이 동일성을 유지하는 사고에 사로잡혀 있기 때문이라고 보았다. 동일성에 따라 동일하지 않은 것은 배제되기 때문에, 민족의 순수성이 강조되고, 이것이 나치의 유대인 홀로코스트로 이어졌다고 주장했다.

테오도어 아도르노
(1903년~1969년)
독일의 철학자, 사회학자로, 나치를 피해 미국으로 망명했다. 저서로는 『권위주의적 인격(The Authoritarian Personality)』 등이 있다.

막스 호르크하이머
(1895년~1973년)
프랑크푸르트학파의 대표주자로, 아도르노와 함께 사회연구소를 설립했다. 저서로는 『계몽의 변증법』(아도르노 공저) 등이 있다.

에리히 프롬
(1900년~1980년)
독일의 사회심리학자, 정신분석학자, 철학자다. 유대계로 마르크스주의와 프로이트의 정신분석을 융합했다. 저서로는 『자유로부터의 도피』 등이 있다.

프랑크푸르트
소시지가
먹고 싶네…

◎ **이성적이라 생각하다 야만으로 역행할 수 있음에 주의!**

독일의 철학자이자 사회학자 호르크하이머는 프랑크푸르트학파의 창립자로 아도르노와 함께『계몽의 변증법』을 저술했다.

본래 근대적 이성은 세상을 신화적 마술로부터 해방하고, 자유로운 문명사회를 구축해야 한다. 그런데 이성을 가진 인류가 신화시대로 역행해 잔혹한 행위를 일삼기 시작한 것이다.

아도르노와 호르크하이머는 '왜 인류는 진정한 의미의 인간적인 상태로 진화하는 대신, 일종의 새로운 야만 상태로 전락하는 것인가'에 관해 의문을 품었다.

이 근거로 이성이 어떠한 목적을 효율적이고 합리적으로 실현하기 위한 형식적이고 기술적인 **도구적 이성**으로 몰락했다는 점을 들었다.

도구적 이성은 인간 자신을 스스로 도구적 존재로 취급한다. 따라서 나치가 유대인을 학살한 야만성이 탄생한 것이라 할 수 있다 .

여기에는 '야만'에서 '계몽', 그리고 다시 '야만'이라는 변증법이 성립하는 것이다**(부정변증법)**.

이성의 도구화는 이성 그 자체가 붕괴함을 의미하므로, 인생의 가치에 대해 생각하는 본래의 이성, 즉 **비판적 이성**을 복권시켜야 한다고 주장했다. 지배적 사상의 문제점과 모순점을 폭로하는 이성을 비판적 이성이라 했다.

현대사회를 예견한 『자유로부터의 도피』

◎ 왜 인간은 자유로부터 도주하려 하는 것인가?

독일의 사회학자 프롬은 상위자의 권위에 맹목적으로 복종하면서도, 하위자는 자신에게 복종하기를 바라는 비합리적인 나치즘의 전횡을 지탱한 사회적 성격을 **권위주의적 인격**이라 불렀다.

이는 원래 신프로이트학파를 출발점으로 한 것으로, 프롬을 거쳐 프랑크푸르트학파로 계승된 개념이다.

프롬에 따르면 근대 사람들은 중세사회의 봉건적 구속으로부터 해방되고, 자유를 획득했으나, 고독감과 무력감에 사로잡혔다. 근대 사람들에게 자유는 '이중적 의미'를 가진다. 근대 사람들은 한편으로는 전통적 권위로부터 해방되어 자신을 자율적인 '개인'으로 자각했다.

다른 한편으로 근대 사람들은 '개인'이기에 '고독'이란 감정을 경험하게 되었다. 고독은 견디기 힘든 감정이므로 '자유의 중압감으로부터 도피해 새로운 의존과 종속 대상을 찾거나', '인간의 고독감과 개성을 바탕으로 적극적으로 자유를 실현하는' 두 가지 선택의 기로에 놓이게 되었다.

프롬에 따르면, '새로운 형식의 권위에 대한 복종'이 고독이란 감정의 도피처가 되는 경우가 있다. 그 전형적인 예가 나치의 전체주의다. 자유로움의 정도가 지나치면 사람들은 불안감에 휩싸이기 때문에, 독재자에 자신을 의탁하는 태도를 보인다.

나치는 히틀러라는 현존하는 지도자에 대한 '절대적 헌신'과 유대인 등의 무력자에 대한 '절대적 지배'를 강요했다.

이는 '**사디즘**적 충동과 **마조히즘**적 충동이 동시에 존재'하는 상태다.

◎ 나치 정권에서 마조히즘과 사디즘의 욕구는 충족되었다?!

프롬은 나치의 등장은 독일의 중산계급의 사회적 성격에서 그 원인을 찾을 수 있다고 설명했다.

'두려움에 떨던 개인은 자신의 존재를 지움으로써 다시 안정감을 획득한다. 마조히즘은 이 목표를 이루는 한 가지 방법이다. 마조히즘적 노력의 다양한 형태는 결국 한 곳을 향한다. 개인적 자신으로부터 도피하는 것, 자신을 버리는 것, 바꾸어 말하면, **자유의 중압감**으로부터 도피하는 것이다.'(『자유로부터의 도피』)

프롬에 따르면 제1차 세계대전으로 국가의 제도와 경제가 붕괴하고, 불안정한 상태에 놓인 중산계급은 나치에 복종함으로써 마조히즘적 욕망을 충족한 것으로 보인다. 또 한편으로 유대인을 지배함으로써 사디즘적 욕망을 충족시켰다.

또 고도로 발달한 자본주의 국가에서 엿보이는 특징이 바로 다음과 같은 상태다. 이는 현대사회 그 자체를 잘 표현하고 있다.

'실업 상태에 놓인 사람의 고통은 정신적으로 매우 참기 어려운 것이며, 실업에 대한 공포는 그들의 생활 전체를 우울하게 만든다. 실업은 또한 노인들에게 더욱더 위협적인 존재다. 대부분의 일자리의 경우 설령 미숙하더라도 업무에 빠르게 적응할 수만 있다면 젊은 사람을 더 선호한다. 이는 젊은 사람이 그 특수한 자리가 요구하는 작은 톱니바퀴로 쉽게 개조될 수 있기 때문이다.'(『자유로부터의 도피』)

마치 지금 우리가 사는 현대사회를 표현하는 듯하다 .

프롬은 인간이 '독자성을 실현'하기 위해 자발적으로 행동하는 것을 **적극적 자유**(~에 대한 자유)라 했으며, 이를 위해서는 '애정과 창조적인 일'이 필요하다고 주장했다.

'누구나 사랑에 굶주려 있다. 그런데 사랑에 관해 공부해야 한다고 생각하는 사람은 거의 없다.'(『사랑의 기술』)

CHAPTER

6

삶과 생존 철학

6장에서는 일반적으로 '철학＝삶의 방식'이라는 철학의 근대와 현대 사상을 소개한다. 그렇지만 그 바탕에 칸트의 철학과 후설의 현상학 등의 사상이 영향을 주고 있으므로, 역시 이해하기 어려워 머리가 지끈거리는 부분도 있겠으나 차근차근 살펴보자.

먼저 아르투어 쇼펜하우어는 칸트의 인식론을 이어받았다. 칸트의 '현상과 물자체(物自體)'를 '현상(표상)과 의지'로 치환한다. 여기가 어려운 부분인데 현상은 유한한데 의지가 무한하게 솟구치기 때문에 인생은 고통이라는 결론을 내렸다고 이해하면 된다.

앙리 베르그송의 철학도 굉장히 난해한데, 이 철학은 데카르트 철학의 심신 문제와 현대의 뇌과학 문제를 연결하는 교두보 역할을 하므로 빼놓을 수 없는 부분이다.

'순수지속'이라 하는 진정한 시간 개념 또한 난관인데, 결과적으로 '뇌와 정신은 관련이 있는 것은 틀림없지만, 정신의 모든 현상이 뇌의 작용에 따른 것이라는 결론은 성급한 것이 아니야?' 하는 현대 뇌에 대한 환원주의에 의문을 제기하는 철학이다.

실존주의 철학의 선구자로 쇠렌 키르케고르를 많이 언급하는데, 철학의 경우 철학자의 인생과 그 사상이 밀접하게 연관되어 있는 경우가 많다. −소크라테스의 사형, 니체의 정신착란 등.− 삶의 흐름 그 자체가 그 사람의 사상을 이해하는 일로 이어지는 경우도 있다. 키르케고르도 그런 사람 중 한 명으로, 가족의 문제도 그렇지만, 대중사회로부터의 비난, 레기네와의 약혼과 파혼 등 굴

마음 내면에서 직관적으로 느껴지는 것
이것이 바로 현실에 존재하며 지금을 살아가는 '자신'이다

곡 많은 인생을 살았다.

이는 『이것이냐 저것이냐』를 통해 저술했듯 인생의 선택 문제까지 얽혀 있다.

철학사적으로 근대의 절대적 진리로부터 개인의 진리, 즉 주체적 진리로 전환했다는 점에서 높은 평가를 받는다.

하이데거는 난해한 철학 대회가 있다면 단연 챔피언이라 할 수 있다. 현상학에 따라 '존재한다'라는 개념이 무슨 의미인지와 같은 주제에 대해 끝없이 설명한다.

또 고대 그리스의 아리스토텔레스, 기독교의 존재론, 근대의 인식론 등을 바탕으로 사상을 전개하는데, 이를 모르고 바로 하이데거의 철학을 접하면 무슨 말인지 전혀 이해가 가지 않을 것이므로 주의가 필요하다.

현상학적인 존재론을 주장한 철학이지만, 어찌 된 일인지 '죽음'에 대한 분석이 크게 유행해, '죽음의 철학'만을 주장한 실존주의자처럼 설명될 때가 있다. '존재론'의 개념이 까다롭기 때문에 종종 기피 대상이기는 하지만, 과학만능주의인 현대사회에서도 과학으로 설명할 수 없는 분야가 존재한다는 사실을 깨닫게 한다.

카를 야스퍼스의 철학도 난해하기로는 둘째가라면 서럽지만, 인간의 한계상황에 관한 고찰은 우리 인생을 적확하게 파악하고 있어, 매우 깊고 절실하게 다가오는 철학이다.

알랭의 『행복론』은 기분전환이 필요할 때 도움이 된다. 자기계발 성격을 띠고 있어, 인생에 관해 고찰하기 적합할 것이다.

앙리 베르그송의 철학

뇌과학 전반의 현주소, 마음에 관해 고찰해보자

◎ **정말 뇌로 모든 마음의 현상을 설명할 수 있을까?**

프랑스의 철학자 앙리 베르그송의 철학은 마음속에 떠오르는 기억에 관해 답을 하나 준다. 베르그송은 저서 『시간과 자유의지』, 『물질과 기억』에서 신체와 정신과의 관계를 설명했다.

데카르트 철학에서는 정신과 물질은 독립된 실체(➡ 84p)이므로 몸과 마음의 관계(심신 문제)에 주목했다. 현대에서는 마음과 뇌의 문제로 모습이 바뀐 채 남아 있다.

마음의 변화가 뇌의 작용으로 발생한다는 생각은 굉장히 설득력 있다. 그러나 뇌가 정교한 컴퓨터이며, 기억을 저장하는 복잡한 시스템을 가지고 있다는 사실을 인정하더라도, '기억은 뇌의 해마 작용에 따른 것'이라는 설명이 와닿지는 않는다. '내가 먹은 라면이 맛있었다'는 자극은 뇌의 어느 특정 부분에 남아 있다'라는 설명을 들어도, 라면의 그 깊은 풍미와 뇌의 메커니즘을 연관시키기란 쉽지 않다. 이는 즉, **마음과 뇌의 병행상태**가 계속 이어진다는 의미다.

가끔은 학교에서 배운 뇌를 중심으로 한 기억에 관한 이론에서 벗어나, 나의 내면과 이야기를 나누는 시간을 가져보면 어떨까?

앙리 베르그송(1859년~1941년)
프랑스의 철학자로, 파리 출신이다. 1927년 노벨 문학상을 수상했고, 1930년 레지옹 도뇌르 1등 훈장(grand croix)을 수여받았다. 콜레주 드 프랑스의 교수로, '순수지속'에 관해 주장했다. '생(生)'을 창조적 진화의 활동이라 생각했다. 저서로는 『물질과 기억』, 『창조적 진화』 등이 있다.

◎ 진정한 시간은 순수지속이라는 난해한 주장

의식이란 거대한 흐름이다. 음악의 멜로디는 전체가 하나이므로 거꾸로 뒤집
거나 음을 하나하나 떼어 낼 수 없다.

베르그송은 이를 **순수지속**이라 불렀다. 순수지속은 시곗바늘과 눈금처럼
공간적으로 표현되는 것이 아니다. 진정한 시간은 전체로서 흘러가는 것 그 자
체다.

그런데 베르그송은 물질을 직접 시각으로 인식한 색, 형태 등의 **이미지**(형상)
집합으로 받아들였다. 물질이 이미지의 집합이라면 정신은 과거의 이미지를
저장한 기억 그 자체라는 것이다. 베르그송은 이 복잡한 개념을 깊이 사색한
끝에 정신(기억)과 신체(물질)를 '지속의 **긴장과 이완**의 양극단에 위치하는 것'이
라 결론 내렸다.

정신은 지속의 긴장된 상태인 데 반해, 선택된 이미지의 집합으로서의 물질
은 지속이 이완된 상태라는 것이다.

굉장히 난해하지만, 과거의 추억에 젖거나, 눈앞의 컵을 보는 행위를 반복
하면 정신과 물질이 연결되어 교차하는 것을 느낄 수 있다.

이렇게 하면 정신과 물질을 이원론적으로 딱 잘라 구분할 필요가 없다. 순
수지속으로 통일되기 때문이다.

정신의 기억이 있고, 비로소 물질이 존재한다

◎ 뇌는 통신사 역할을 한다?

베르그송에 따르면 기억은 뇌에 저장되는 것이 아니다. 이것이 현대 뇌과학과 다른 점이다. 베르그송은 기억이 뇌의 데이터처럼 한정된 곳에만 저장되는 것이 아니라고 생각했다.

베르그송은 이를 라디오의 전파와 수신기에 비교했다. 전파는 수신기와는 무관하게 공간을 흐르고 있지만, 이를 소리로 재생하기 위해서는 수신기라는 매개체가 필요하다. 마찬가지로 정신에 저장되고 기억된 과거의 이미지를 현재의 행동에 대응해 필요한 것을 꺼내 재현하기 위해 **뇌의 개입**이 필요하다.

따라서 베르그송은 뇌란 전화의 교환수(지금으로 치면 휴대전화 통신사)처럼 이미지를 선택하는 '선택 기관'이라 생각했다.

뇌와 마음은 밀접한 관계를 맺고 있으나, 마음 전체를 뇌로 환원하는 것은 불가능하다는 것이다.

베르그송은 신플라톤주의에서 지대한 영향을 받았으며, 신비주의적인 측면도 지니고 있었다. 『정신적 에너지』에는 상당히 흥미로운 내용이 적혀 있다.

'만약 정신이 뇌의 의식과 신체와 운명을 함께하고, 신체와 함께 죽는다는 사실을 인정할 수 있다 하더라도, 모든 시스템과 무관하게 사실을 연구하다 보면, 우리는 반대로 **정신의 생**(生)**이 뇌의 생**(生)**보다 훨씬 거대함**을 알게 될 것이다.'

어쩌면 정신이 뇌의 작용으로 말미암는 것이 아니라, 정신은 물질인 뇌를 감싸고 있는 존재일지 모른다는 것이다. 현대 철학에서도 이 주장에 다시 주목하고 있다(마르쿠스 가브리엘 등).

◎ 생명의 도약에서 사랑의 도약으로

마르셀 프루스트의 작품 『잃어버린 시간을 찾아서』에는 홍차에 적신 마들렌의 향기를 맡고 어린 시절의 기억이 갑자기 떠오르는 에피소드가 나온다.

추억이란 단순히 데이터의 재현이 아니라, 서서히 되살아나는 것이다. 이는 단순히 물질로부터 생성되는 것이라고 할 수 없는 신비로운 것이다.

평소 스스로 생각해볼 때, '뇌의 전기적 반응으로 추억에 젖는다'라는 사실에 왠지 모를 거부감을 느끼지 않았는가? ―다만, 현대에서는 컴퓨터가 의식을 가지고 있다는 설도 있다.(➡ 343p)

베르그송은 나아가 우주 전체를 '생명의 지속 = 창조적 진화'의 세계로 생각한 『창조적 진화』를 저술했다. 이는 허버트 스펜서의 사회진화론에서 출발해, '지속'이란 개념을 생명의 진화로까지 확장한 주장이라 평가받았다. 생명의 진화를 이끄는 근원적인 힘은 엘랑 비탈(생명의 도약)이다.

또 『도덕과 종교의 두 원천』에서는 그 창조적 진화의 입장에서 도덕설과 사회설을 주장했다. 진화의 과정에서 인간이 지성을 갖추면서 인간은 언젠가 죽는다는 것을 알게 되고, 이기주의에 빠진다. 이에 대한 방어책으로 권위적인 도덕(정적도덕), 미신적 종교(정적종교)가 자연스럽게 발생했다.

이러한 도덕과 종교가 지배하는 **폐쇄된 사회**에서 집단은 내부적 생의 정체와 배외적 항쟁에 빠진다. 그래서 성인들은 창조적 생명에 침잠하고, 신과 합일함으로써 인류애를 바탕으로 '열린도덕' '동적종교'를 실현하고, **열린사회**를 실현하고자 했다.

베르그송의 철학은 '근본 원리' → '자연의 시스템' → '삶의 방식'이라는 고전 철학의 패턴을 착실히 밟았다. 현대의 뇌와 마음과의 관계를 다시 생각하는 데 힌트가 될 수 있을 것이다.

37

키르케고르의 철학

지금 살아 있는 '나'에 관한 철학의 시작

◎ 키르케고르가 살던 시대

키르케고르는 북유럽의 작은 국가 덴마크에서 활약한 19세기 사상가다. 그는 세상으로부터 인정받기도 전에 마흔두 살의 나이로 고독하게 짧은 생을 마감했다.

본인은 딱히 철학의 길을 걷고자 했다기보다는 기독교 관련 저작을 쓸 생각이었다고 한다.

그렇다고 기독교도는 아니었으나, 그의 철학사상은 많은 이에게 영향을 미쳤다. 기독교 이야기를 제외하고라도 키르케고르에게 배울 점은 많다.

키르케고르가 살던 19세기 전반은 '덴마크 문화'의 황금기라 불리던 시대였다. 신문과 잡지가 대량으로 출판되고, 매스컴의 발전이 눈부시던 시기였다.

또 '절대왕정의 붕괴' '자유헌법의 시행' 등의 사회적 전환기이기도 했으며, 자유로운 분위기가 확산되던 시기이기도 했다.

키르케고르는 언론의 뭇매를 맞거나, 교회와 의견 차이를 보이며 고민에 휩싸였다. 가정에서는 아버지가 지나치게 엄격한데다, 어머니와 형제를 이른 나이에 떠나보내는 슬픔을 겪었다.

쇠렌 키르케고르(1813년~1855년)
덴마크의 사상가로, 실존철학의 선구자라 불린다. 코펜하겐대학 신학부 졸업 후, 1841년~1842년 베를린 대학에서 셸링 아래에서 공부했다. 익명으로 많은 저서를 남겼다. 저서로는 『이것이냐 저것이냐』, 『불안의 개념』, 『죽음에 이르는 병』, 『그리스도교의 훈련』 등이 있다.

◎ 객관적 진리에서 주체적 진리로

키르케고르의 철학은 **절망**과의 투쟁이었다. 살아남은 키르케고르와 남동생, 아버지는 굉장히 우울한 여생을 보냈다.

그는 살면서 '대지진'이라 불리는 경험을 한다. '그때의 대지진, 그리고 내 아버지의 장수가 신의 은총이 아니라 오히려 신의 저주임을 나는 예감했다.'(1835년의 일기)

이 내용이 구체적으로 무엇을 의미하는지는 밝혀지지 않았다. 이 의식의 변혁 이후에 키르케고르는 레기네 체험(후술)을 거쳐, 깊은 사색에 들어간다.

그는 헤겔(➡ 237p)의 객관적 정신이 아닌, 자신에게 있어 **주체적 진리**를 추구했다. 이를 위해 절망에 관해 깊이 고찰했다.

'나의 사명을 이해하는 것이 문제인 것이다. 나에게 있어 진리라 할 수 있는 진리를 발견하고, 내가 이를 위해 살아가고, 죽는 것을 마다하지 않을 이데(사상)를 발견해야 한다. 소위 말하는 객관적 진리를 추구해본다 한들 그것이 나에게 무슨 의미일까 싶다.'(「길레라이에(Gilleleje)에서 쓴 일기」)

헤겔의 경우 세계의 거대한 움직임을 법칙으로 설명했으나, 키르케고르는 **살아 있는 나**(실존)에 관해 생각했다.

절망이 인간을 성숙하게 한다

◎ **절망이란 죽지 못한 채로 살아갈 수밖에 없는 상태**

키르케고르에 따르면 모든 사람은 '절망'에 빠진다. 이는 인간은 한평생을 자신과 함께 살아가는 존재이기 때문에 나와의 관계에 문제가 생기는 경우가 있다는 것이다. 함께 오랜 시간을 보내온 가족과도 이따금 다투는 것과 마찬가지다.

따라서 나와의 관계에 문제가 생겨, 자포자기하거나 무책임해질 때 '절망'이라는 감정이 시작된다. 키르케고르는 이 절망이야말로 인간이 가장 두려워하는 **죽음에 이르는 병**이라 했다. 절망해서 죽는다는 의미가 아니다.

'절망'이란 죽고 싶어도 죽지 못한 채 살아가는 상태를 말한다. 육체의 죽음을 넘어선 고뇌가 '절망'이다. 산송장 상태인 것이다.

'절망'에도 여러 종류가 존재하며, 최악인 것은 자신이 절망에 빠져 있으면서도 이를 알아차리지 못하는 상태라고 한다.

밝아 보여도 누구나 가끔 절망에 빠진다. 이는 '자신이 절망 상태에 놓여 있음을 자각하는 절망'의 단계에 돌입하는 것이다. 쾌락이나 행운으로부터 버림받은 자신의 상황에 절망하고 현실에서 도피하는 상태에 빠지는 것을 '**연약한 절망**(취약한 절망)'이라 했다.

한편 **반항의 절망**도 있다. 세상이 이해해주지 않는 것은 자신이 뛰어난 인간이기 때문이라 완고하게 주장하며 살아가는 절망 상태다. '아무도 날 알아주지 않아!'라고 하는 상태인 것이다.

죄로서의 절망은 신의 존재를 믿으면서도 절망에 빠져 살아가는 죄를 지은 상태다. 올바른 길이 있음에도 이를 행하지 않기에 구원받지 못하고 방치된 상태인 것이다. 이는 '죽음에 이르는 병'의 극한의 상태라 할 수 있다.

◎ 절망하기에 앞으로 나아간다

키르케고르는 절망을 인생의 성장으로 받아들이는 태도가 중요하다고 생각했다. 사실 절망적인 삶을 살고 있으면서 이를 깨닫지 못하는 상태가 위험하다고 했다. 이를 **깨닫지 못하는 절망**이라 한다. 인생은 즐기면 그만이라는 태도로 철학적 사고를 전혀 하지 않으며 살아가면, 어떤 위기가 닥쳤을 때 이에 대처하지 못하므로 깊은 절망에 빠지게 된다.

키르케고르에 따르면 절망을 극복함으로써 본래의 자기를 되찾는 것이 중요하기 때문에 '깨닫지 못하는 절망' 상태에서는 자기생성의 운동이 발생하지 않는다고 보았다.

그런데 키르케고르는 24세에 레기네 올센에게 첫눈에 반해 약혼을 했다. 레기네 또한 하루하루 키르케고르에 대한 사랑이 깊어졌다. 그런데 키르케고르는 일기에 몹시 깊은 어둠을 기록하기 시작했다고 한다.

'나 스스로가 바뀌지 않는 한, 나는 그녀와 함께하는 행복보다 그녀 없는 나의 불행 속에서 한층 더 행복할 수 있다.'

생각이 너무 깊어서였을까. 키르케고르는 레기네를 사랑하면 사랑할수록, 레기네의 행복을 바라면 바랄수록 자신이 그에 걸맞지 않은 사람이라 생각하기 시작한 것이다. 신을 믿으려 해도 믿을 수 없는 죄책감에 사로잡힌 것인데, 이 또한 개인의 내면적인 문제이기 때문에 우리가 완전히 이해하기란 불가능하다.

그는 그 후, 익명으로 책을 출판했다. 이는 전부 레기네에게 보내는 메시지였다고 한다.

키르케고르가 주장한 실존의 3단계는 잘 알려져 있다. ① **미적 실존**(향락에 빠진 좌절), ② **윤리적 실존**(성실하게 살고자 하나 자신의 유한성을 자각하고 좌절), ③ **종교적 실존**(신 앞에 선 단독자), 그리고 종교적 실존 상태에 있을 때야말로 주체성이 회복된다고 보았다.

하이데거의 철학

인간만이 유일하게 존재에 관해 고찰한다

◎ '존재'란 무엇인지 생각하다

독일의 철학자 하이데거는 처음에 기독교 신학을 연구했다. 후에 후설의 현상학, 키르케고르와 니체의 사상에 영향을 받아 1927년 저서 『존재와 시간』에서 존재론적 해석학을 통해 존재에 대한 물음을 던졌다.

'존재의 의미'를 묻는다는 것, '존재란 무엇인가'를 묻는 흐름은 플라톤과 아리스토텔레스(➡ 33p) 이후 서양철학의 근원적 토대가 되었다.

아리스토텔레스는 '존재란 무엇인가'라는 근원적 질문을 던진 철학의 동기를 '경이(驚異)'라 생각했다. 이는 '무언가가 존재함에 대한 놀라움'이다. 세계는 아무것도 존재하지 않아도 되는데, 어째서 존재하는가? 그리고 '존재'란 무엇인가?

라이프니츠(➡ 88p)도 '세계는 무(無)가 아니라 왜 존재하는가'에 대한 의문을 던졌다. 하이데거는 모든 존재자 중 오직 인간만이 존재의 부름을 받아, 존재의 경이로움을 경험한다고 주장했다.

마르틴 하이데거(1889년~1976년)

독일의 철학자이자, 프라이부르크 대학의 교수로, 후설의 현상학을 발전시켜 '기초 존재론'을 전개했다. 1927년 저서 『존재와 시간』 제1부가 발표되었다. 나치 정권하에서 프라이부르크 대학의 총장에 취임했다. 1950년 이후는 후기사상이라 불린다.

◎ **존재와 존재자의 차이는 무엇인가?**

하이데거에 따르면 '존재자의 존재는 그 자체가 일종의 존재자인 것은 아니다'라고 했다(존재론 차이). 여기서 존재자란 인간만을 지칭하는 것은 아니며, 컵이나 책상과 같은 존재하는 모든 것이다.

컵이나 책상을 존재하게 하는 작용이므로 '존재' 자체는 컵이나 책상처럼 눈에 보이거나 손으로 만질 수 있는 것이 아니다. 따라서 '존재'를 컵이나 책상 사이에서 찾으려 해도 발견할 수 없다. 모든 것을 '존재하게 하는 것'이 '존재'다. 이 존재 작용의 장이 바로 인간이다. 하이데거는 인간을 **현존재**(現存在)라 불렀다.

어째서 굳이 '현존재'라는 표현을 사용했는가 하면, '인간'에게는 이족보행을 하는 생물이라든지 창작을 하는 존재라든지 다양한 정의가 붙기 때문이다. '존재를 자각하는 존재'라는 의미로 인간을 현존재라는 단어로 굳이 표현한 것이다.

현존재는 '존재'에 관해 어렴풋이 알고 있으므로 현상학적(➡ 120p) 측면에서 자신이 자신을 인터뷰해보면 '존재'가 무엇인지 알게 된다는 것이다.

하이데거는 '존재'는 현존재 안에서 작용하는 존재 작용이기 때문에 현존재의 존재 구조를 분석했다.

죽음을 선구적으로 받아들인 철학

◎ **내가 깨달은 것이 세계 전체의 모습?**

하이데거에 따르면 우리의 '평균적인 일상성'에 존재의 비밀이 숨겨져 있다고 한다.

그 기초적인 구조가 **세계 내 존재**다. 우리는 세계라는 상자 속에 던져진 공 같은 존재가 아니다. 그러면 주관·객관 도식에 역행하게 된다. ―나는 사라져 도 상자가 남는다.

따라서 현상학적으로 전환하면 우리는 처음부터 세계와 밀접하게 연결된 존재임을 깨달을 수 있다.

예를 들어, 고양이의 세계의 경우 고양이와 관련 있는 고양이만의 생활의 장(場)이 있다. ―이는 분명 고양이만 이해할 수 있을 것이다.― 현존재는 세계 내 존재를 이해하므로, 현존재와 관련된 세계를 '우리의 세계'라 이해할 수 있다. 이러한 관점에서 보면 과학적이고 객관적인 세계가 아닌 나와 관련 있는 세계가 생생하게 보일 것이다.

하이데거는 도구의 사용법을 예로 들어 이 '세계'를 분석했다. 그것만으로 고립해 존재하지는 않는다(도구연관).

우리 생활을 예로 들면, 충전기는 '스마트폰을 충전하기 위해' '스마트폰은 애플리케이션을 이용하기 위해'처럼 연관성을 갖는다. 이는 현존재가 자신의 가능성에 관해 불안하기 때문이라고 보았다. 스마트폰으로 사진을 찍고, 이를 애플리케이션으로 수정해 그 결과물을 SNS에 업로드한다. 이런 일련의 행위 에는 불안으로 가득 차 있다. 즉, 세계는 우리의 불안의 집합체와 같은 것이다. 따라서 도구연관에서 떼어내, 그 사용가치를 벗겨내고 그저 물체로서만 인식 하는 기존의 근대적 사고방식은 이상하다는 것이다.

◎ 죽음을 각오함으로써 주체적인 삶을 살 수 있다

현존재가 자신의 가능성에 대한 염려에서 시작해, 이에 수렴해가는 의미의 그물망이 세계를 이해하는 힌트가 될 수 있다.

나아가 하이데거는 현존재의 존재는 **시간성**에 있음을 밝혔다. 이는 시계로 측정하는 균질적인, 현재의 연속적인 시간이 아니라, 현존재가 실제로 존재하는 시간이다.

그러나 일상성이란 탄생과 죽음 사이의 부정(不定)의 시간이므로 여기에는 **진정한 전체성**이 결여되어 있다고 보았다.

따라서 시간성을 파악하기 위해 하이데거는 그 너머에는 이제 어떠한 가능성도 있을 수 없는 궁극의 가능성, 즉 자신의 '죽음'에 대해 생각했다. '죽음'과 연결 지어 현존재를 파악하면, 현존재의 전체성과 본래성을 알 수 있다는 것이다. —존재부터 죽음까지 전체를 한꺼번에 알 수 있다는 의미다.

일상성에서의 현존재는 '염려'를 가지고 가십거리 등을 호기심이 생기는 대로 쫓고, 이에 대해 친구들과 마냥 **수다를 떤다**. 이때 인간은 자신으로서 살아가는 것이 아니라 자신을 세속적인 수준에 맞추어 살아간다[다스 만(Das Man) = 사람]. '사람'은 '죽음으로 가는 존재'임을 잊으려 이러한 행위를 한다. '인간'은 '죽음은 당분간 찾아오지 않는다'라고 해석하는데, 이는 '죽음'과 마주하지 않기 때문이다.

하이데거에 따르면 본래적 자기인 현존재는 이 사실을 받아들이고, 죽음에 대한 **선구적 각오성**을 가짐으로써 전제적·본래적 자기로 회귀한다고 보았다. 왜냐하면 현존재가 미래의 가능성과 관련되어 있어, 이에 도달할 수 있기 때문이다.

선구적 각오성이란 죽음을 극복하기 위한 도피로가 아니라, 현존재가 죽음을 각오하고 결심해 **양심**의 부름에 응답해, 본래적 자기로서 행동하는 것을 추구하는 삶의 방식이다.

사르트르의 실존주의 철학

인간은 스스로 자신을 만들어간다

◎ 인간은 의식에 균열을 가진 존재다

프랑스 철학자 사르트르는 독자적 현상학을 전개한 인물이다.

돌멩이 같은 사물은 그저 그 자체로 존재하는 것이므로 아무런 감정도 없다(즉자존재). 이에 반해 인간은 자신을 성찰하는 존재다(대자존재).

데카르트는 '나'를 실체로 보았으나, 사르트르는 '나' 또한 반성 작용으로 태어난 하나의 대상에 지나지 않는다고 생각했다.

"'나는 무엇인가를 생각하는 나'를 생각하는 나"와 같은 개념으로, 아무리 가도 나에게 도달하지 않는다.

이는 자신이 자신에게 동일화할 수 없기 때문일 것이다. 사르트르는 '인간은 항상 자기 안에서 균열을 느낀다'고 생각했다. 이는 자신이 아무것도 아니라는 '무(無)의 균열'이다.

의식은 자기에의 현전(現前)으로, 자신으로부터 거리를 둔 존재다. 사르트르에 따르면 이 아무것도 아닌 거리가 '무'다. 이 무로 인해 의식은 항상 자신에게서 떨어진 곳에 존재한다고 보았다.

장 폴 사르트르(1905년~1980년)
프랑스의 철학자, 소설가, 극작가로, 파리에서 태어났다. 시몬느 드 보부아르와 계약결혼을 했다. 후설의 현상학과 하이데거의 존재론에 영향을 받았다. 저서로는 『존재와 무』(부제: 현상학적 존재론의 시도), 『변증법적 이성비판』, 『구토』 『실존주의란 무엇인가』 등이 있다.

◎ '실존은 본질에 앞선다'가 무슨 뜻일까?

예로부터 인간은 '즉자존재(即自存在: 그 자체로 완결된 존재)'인 동시에 '대자존재(對自存在: 의식이 있는 존재)', 즉 '신'(➡ 249p)을 추구해왔다. 허나 이는 불가능에 가까우며 신의 존재를 추구하는 것은 헛된 노력이었다.

신이 존재하지 않는다면 인간에게는 애초부터 어떠한 본질도 주어지지 않았다는 의미가 된다. 그러면 인간은 일단 존재하고, 그 후 각자의 자유의지에 따라 자신을 만들어가는 존재라는 의미다.

사르트르는 이를 '**실존은 본질에 앞선다**', 또는 '주체성에서부터 출발해야 한다'고 표현했다.

사르트르에 따르면 가령 책이나 종이칼 같은 물체는 '자른다'라는 하나의 개념을 머리에 그린 장인에 의해 만들어진 것이다.

종이칼을 정의할 수 있는 제조법 제법이나 성질의 전체는 종이칼의 '실존에 앞선다'고 할 수 있다. 그런데 실존주의가 생각하는 인간은 정의가 불가능하다. 인간은 처음부터 아무것도 아니기 때문이다.

'인간은 나중에 가서야 비로소 인간이 되며, 인간은 스스로 자신을 만들어간다.'(『실존주의란 무엇인가』)

181

실존주의와 마르크스주의의 합체

◎ **타자는 나를 긴장시킨다?**

사르트르의 휴머니즘에는 비극적인 이미지가 따라다닌다. 왜냐하면 인간은 의지할 것도, 어떤 도움도 없이 스스로 자신을 창조하고, 세계에 의미를 부여해야만 하기 때문이다.

인간에게 있어 이것 외의 가능성은 허락되지 않는다. 또 인간에게는 어떠한 핑계도 허락되지 않으며, 자신이 행한 모든 행위에 관해 전적으로 책임을 져야 한다.

종이칼과 같은 사물이라면 어떠한 고민을 하지 않아도 괜찮지만, 인간은 의식에 균열이 있는 '무(無)'의 존재이므로, 항상 자신을 극복해서 이겨내고 자신이 아닌 것으로 벗어나야 한다.

사르트르의 저서 『존재와 무』의 주제는 한마디로 표현하면 **사물과 의식**이라 할 수 있다.

그런데 사르트르는 타자 문제에 관해서도 독특한 분석을 내놓았다. 인간은 항상 타자에 대해 있는 존재인데, 여기서 타자란 '나를 바라보는 자'를 말한다.

타자는 나에게 '시선'을 향하고 나를 바라봄으로써, 나로 하여금 나의 비밀을 가져가려는 자로 느끼게 한다고 보았다. 그 이유는 타자가 나와 동일한 의식을 가지고 있기 때문이다.

'타인은 지옥이다.'(『닫힌 방』)

인간은 자신에게 '시선'을 보내는 타자가 자유로운 의식을 가지고 있으며, '저 사람도 나와 마찬가지로 의식을 가지고 있다'고 느낀다.

따라서 우리는 타자의 시선에 노출되면, 자신도 모르게 몸이 경직되는 느낌을 받는다. 사르트르의 표현에 따르면 타자는 '나를 완전히 그대로 응고시키는' 적이다.

◎ 사회참여를 통해 세상을 움직인다

타자의 시선을 받으면 나는 자유로운 '대자존재'를 상실하고, 대상화되어 사물로서의 '즉자존재'가 되어버린다.

그래서 인간은 상대 '시선'을 향해 자신도 의식 있는 존재임을 주장한다. 인간관계는 끊임없이 서로 '시선'을 주고받는, 자유로운 주체들이 서로 '상극'을 이루는 상태다.

사르트르는 이러한 타자의 '시선'에 노출되면서도 자신의 행위를 **던지고**[기투(企投)] 나아가야 한다고 생각했다.

나아가 사르트르는 인간의 실천적 사회참여를 강조했다. 인간이 행위를 한다는 것은 그 행위에 '자신을 구속해 투입하는 것'이다. 동시에 이는 곧 그 행위에 '전 인류를 구속해서 끌어들이는 일'이기도 하다. 예를 들어, 일부일처제를 지지하면 전 인류를 일부일처제로 끌어들인다.

'자기를 선택'하는 것은 '전 인류를 선택'하는 것이기도 하기 때문에 모든 행위는 그 자체로 '사회참여[**앙가주망**(engagement)]' 행동이나 다름없다고 보았다.

나아가 사르트르는 자신도 사회참여 활동을 하면서, 역사적 상황에 대한 인식을 심화하고, 최종적으로 마르크스주의가 '극복 불가능한 사상'이란 결론에 도달했다. 사르트르는 『변증법적 이성비판』에서 실존주의(현상학적 존재론)와 마르크스주의의 역사적 유물론의 융합을 추구했다.

사르트르의 활동은 여러 가지 측면에서 독특했다. 그는 보부아르와 계약결혼(2년 갱신)을 했으며, 두 사람은 평생의 반려자가 되었다.

보부아르는 저서 『제2의 성』에서 기존의 여성상을 부정하고, '인간은 여자로 태어나는 것이 아니라, 여자가 되는 것이다'라고 주장했다. 보부아르의 여성 해방 사상은 페미니즘론, 젠더론에도 지대한 영향을 미쳤다.

카를 야스퍼스의 철학

대체할 수 없는 자신에 관해 생각한 철학

◎ 인간을 내면으로부터 설명하는 실존주의

독일의 철학자 야스퍼스는 인간은 객관적으로 대상화할 수 있는 존재가 아니며, 어디까지나 주체로서의 '나'라고 주장했다. 야스퍼스는 모든 것을 객관과 주관의 관점으로 대상화하고 합리화하는 근대 철학의 원리를 거부하고, 내면으로부터 '인간이란 무엇인가'를 생각했다. 이처럼 **실존주의**는 외부에서 본 내가 아니라, 내부에서 본 나에 관해 생각하는 철학이다(키르케고르, 사르트르 등).

야스퍼스의 경우 실존(지금 살아 있는 나)을 탐구하기 위해 **존재 그 자체에 대한** 탐구에 심취했다.

인간은 사물과 함께 동일한 세계 안에 존재하므로 세계의 일원이라 할 수 있다. 그러나 인간을 물리학의 대상인 물질만으로 설명하기는 힘들다. 또한 생물학의 연구 대상인 생명이나 심리학의 연구 대상인 마음만으로 설명하기도 힘들다.

야스퍼스는 이러한 외부로부터의 설명이 아니라, 다른 어떤 것과도 바꿀 수 없는 나 자신으로서의 실존을 스스로 밝혀내고, 해석하는 것이 철학의 과제라 주장했다.

카를 야스퍼스(1883년~1969년)

독일의 철학자이자 정신과 의사로, 대표적인 실존주의자 중 한 명이다. 하이델베르크의 정신병원에서 의사로 일하며 하이델베르크 대학에서 정신의학을 가르쳤다. 1948년 스위스 바젤 대학의 철학과 교수로 임명되었다. 저서로는 『정신병리학 총론』, 『철학』, 『현대의 정신적 상황(Die geistige Situation der Zeit)』 등이 있다.

◎ 인생을 가로막는 한계상황

야스퍼스의 실존철학은 객관적 세계로부터 실존(나)으로, 그리고 실존에서 **초월자**(신)에게로 나아가는 철학이다.

인간은 누구나 한계상황 속에서 살아가야 한다. **한계상황**이란 인간이 피할 수 없는 '죽음'(➡ 259p) '고뇌' '투쟁' '죄책감'을 말한다. '죽음'은 누구도 피할 수 없다. 또 인생에서 '고뇌' '죄책감'은 항상 따라다니기 마련이다. '투쟁'은 노력하면 피할 수 있을 것 같지만, 사실 그러기 힘들다는 것이다.

왜냐하면 자신이 생존하는 것은 그것만으로도 이미 타자로부터 무언가를 빼앗았다는 의미이기 때문이다. 예를 들어, 자신이 회사의 어떠한 직책을 맡는다는 것은 다른 누군가가 그 자리에 앉지 못함을 의미하며, 반대로 자신의 자리를 다른 사람에게 빼앗길 수도 있다.

'우리를 현존재라는 개념에서 보면, 우리는 한계상황의 배후에 더 이상 한계상황 외의 다른 무언가를 보지 않는다. 한계상황은 벽과 같아서, 우리는 한계상황에 부딪히면 좌절할 수밖에 없다.'(『철학』)

한계상황은 나밖에 알 수 없다. 그러므로 자신의 내면에서 받아들이는 것이다. 다른 사람에게 상담을 해도 근본적으로 해결될 수 없는 것이다.

스스로의 힘으로 생각하는 철학이 필요한 이유가 바로 이것이다.

사람과 사람은 서로 사랑하면서 서로 다툰다

◎ 한계상황에서 초월자의 암호를 받다

이처럼 인간은 한계상황을 피할 수 없기 때문에 이것이 철학적 사유에 눈뜨는 계기가 된다. 야스퍼스는 '우리가 한계상황을 진정으로 파악하는 한, 절망을 하거나 회생으로 대처하거나 둘 중 하나'라고 주장했다.

절망하면 안 되기 때문에 인생의 '회생'을 선택해야 할 것이다. 이를 위해서는 우리가 자신의 의식을 바꿀 필요가 있다. 여기서 의식이란 자기가 자기를 초월하는 존재의 품에 안겨, 그 존재의 도움을 받는다는 생각이다. ―모든 것이 포괄자.

또 야스퍼스는 헤겔 이후의 이성주의만으로는 인간을 이해하는 일은 불가능하므로 **이성과 실존**의 양립에 중점을 두었다.

'그리하여 이성과 실존은 모든 양식의 포괄자에 있어서 상호 교류하면서 우리 존재의 양극을 이루고 있다. 이 양극은 서로 떨어질 수 없는 불가분의 관계다. 이 양극은 한쪽이 없어지면 다른 한쪽도 없어진다. 실존은 이성에 의해서만 명백해지고, 이성에 의해서만 내용을 얻는다.'(『이성과 실존』)

이처럼 이성에 의지하는 실존은 이성의 빛에 닿을 때 비로소 **초월자**(신)를 알게 된다고 보았다.

내가 나 이상의 존재, 즉 초월자가 보냈다는 의식이 자리 잡는 것이다. 그러면 세계 전체가 초월자를 가리키는 **암호**가 된다. 암호는 초월자의 언어로, 이 암호가 보편화된 것이 신화나 예술이다. 나아가 철학적으로 전달 가능한 형이상학(➡ 252p)에서의 사변적 언어로 암호가 전달된다고 보았다. ―철학에는 암호가 난무해서 난해하다.

◎ 끈질기게 토론하며 서로를 이해하다

야스퍼스는 실존적 상호의 인간관계에서 마음을 터놓고, 있는 그대로의 모습을 보여줄 필요가 있다고 생각했다. 이는 인간이 서로의 근원에 다가가는 것이며, 여기서부터 인간관계의 확실한 기초가 구축되어간다.

'소통을 통해 나는 나 자신과 만난 것을 알지만, 소통에서도 타자는 그저 타자다. 즉, 유일성이야말로 타자라는 그 존재의 실체성의 현상이다. **실존적 소통**은 절대적으로 그때 그때의 유일회성(唯一回性) 안에 존재한다.'

한계상황 속에서 인간은 좌절을 경험하지만, 거기에서 초월의 가능성을 여는 것이 '실존적 소통'이다. 자기가 타자와 만났을 때, 이는 대체 불가능한 단 한 번의 소중한 만남이다.

두 자기(自己)가 만나, 상호 승인하에 소통하며 서로 본래의 자기를 발견하고 창조적으로 살아갈 수 있다.

야스퍼스는 인간은 사랑을 할 때 특히 **상대의 진심**을 궁금해 하는 법이라고 주장했다. 그리고 이를 서로 확인하고자 하는 것이 이미 투쟁이라고 설명했다.

야스퍼스는 실존적 소통에서 사랑을 강조했다. 인간은 가능하면 타인의 **진지한 질문**을 피하려는 습성이 있다. 또 타인에 대해서도 부담 없이 만나 서로가 조건 없이 인정하면 된다고 생각할지도 모른다. 그러나 이는 알맹이 없이 **공허한 만남**이라 할 수 있다.

상대에게 음미당하고, 상대를 음미하면서 서로의 본심을 확인한다. -이 또한 하나의 투쟁이다.

야스퍼스는 인간 상호의 승인을 권력의 획득과 자기의 우월성을 주장하는 투쟁으로 갈 것이 아니라, **'사랑하면서 하는 투쟁'**으로 실천해야 한다고 주장했다.

알랭의 행복론

행복해지기로 결심하지 않으면 행복해지지 않는다

◎ 비가 오는 날일수록 미소를 짓자!

프랑스의 철학자 알랭의 본명은 에밀 오귀스트 샤르티에다. 알랭은 파리의 학교에서 교편을 잡고, 프로포(철학칼럼)라 하는 짧은 칼럼 형식의 문장을 썼다.

이 프로포를 모은 저서가 『행복론』이다. ─철학적 체계는 아니다.

알랭은 프랑스 철학자 베르그송(➡ 168p)과 함께 20세기 전반 프랑스의 사상에 지대한 영향을 미쳤다.

『행복론』에서 알랭은 감정이나 정념에 휘둘리지 않는 다양한 방법을 소개한다.

비가 내리면 누구나 짜증이 난다. 하지만 알랭은 '행복해지는 방법'에 이 궂은 날씨를 유용하게 이용할 수 있는 조언을 한다.

알랭이 『행복론』을 집필하는 중에 마침 비가 내렸다. 그래서 그는 이렇게 생각했다고 한다. '비가 내리면 지붕에 떨어지는 빗소리가 들린다. 무수히 많은 홈통을 따라 빗방울 소리가 난다.' 이러한 아름다움을 아는 것이 중요하다는 것이다.

궂은 날씨일수록 일부러 미소를 지어보라는 긍정적인 사고법(➡ 359p)이다.

알랭(1868년~1951년)

본명은 에밀 오귀스트 샤르티에다. 프랑스 철학자로 코르네유 고등학교에서 교편을 잡았다. 제1차 세계대전에서 지원병으로 종군했다. 체계적인 철학이 아닌, 데카르트 등의 철학자의 주장을 이용해 『행복론』을 저술했다.

◎ 우울한 기분은 사실 몸이 보내는 신호

우리 인간은 그냥 내버려두면 기분이 울적해지고 언짢아지기 때문에 항상 기분을 좋게 유지하기 위해 노력해야 한다.

항상 좋은 기분을 유지하기 위해 노력해야 한다는 말에 피로를 느끼는 사람이 많을지도 모른다. 그러나 알랭에 따르면 행복해지기 위해서는 행복해지려는 **노력**을 해야 한다.

알랭은 모두 행복해지고 싶으면서 정작 행복해지기 위해 적극적으로 움직이지 않는다고 말했다. '불행이나 불만을 느끼는 것은 어렵지 않다. 사람들이 즐겁게 해주기만 기다리는 왕자님처럼 그저 앉아서 아무것도 하지 않으면 된다.'(『행복론』)

그렇다면 어떻게 행복한 기분을 느낄 수 있을까? 알랭은 우울함의 원인이 대개 **몸의 이상**에서 비롯되는 경우가 많다고 강조한다.

이는 데카르트의 『정념론』에서 유래한 개념이다. 데카르트는 심신이원론(➡ 84p)을 주장한 후, 이원론을 극복하고자 『정념론』을 저술했다. 데카르트는 몸 속의 동물 정기가 혈관을 통해 뇌에 전달되어 정념으로 나타난다고 생각했다. 신체의 움직임이 반대로 정신에 영향을 준다는 사실은 현대에서 심리학이나 뇌과학에서 밝혀지고 있다. 따라서 고뇌의 원인을 정신적인 면뿐 아니라 건강 상태에서도 찾을 필요가 있다.

우리의 감정은 노력하지 않으면 우울해지도록 설계되어 있다

◎ 싫어하는 사람을 만날 때는 이 또한 수행이라 생각하자

알랭은 **신체적 문제**가 정신에 영향을 주는 것을 아래와 같이 설명했다.

'누군가가 초조하거나 불편해 보인다면 대개 그 사람이 너무 긴 시간 동안 서 있었기 때문이다'라며, 이때는 '그에게 의자를 건네라'라고 했다.

또한 항상 긍정적으로 생각하기 위해 노력하지 않으면 행복해질 수 없다고 했다.

어디를 가도 항상 불만 가득한 표정을 짓거나 남들이 싫어할 만한 행동만 하면서, 누가 자기를 싫어한다고 하면 깜짝 놀란다거나, 우울한 기분에 매몰되어 있는 것 등은 바람직하지 않다는 것이다.

따라서 '춥네. 살을 에는 추위다. 건강에는 좋지'라며 일부러 긍정적으로 생각하는 태도가 중요하다.

알랭에 따르면 우울한 사람은 '자신에게 의무를 부여해 자신을 옭아맨다. 자신의 고통을 애무하고 있는 상태'로 '짜증 가득한 어린아이'와 같은 상태에 빠진다고 한다.

이럴 때는 일부러 **본인의 기분**에 집중하지 않도록 노력해야 한다고 한다. '나의 기분'에 의식을 집중하지 말고 '무관심'한 자세를 취함으로써 기분이 안정된다는 것이다.

'정념에 빠져' '불안한' 상태가 되면 거기에서 일단 한 발 떨어져야 한다는 것이다.

또 알랭은 '싫은 사람과 만나면 일단 미소를 띨 수 있는 자세가 필요하다'고 말했다. 다정함, 친절함, 유쾌함을 항상 마음에 새기고, 인사를 건네고 미소를 지어보라고 조언한다.

◎ 이렇게 하면 틀림없이 행복해진다

알랭은 '삶의 비결은 자신의 결심과 자신이 하는 일에 관해 자신과 다투지 않는 것이다'라는 말을 남기기도 했다.

알랭은 슬픔은 감기와 같아서 참으면 자연스럽게 지나간다고 주장했다.

마음의 슬픔을 신체의 통증이라 생각한 것이다. 기분이 울적하면 자책하지 말고 그저 참고 기다리는 방법을 추천했다.

또 인간은 시간이 남으면 생각에 잠기는 특성이 있으므로 몸을 움직여서 바쁘게 만들어야 한다고 말했다. 행복해지기 위해서는 불행을 부르는 버릇을 제거해야 한다. 고민하는 이유를 찾으려들면 괜히 고민만 더 깊어진다.

인간은 행복해지면 어째서인지 마음이 불안해지면서, 굳이 불행한 기분으로 돌아가려는 습관이 있다고 한다.

또 인간은 자신의 그림자를 따라잡을 수 없다. 따라서 행복도 자신의 그림자처럼 도망가면 쫓기를 포기하는 사람이 많은 것이다. 그러나 알랭은 현실적으로 행복을 손에 넣고 싶으면, 충분히 손에 넣을 수 있다고 주장한다.

이를 위해 알랭은 '**행복해지는 법**'을 추천한다. 이는 『행복론』에서도 중요한 수행법 중 하나로 등장한다. 우선 부정적인 말을 하는 사람이 있다면 마음을 단련한다고 생각하고 이를 받아들인다. 싫은 소리를 듣거나 누군가 날 비난하면 이 또한 마음을 단련할 수 있는 기회라 생각하는 것이다.

이를 응용하면 일부러 자신에게 부정적인 말을 하는 사람에게 접근해서 그의 이야기를 듣는다. 그리고 '오늘은 좀 세겠는데'라고 생각하며 기대를 하라는 것이다. 정신력 훈련과 비슷한 느낌이 든다. 최근에는 근거 없는 헛소문이나 루머로 남을 괴롭히는 경우가 많은데, 이런 마음 수련법이 상당히 도움이 될 것이다.

쇼펜하우어의 철학

관념론의 관점에서 바라보면 세상이 전혀 다르게 보인다

◎ **현상과 물자체의 개념 복습하기**

독일의 철학자 쇼펜하우어는 저서 『의지와 표상으로서의 세계』를 남겼다. 이 책은 니체의 인생을 송두리째 바꾸어놓았다. 또 프로이트에게도 지대한 영향을 주었다.

쇼펜하우어는 자신을 칸트의 **인식론**(➡ 95p)의 정당한 계승자라 주장한다. –헤겔에게는 비판적 입장을 취했다.

현상과 물자체(➡ 96p)의 관계는 컴퓨터 게임에 비유하면 이해하기 쉽다. 현상이란 게임 세계에 해당한다. 이러한 의미에서 가상현실(가상)이다. 그런데 게임에서 타인과 대전할 수 있다는 것은 게임의 토대에 프로그램이 있다는 말이다. 이것이 물자체에 해당한다.

게임의 세계에서 우리는 총을 쏘거나, 아이템을 구입하고, 친구와 팀을 만들어 교신할 수 있지만, 결코 그 안에 있는 프로그램을 알 수는 없다.

이처럼 칸트의 철학에서 우리는 현실 세계에 살고 있으나, 결코 그 근원에 있는 물자체를 알 수 없다. 그런데 쇼펜하우어는 이를 알 수 있는 **방법**이 있다고 주장했다.

아르투어 쇼펜하우어(1788년~1860년)
독일의 철학자로, 고대 인도철학의 영향을 받았다. 1819년 31세의 나이에 『의지와 표상으로서의 세계』를 간행했다. 음악가 바그너와 니체에게 지대한 영향을 주었다.

얼굴은 안 닮았는데 말이지.

사상이 닮았어.

◎ 내 몸을 관찰하면 우주의 근본 원리가 보인다?

쇼펜하우어에 따르면 **자신의 신체**를 관찰하면 현상과 물자체를 동시에 밝힐 수 있다고 한다.

신체는 현상세계에 존재하므로 외부에서 관찰할 수 있다. 그러나 우리는 자신의 몸 내부에서도 관찰이 가능하다. 손은 객관적인 대상이지만 손을 잡으면 내부에서 '손을 잡으려는 **의지**'와 일치함을 알 수 있다.

즉, 몸속에 '의지'가 있음을 뚜렷하게 알 수 있는 것이다. 이는 신체라는 현상의 내부에 의지라는 물자체가 확인되면서 신체를 통해 **물자체＝의지**라는 공식이 명확해지기 때문이다.

예를 들어, '눈'은 '보고 싶다'라는 의지가 **현상화**(객관화)된 산물이다. '냄새를 맡고 싶다'라는 의지가 현상화(객관화)되면 '코', '먹고 싶다'라는 의지는 '입', '걷고 싶다'는 의지는 발로 현상화된다.

나아가 이 개념에서 유추해보면 세계의 근저에 근원적인 '의지'가 존재함을 알 수 있다. 동식물에도 '의지'가 있으며, 그것이 현상화되는 것이다. 식물은 잎을 펼쳐 광합성을 하고 싶은 것이고, 거미는 거미줄을 쳐서 먹이를 잡으려 하는 것이다. 고양이도 제 나름의 '의지'를 가지고 있다. −먹고 싶다, 자고 싶다 등.

인생이 이렇게까지 고통스러울 수 있을까?

◎ 이 세상은 최악 중에 최악이므로 사라져야 한다?

여기서부터 쇼펜하우어의 철학이 급격하게 어두워진다. 이 의지는 '**살고자 하**
는 맹목적 의지'다. 어떠한 목적이나 목표가 존재하지 않는다. 모든 존재는 '하
고 싶다'라는 의지에 맞추어 그저 살아간다는 것이다.

동물이나 인간 모두 마찬가지다. 그러면 **인생은 의미가 없다**는 결론에 이르
게 된다. -니체의 허무주의(➡ 104p)와 관련 있다.

그런데 쇼펜하우어에 따르면 '살고자 하는 맹목적 의지'는 욕망이 무한하
다. 그리고 욕망과 욕망이 이 현상세계에서 상충하면, **전쟁**이 발생한다. 따라서
이 세상에서 전쟁은 결코 사라지지 않는다는 것이다.

의지는 채워도 채워지지 않는 존재인데, 현상계는 물리적 제약이 있는 세계
이므로 욕망은 영원히 충족될 수 없다.

따라서 인생은 고뇌 외에 그 어떤 것도 아니며, 모든 노력은 결국 덧없는 것
에 지나지 않는다. 여기서부터 추구와 불안, 고뇌가 발생한다. 굶주린 의지는
결코 충족될 수 없는 욕망의 덩어리다. 항상 결핍의 고통에 몸부림치며, 현상
속에서 자신에 대해서는 거칠게 날뛰는 형태로 나타나는 것이다.

또 의식이 선명해지면 질수록 이에 따라 고뇌도 늘어나고, 인간으로서 한
계에 달하게 된다. 이 세상은 생각하면 할수록 **최악의 세상**이므로 만약 이 이
상 조금이라도 더 나빠진다면 더는 존재하는 것조차 불가능하다고 주장했다.

쇼펜하우어는 인생은 **살 가치가 없어서**, 이런 인생에서는 존재보다는 비존재
가 훨씬 낫다고 생각했다.

이렇게까지 세상을 향해 마구 퍼붓는 악담을 들으니 되레 속이 시원하기까
지 하다.

◎ **고통을 일시적으로 완화하는 방법은 예술과 인간에 대한 동정**

그렇다고 이렇게 끝나버리면 여간 개운치 않을 것이다. 『의지와 표상으로서의 세계』의 후반에 **예술적 관조**와 **동정, 금욕**이라는 세 가지 해결책을 제시했다.

쇼펜하우어는 우리가 저마다의 사물에 대한 인식에서 이데아에 대한 인식으로까지 더 높은 수준으로 나아감으로써, 의지에 대한 봉사에서 해방될 수 있다고 생각했다. 플라톤은 예술이 이데아(➡ 28p)의 복사본인 세계의 개체를 또 다시 복사한 것이라 보고, 예술을 비판했다. 그러나 쇼펜하우어는 천재가 창조한 예술작품은 순수한 관조에 의해 포착된 영원한 이데아, 세계의 모든 현상의 본질적인 불변의 원형을 표현한다고 생각했다.

쇼펜하우어는 예술 중에서도 특히 음악을 높이 평가했다. 음악은 이데아의 복사가 아니라, 의지 그 자체의 표현이라고 생각했다. ―이 사상은 훗날 니체와 음악가 바그너에게 영향을 준다.

또 고뇌로 가득한 세상에서 마음을 위로하기 위해서는 동정이라는 감정이 필요하다고 보았다. 인간이 생판 모르는 사람의 고통을 목격했을 때 바로 떠오르는 감정이 '동정'이다. 그러나 쇼펜하우어는 예술적 관조나 동정은 일시적으로 **고통을 완화하는 진정제**에 지나지 않는다고 보았다.

따라서 이들과 다른 고통으로부터 탈출하는 궁극의 방법으로 든 것이 바로 금욕이었다. 금욕은 의지 그 자체를 부정하는 것을 목표로 한다.

이렇게 금욕을 통해 욕망으로 인간을 몰아넣는 불안이 사라지고, 완전한 평화가 찾아온다고 보았다.

니체는 이 사상을 이어받아 의지에 대한 부정에서 **의지에 대한 긍정**으로 발전시켰다.

이것이 훗날 모든 고통을 받아들여야 한다는 '운명애(運命愛)'(➡ 261p)나, 허무주의를 뛰어넘은 '초인'(➡ 253p) 사상으로 이어졌다.

미래로 이어지는 사상

제1부의 마지막 장에서는 현대사회를 이해하는 데 특히 도움이 되는 사상을 모았다.

5장의 고전 경제학과 연결되는 맬서스의『인구론』은 적중한 부분도 있지만, 이제는 구닥다리 사고방식이 되어버린 부분도 있다. 그러나 인구문제는 지금도 현재진행형이므로 이 부분에 중점을 두고 살펴보기로 하자.

전쟁론에서 종종 비교의 대상이 되는 두 가지 책이 있다. 19세기 카를 폰 클라우제비츠의『전쟁론』과 고대 중국의『손자병법』이다. 이 두 권의 책은 저술 시기가 상당히 차이가 남에도 동양과 서양의 전쟁에 대한 관점의 차이를 잘 보여준다.

현대의 구조주의 후에 포스트구조주의가 전개되었다. 장 프랑수아 리오타르는『포스트모던의 조건』을 저술하고, 포스트모던을 유행어로 만들었다. 포스트구조주의라는 말을 쓰는 대신 포스트모던 사상을 바탕으로 폭넓은 관점에서 해석하려 한 듯하다.

니체의 철학 이후, 욕망의 관점에서 세계를 바라보는 사상이 전개되었다. 이성적인 철학에 관해 비판하는 '반철학' 사상이 대두되었다. 이 또한 철학에 있어 흥미로운 부분인데 "철학은 끝났다"라는 철학이 출현한 것이다.

질 들뢰즈와 펠릭스 과타리가 함께 저술한『안티 오이디푸스』는 매우 난해한 '욕망 기계'라는 제목의 장으로 시작하는데, 분열증과 마르크스, 자본주의에 관해 보통 사람이 쓰는 표현이 아닌 다소 난해한 단어의 연결로 이어진다. 이 때문에 다양한 해석을 낳은 철학서이기도 하다.

알고 모르고는 하늘과 땅 차이
유연한 사고방식으로 미래에 대비하자!

장 보드리야르는 『소비의 사회』를 저술해 포스트모던을 대표하는 사상가의 반열에 올랐다. 보드리야르의 저서 『시뮬라시옹』(1981)은 영화 『매트릭스』의 사상적 토대가 되었다.

롤랑 바르트는 에크리튀르에 관해 독자적인 사상을 전개했다. 여기에서도 우리가 평소 책을 읽을 때 도움이 되는 큰 힌트를 얻을 수 있을 것이다.

미디어 사상에서는 마셜 매클루언이 주로 언급된다. 미디어 그 자체가 특정한 종류의 메시지(정보, 명령 등)를 이미 내포하고 있다는 사상은 현대사회에서도 찾아볼 수 있다. 매체의 다양화에 앞으로도 주목해야 할 것이다.

미국의 철학자 존 롤스가 『정의론』을 저술해, 정치철학의 인기에 불을 지핀 것도 비교적 최근의 일이다. 이는 마이클 샌델의 정치철학에도 영향을 주었는데, 정치철학은 우리 생활과 깊이 관련되어 있다.

고대와 근대 철학은 세계의 원리부터 삶의 방식을 설명하는 형식을 취했는데, 현대 사회는 과학의 시대이므로 세계의 원리는 과학이 주도한다. 철학의 대상 분야는 과학을 포함한 사회와 문화, 정치, 언어 등으로 확대되었고, 나아가 더욱 복잡해졌다. 과학철학처럼 이과와 문과의 경계가 모호한 분야도 발전하고 있다. 이 종합적인 학문을 우리는 '철학'이라 부른다.

인구론과 식량문제

인구문제는 지금도 심각한 사회문제

◎ 식욕과 성욕이 있는 한 필연적으로 인구는 증가한다

영국의 경제학자 맬서스(고전 경제학자)의 『인구론』에서는 현대사회와도 깊은 연관이 있는 인구문제가 제기된다.

일본은 저출산으로 인한 인구감소뿐 아니라 낮은 식량자급률 문제를 안고 있다. 식량의 절반 이상을 수입에 의존하고 있어 세계적으로 다양한 재해나 전쟁 등이 빈발하면 일본의 식량 사정에도 큰 영향이 발생할 수 있다 .

산업혁명은 1760년대부터 농업과 공업 양쪽에서 진행되었다. 농업에서는 의회의 법안으로 합법화된 인클로저 운동(유럽에서 개방경지나 공유지·황무지를 산울타리나 돌담으로 둘러놓고 사유지임을 명시한 운동-옮긴이)으로 인해 자본주의적 대농경영이 보급되었다.

그러자 토지를 빼앗긴 농민들은 부랑자 신세가 되어 도시로 유입되고, 임금노동자로 편입되었다. 또 공업에서는 방적업에서 기계제 공업이 확립되면서 생산의 효율성 증대로 수많은 수공업자들이 직장을 잃었다.

그러나 맬서스는 빈곤이나 악덕은 사회제도에서 기인한 것이 아니라, 인류인구법칙의 결과라 주장했다.

토머스 맬서스(1766년~1834년)

영국의 경제학자로, 고전파경제학을 대표하는 경제학자이자 1805년 동인도 대학의 교수다. 1798년 익명으로 『인구론』을 저술했다. 산아제한정책으로 최빈곤층을 구제한다는 발상을 '맬서스주의'라 부른다.

◎ **농업생산물을 늘리지 않으면 끔찍한 상황이 온다**

인간은 식욕과 성욕이라는 본능을 지니고 있다. 그러나 인구는 1, 2, 4, 8, 16…
처럼 **기하급수적**으로 증가하고, 식량은 1, 2, 3, 4, 5…처럼 산술급수적으로 증
가하는 경향이 있다. 이에 따르면 생활자원은 필연적으로 부족해질 수밖에 없
다. 번식을 철저히 억제하지 않으면 인구 증가로 인해 지금 상황보다 더욱 심각
해질 것이다.

맬서스에 따르면 생활수준을 저하시키지 않기 위해 시행하는 결혼의 억제
(예방적 억제), 빈민층 아동들의 사망률을 높이는 부족한 식량, 비위생적인 주거환
경, 혹독한 노동, 전염병, 기아(적극적 제한)와 같은 장치가 작동해 인구가 감소한
다고 주장했다. 그리고 이 흐름을 반복하면 된다고 설명했다.

이 인구법칙에서 두 가지 중요한 정치적 주장이 파생된다. 하나는 구빈제도
로 이는 식량을 증가시키지 않고 빈민층 인구의 증가를 야기할 뿐이므로 빈곤
을 줄일 수 없다. 따라서 백해무익하므로 폐지해야 한다는 주장이다.

다른 하나는 경제학자들이 주장하는 평등사회로, 이는 실현 불가능하다.
설령 평등사회가 실현된다고 하더라도 인구가 급증해 식량부족 사태에 빠지
면 이는 붕괴된다. 이 주장은 정책이나 평등 분배를 지향하는 사회개혁 시도
에 대립하는 주장이었기에 비난을 받기도 했다.

식량자급률이 낮은 국가가 위험하다

◎ 인구증가는 억제해야 하지만 여기에 파생되는 문제가 있다

맬서스에 따르면 우선 농업생산물을 증대하는 정책을 펴는 것이 시급하다. 나아가 곡물 수입량이 많으면 **식량자급률**을 낮추므로 바람직하지 않다.

'재산을 가능한 평준화할 때 장기적으로 이익이 된다. 소유자의 수가 많아지면 필연적으로 노동자의 수는 줄어든다. 즉, 사회의 대다수가 재산 소유자가 되고 행복해진다. 본인의 노동을 제외한 재산을 소유하지 못한 불행한 인간은 소수에 불과할 것이다.'(『인구론』)

또 맬서스는 1814년 '곡물법의 영향에 관한 고찰'에서 곡물의 자유무역으로 저렴하게 곡물을 수입할 수 있다는 장점은 인정했다. 그러나 그 폐해로 전쟁이나 흉작으로 수입에 갑자기 차질이 빚어질 위험성도 있다고 지적했다.

식량의 해외 의존이 국가의 안전을 위협하고, 또 국내의 농업 쇠퇴와 공업에 대한 과도한 집중 현상을 가져오는데, 이는 결국 공업제품의 수출지인 해외 시장에 대한 의존이 경제의 불안정 요인으로 작용한다는 것이다.

나아가 맬서스는 '곡물 수입 제한론'에서는 곡물법을 지지하는 입장을 더욱 명확히 밝히고, 높은 곡물 가격과 지주에게 돌아가는 지대가 공업제품에 대한 유효수요로 이어진다고 주장했다. 또 그는 공황의 원인이 지주의 과소 소비에 있다고 보고, 지주의 유효수요를 늘려야 한다고 주장했다.

한편, '인구 증가와 토지의 생산력 사이에는 자연적으로 불균형이 존재하고, 대자연의 법칙에 따라 둘은 결과적으로 균형을 이룬다'(『인구론』)라는 맬서스의 주장은 인구가 증가해도 억제 장치가 작동해 결과적으로 감소함을 의미한다.

◎ 필연적으로 위기가 찾아오는 것은 아니다

그렇다면 인구문제를 어떻게 해결해야 할까? 맬서스는 '모든 생물을 지배하는 이 법칙의 중압감으로부터 어떻게 인간이 자유로워질 수 있을지 나는 알지 못한다'(『인구론』)라고 말했다.

맬서스는 미국을 예로 들었다. 미국은 자유롭고 조혼을 딱히 억제하지도 않는 국가였기에 '인구가 불과 25년 만에 두 배로 증가했다'고 했다. 이 증가율을 기준으로 하면, 인구를 억제하지 않을 경우 25년마다 두 배로 증가할 것이다.

농업생산물이 부족하다면 소나 돼지를 대량으로 사육해 목축을 하면 된다고 생각할 수도 있다. 그러나 가축은 농업생산물을 사료로 먹기 때문에 역시 농업생산물이 필요하다.

맬서스는 '목축 위주의 국가는 농경 위주의 국가만큼 많은 국민을 먹여 살릴 수 없다'(『인구론』)고 말했다.

공업생산물의 양은 생산성이 높은 공장이 증가하면 어느 정도 비례해 상승한다. 그러나 농업생산물량을 늘리려면 농기구와 토지의 개량, 토지 면적의 확보, 비료 살포 등의 방법이 필요한데 이는 어려운 일이므로 좀처럼 보급되지 않는다는 것이 당시의 이론이었다.

이는 지금까지는 과학기술의 발전으로 이를 보완했으므로 반드시 예측이 맞았다고는 할 수 없다. 맬서스가 주장한 시점에는 비료로 전통적인 유기질비료를 주로 사용하던 시기였다. 화학비료가 발명된 것은 이후의 일이다.

맬서스는 인구가 증가하면 다양한 요인으로 감소하는 흐름이 반복된다고 주장했다. 인구를 억제하기 위한 논의는 맬서스 이후에 전개되었다. 1900년 기준으로 세계인구는 약 16억 명에 달했다. 1950년에 약 25억 명, 20세기 말인 1998년에 약 60억 명까지 증가했다(현재는 77억 명). 인구문제는 인구 억제와 과학기술의 발달로 미래에는 해결될 가능성이 있다.

44   동서양의 고전적 전쟁론

클라우제비츠의 전쟁론

◎ 최초로 전쟁의 본질론을 전개한 인물 클라우제비츠

클라우제비츠는 프로이센왕국의 군인이자 군사학자였다. 그는 나폴레옹전쟁에 러시아군의 장교로 참전했으며, 전후에 연구과 저술 활동에 전념했다.

그가 세상을 떠난 후인 1832년에 발표된 『전쟁론』은 전략, 전투, 전술 연구 분야에 중요한 업적을 남겼다. 『전쟁론』에서는 '진실·본질'을 외면해서는 안 된다는 철저한 전략론이 전개되었다.

클라우제비츠는 전쟁을 수단만 다를 뿐 정치의 연장선에 불과하다고 보았다. 또 정치가 목적을 정하고, 전쟁은 이를 달성한다고 주장했다.

전시에 군사를 유도해 성과를 올리는 행위는 정치·외교에 해당한다고 주장했다.

또 인간 활동 속에는 우연이라는 현상이 작용하는데, '전쟁만큼 우연이라는 변수가 작용할 여지가 큰 것은 없기 때문에' '예상 밖의 일이 발생한다'고 말했다.

카알 폰 클라우제비츠(1780년~1831년)
프로이센왕국의 군인으로 군사학자다. 나폴레옹전쟁에서 러시아군 장교로 참전했다. 그의 저서 『전쟁론』은 사후에 발표되었다.

손무(기원전 6세기경)
중국 고대의 춘추시대의 무장, 군사 사상가로 제나라 출신이다. 병법서 『손자병법』을 저술한 인물로 알려져 있다. 모택동 등에게 영향을 미쳤다.

◎ **군사 지도자는 이런 것까지 생각하므로 비범하다!**

클라우제비츠에 따르면 전쟁의 목적은 '적의 완전한 타도'다. 또 적국의 국경 부근에서 적국의 영토를 어느 정도 약탈하고, 지역을 그대로 **영구히 영유**할지 강화조약을 맺을 때 유리한 고지를 점하기 위한 수단으로 삼을지는 승리자의 마음이라고 생각했다.

클라우제비츠에 따르면 정치 활동은 평시와 전시를 통해 일관되게 이루어 지는 것이며, 전쟁을 이해하기 위해서는 먼저 이를 야기한 정치의 상태를 이해 해야 한다고 주장했다. 그리고 정치에 문제가 생기면 필연적으로 전쟁이 발생 한다고 주장했다.

『전쟁론』에서는 전쟁은 **확대된 양자 결투**에 지나지 않는다고 주장했다.

'전쟁의 목표는 적의 방호를 완전히 무력화하는 것'(이를 절대 전쟁이라 부른다), '적의 전투력을 격멸시키는 것'이다. 바꾸어 말하면 우리는 적을 더는 전쟁을 지속할 수 없을 정도로 몰아붙여야 하는 것'이다.

즉, 어중간한 공격은 안 하느니만 못하며, 상대가 완전히 전력을 상실할 정 도로 작전을 짜야 한다는 것이다. 또 『전쟁론』에는 '방어는 공격보다 견고한 전투방식'이며, '방어만 하고 반격하지 않는 것은 파멸하는 길이다'라는 말도 나와 있다.

업무에도 도움이 되는 『손자병법』

◎ 바람직한 리더의 모습을 이해하기 쉽게 설명한다

『손자병법』은 기원전 500년경에 중국 춘추시대의 **손무**가 쓴 병법서다. 『손자병법』에서 나온 '적을 알고 나를 알면 백전백승이다'(「모공편」)는 매우 유명한 말이다.

『손자병법』에서는 전쟁은 이미 싸움을 시작하기 전에 승패가 결정된다고 말한다. 이길 때는 이길 만한 이유가, 질 때는 질 만한 이유가 있다는 것이다. 『손자병법』의 「군형편」에는 '먼저 이겨놓고 싸워라'라는 말이 나온다.

'백번 싸워 백번 이기는 것이 최상은 아니다. 싸우지 않고 적을 이기는 것이 상책이다.'(「모공편」)

이는 싸움이 나면 필연적으로 우리 편도 상처를 입기 때문이다. 전쟁에서는 한 명의 군인이라도 다치는 사람이 없는 것이 이득이며, 자기 편이 손실을 입는 것은 이득이라 할 수 없다. 따라서 이상적인 형태는 싸우지 않고 상대를 제압하는 것이라 주장한다.

승리를 목표로 하는 조직이므로 다소 낡은 사고방식이라 하더라도 상하 관계를 엄격하게 따르고, 명령체계를 명확하게 구축하지 않으면 승리할 수 없다.

『손자병법』에는 '전쟁에서 신호를 정해도 아무도 듣지 않고, 호령을 해도 아무도 지키지 않는다면, 이는 수장의 책임이다' 또 '몇 번이고 이야기했으나 수신호나 명령을 따르지 않는 것은 병사의 책임이다'라고 나와 있다.

'병사 보기를 아이 보듯이 하고, 전쟁에서 함께 죽어도 좋을 정도로 그들을 사랑하라'(「지형편」)

『손자병법』에는 이처럼 리더가 부하를 아끼는 마음도 표현되어 있다.

◎ 어설프게 싸우면 손실이 크다

잘 싸우는 사람은 전쟁에서 승리할 수 있는 기회를 잘 포착하고, 병사 한명 한 명의 잘잘못을 따지지 않는다고 한다. 또 적재적소에 인력을 배치하고 전쟁에 유리한 태세를 정비한다.

'미루기'(➡365p)는 우리가 살아가며 고민하는 문제 중 하나인데, 이를 전쟁에 대입하면 장기전으로 질질 끈다는 의미가 될 것이다.

'전쟁은 신속하게 결정하고, 오래 끌수록 승리에서 멀어진다.'(「작전편」)

정공법만 쓰지 말고 때로는 평소와 다른 책략을 써 보는 것도 좋다고 쓰여 있다.

'전체적으로 전쟁은 정공법으로 싸워야 한다. 그리고 전시상황의 변화에 맞추어 기책(奇策)으로 승리를 노려야 한다.'(「병세편」)

'고로 빠르게 움직일 때는 질풍처럼 내닫고, 천천히 움직일 때는 숲과 같이 고요히 이동해야 한다. 공격할 때는 초원에 번지는 불길처럼 날렵하게, 몸을 숨길 때는 먹구름이 하늘을 가리듯이 자취를 감추어야 한다. 방어할 땐 우뚝 선 큰 산처럼, 공격할 땐 천둥처럼 재빠르게 덮쳐야 한다.'(「군쟁편」)

또 '전쟁의 법칙은 적의 견실한 곳은 피하고 허점을 공격하는 것이다. 물은 지형에 따라 흐름을 바꾼다. 전쟁도 적의 동정 변화에 순응할 수 있으면 승리를 쟁취할 수 있다'(「허실편」)라는 말도 나와 있다.

리더에 대한 교훈이 많은 것도 『손자병법』의 특징이다. 현대인들 또한 이 『손자병법』의 내용을 실생활에 참고하는 사람이 많다. 『손자병법』에서는 단순히 전쟁에서 승리하는 법만을 이야기하지 않는다. 가능하면 싸우지 않고 나라 간의 조화를 추구한다는 데 가치가 있다.

인간의 깊은 정이 표현되어 있는 『손자병법』과 철저하게 적의 전의를 상실하게 하는 합리적인 방법을 주장하는 클라우제비츠의 『전쟁론』을 비교해보면 동서양 사상의 차이를 엿볼 수 있을 것이다.

미디어론과 현대사회

유일무이한 것의 가치

◎ 일회성의 '아우라'가 사라진다

벤야민은 프랑크푸르트학파 중 한 명으로, 독일의 문예 비평가이자 사상가다. 벤야민의 『기술복제시대의 예술작품』이 출판된 것이 1936년이다. 사진과 영화의 역사가 길지 않던 시대에 '복제'라는 문제에 주목한 것이다.

벤야민에 따르면 고대에는 동전에 새겨진 그림이나 동상 등이 예술작품에 해당했으나, 19세기에 들어서면서 인쇄 기술의 발달에 힘입어 복제기술을 통한 대량생산이 가능해졌다. 나아가 카메라, 유성 영화처럼 사진과 음성을 복제하는 기술이 20세기에 확산되었다.

벤야민은 **아우라**(오라, Aura)라는 말을 사용했다. '아우라'는 일회적 현상이다. 작품의 아우라는 복제기술이 발달한 시대적 흐름 속에서 붕괴되어갔다고 한다. '아우라'란 예술 이론에서 사용하는 개념으로, 종교적 의례의 대상이 지닌 절대적인 장엄함을 의미한다. 벤야민에 따르면, 어느 여름날 오후, 엎드린 채 산줄기나 나뭇가지를 눈으로 쫓는 것이 '아우라'를 호흡하는 것이라 한다. 이는 딱 한 번만 할 수 있는 일로, 두 번의 기회가 없기 때문에 가치가 있다.

발터 벤야민(1892년~1940년)
독일의 문예 비평가, 철학자로 사상가로, 프랑크푸르트학파다. 제2차 세계대전에서 나치의 추적을 피해 도망치던 중 피레네 산속에서 음독자살했다.

마셜 매클루언(1911년~1980년)
캐나다 출신의 영문학자, 문명 비평가로, 영화에도 출연했다. 저서로는 『구텐베르크 은하계』, 『미디어론』 등이 있다.

◎ 공산주의 사회와 자유로운 미디어가 결합된 미래?

물론 복제가 범람하는 현상을 꼭 나쁜 쪽으로만 받아들이는 것은 아니다. 신문과 뉴스의 영상이 제공하는 정보는 시시각각 달라지기 때문에 **'사정거리가 무한하게'** 확장되는 경향이 있다.

아우라는 배우가 '지금' '여기에' 존재한다는 일회성과 결부되어 있다.

또 복제기술이 정치와 결합되면 거대한 움직임으로 이어진다고 생각했다. 사진이 들어간 신문을 읽는 독자는 사진에 붙은 설명에 따라 기사에 관한 생각을 특정 방향으로 규정할 가능성이 있다는 것이다.

나아가 복제의 문화 속에서는 일반 시민의 참여가 자유롭다. 노력하면 영화에 출연하는 기회를 얻을 수도 있다.

요새는 유튜버나 실시간 동영상 스트리밍 등 새로운 형식이 속속 등장하고 있다.

벤야민은 나치와 같은 파시즘이 매스컴을 장악해, 제의 가치(Kultwert)를 창출하기 위해 이를 이용한다고 생각했다.

이에 비해 공산주의 사회에서는 '아우라'가 존재하지 않는 복제 가능한 새로운 미디어에 자유로운 표현과 정치가 접목된다고 생각했다.

벤야민의 『아케이드 프로젝트』에는 19세기부터 20세기의 파리 시가지의 변천과 역사에 관한 고찰이 잘 나타나 있다.

'미디어는 메시지다'라는 말의 의미

◎ 활판인쇄 기술의 장점과 단점

매클루언은 캐나다 출신의 영문학자이자 문명 비평가다. 매클루언의 미디어론은 1962년에 발표된 『구텐베르크 은하계』에서 시작되었다.

매클루언은 인류가 음성으로 인식하던 시대부터 문자와 기호로 옮겨가는 과정을 여러 인용을 통해 설명했다. 중세문화는 낭독과 음유시인이 주류를 이루던 시기였다. 그러나 정보량의 증대로 시각을 이용한 지식의 조직화 바람이 불면서 투시화법적 관점이 생겨났다고 주장한다.

나아가 활판인쇄의 출현은 세계에 큰 변화를 가져왔다. **활판인쇄물**은 '역사상 최초의 대량 생산물'이었으며, 최초의 '반복 가능한 상품'이기도 했다. 매클루언에 따르면 인쇄문화를 통해 시각에 의한 경험의 균질화가 나타났다고 한다. 이에 따라 청각을 비롯한 오감이 혼재된 복합적 감각이 약화했다고 주장한다. 즉, 활판인쇄 기술이라는 인쇄문화가 경험을 시각이라는 단일 감각으로 환원해버린다는 것이다.

또 책을 몸에 지니고 다닐 수 있게 된 것은 개인주의의 확립에 지대한 공헌을 했다.

이는 활판인쇄술의 경험이자, 감각이 따로따로 전문화되는 과정인 것이다. 활자 문화가 확산된다고 해서 유해하다는 의미는 아니다.

'이 책을 통해 인쇄 기술의 장점과 단점을 논하자는 것이 아니다. 인쇄 기술이든 뭐든 하나의 힘이 가진 효과에 대해 아무런 의식을 하지 못하는 상태는 비참한 결과를 초래한다는 것을 말하고 싶었다. 특히 우리가 스스로 만들어낸 인공의 힘의 경우가 그렇다.'(『구텐베르크 은하계』)

◎ 신체의 확장으로 더 새로운 기계가 탄생하다

매클루언은 활판인쇄술로 고정된 시점주의의 시대가 가고, 새로운 미디어의 재편성이 이루어질 것이라 생각했다.

나아가 매클루언은 인간 신체의 직접적인 기술적 연장으로 인쇄기가 발명되면서 사람들은 이전에는 결코 손에 넣을 수 없었던 힘과 흥분을 손에 넣었다고 생각했다.

자동차나 자전거는 다리의 확장, 라디오는 귀의 확장이듯이, 특정 기술이나 미디어(매체)는 신체의 특정 부분을 '확장'한 것이다. 그러나 단순히 확장하는 것에만 그치는 게 아니라 '확장'의 필연적 귀결로 쇠퇴와 '절단'을 수반한다고도 보았다.

매클루언은 인간은 예전에 자신의 몸으로 하던 작업의 거의 대부분을 확장시키는 기술을 개발해왔다고 했다. '무기의 발달은 치아와 주먹에서 시작해 원자폭탄에서 끝난다. 의복과 가옥은 인간의 생리적 체온조절의 확장이다'라고 말했다.

'전기기구, 쌍안경, TV, 전화, 책 등은 모두 시공을 초월해 음성을 전달함으로써 육체의 행위를 확장하는 도구의 예라 할 수 있다'라고도 말했다. 이런 관점에서 보면 어쩌면 앞으로 개발될 미래의 기계를 예측하는 것도 어려운 일은 아닐 것이다.

매클루언은 '**미디어는 메시지다**'라는 주장으로 특히 잘 알려져 있다. 일반적으로 미디어란 '매체'를 의미하므로, 대중들은 매체가 전하는 정보전달의 내용에 주목한다. 그러나 매클루언은 미디어 그 자체가 일종의 메시지(정보, 명령과 같은 메시지)를 이미 포함하고 있다고 주장했다.

이는 역사적으로 볼 때, 최근에 발명된 스마트폰을 떠올려보면 좋을 것이다. 이 주장대로라면 스마트폰의 디자인에도 하나의 메시지가 담겨 있다는 말이 된다. 애플의 창립자 스티브 잡스는 이를 이미 염두에 두고 있었는지 모른다.

리오타르의 철학

'거대 서사'는 끝났다

◎ '포스트모던'이라 명언한 철학

'이 연구의 대상은 고도로 발전한 선진사회에서의 지식의 현주소다. 우리는 이

를 **"포스트모던"**이라 부른다.'(『포스트모던의 조건』)

　　프랑스 철학자 리오타르는 1979년에 『포스트모던의 조건』을 썼다. 마르크

스주의자로 활동하며, '거대 서사의 종언' '지식인의 종언'을 주장했다. 리오타

르로 인해 '포스트모던'이란 용어가 유행어로 자리 잡았다.

　　포스트모던 사상의 원류로 니체, 프로이트, 하이데거(➡ 176p)의 사상과 구

조주의를 들 수 있다. 구조주의가 서양의 이성주의를 탈피하지 못했다고 비판

하며 등장한 사상을 포스트구조주의라 하는데, 포스트모던 사상은 이보다 조

금 더 큰 범위라 생각하면 된다. 대표적인 학자로 자크 데리다, 질 들뢰즈(➡

214p), 펠릭스 과타리 등이 여기에 해당한다. –여기에는 여러 설이 있다.

　　리오타르에 따르면 마르크스주의처럼 장대한 체계는 거대한 서사로 표현된

다. 이 '**거대 서사**'의 시대가 가고, 고도정보화사회에서 미디어에 의한 기호, 상

징의 대량소비가 일어난다고 생각했다.

장 프랑수아 리오타르(1924년~1998년)

프랑스의 철학자로, 마르크스주의, 프로이트 정신분석, 현상학에 영향을 받았다. 알제리에서 철학 교사로 일했으며, 파

리 제8대학의 교수 등을 역임했다. 1968년 파리 5월 혁명에 참여했다. 저서로는 『포스트모던의 조건』 등이 있다.

◎ '거대 서사'에 대한 불신감

『포스트모던의 조건』의 서장에는 아래와 같은 내용이 나와 있다.

포스트모던이라는 사상의 특징은 '**거대 서사**(메타 서사)'에 대한 불신감에서 비롯된다. '거대 서사'란 근대의 세계관을 지배해온 인간과 역사에 관한 이념이다.

'거대 서사'란 '자유'라는 서사, '혁명'이라는 서사, '인간의 해방'이라는 서사 등을 의미한다. 이 서사들은 인간에게 있어 보편적 가치를 지니고, 이론과 실천을 '정당화'하는 역할을 담당해왔다.

그러나 리오타르에 따르면, 이 정당화의 근저에는 인간성은 보편적이라는 신뢰가 바탕에 깔려 있다고 한다. 누구나 옳다고 생각하는 진실이 인간의 내면에 존재한다고 생각하는 것이므로, 이는 이미 낡은 사상이라는 것이다.

예를 들어, 헤겔(➡ 276p)의 '역사는 이성적인 방향으로 발전해간다'나 마르크스의 '역사는 자본주의에서 사회주의·공산주의로 발전해간다'(유물사관)(➡ 279p)와 같은 진보적 역사관 등이 이에 해당한다. 니체가 허무주의를 주장하며 역사에 절대적인 목적이나 가치는 없다고 주장했는데, 포스트모던 또한 여기에서 지대한 영향을 받았다.

포스트모던이 이해하기 어려운 이유

◎ IBM의 컴퓨터 기술에 관한 언급

'거대 서사'가 종언을 고한 것은 과학의 진보로 정보화 사회에서의 지식이 확산되었기 때문이다.

'IBM(➡ 333p) 같은 기업이 지구궤도에 있는 띠를 독점하고 거기에 통신위성 그리고 데이터 뱅크 위성을 띄울 수 있게 되었다고 하자. 이 경우 과연 누가 이를 이용할 것인가. 도대체 누가 채널과 데이터에 제한을 걸 수 있을까? 국가일까?'(『포스트모던의 조건』)

또 리오타르에 따르면, 테크놀로지는 '위정자'가 '정당화'시키고, 과학과 정치와도 관련을 맺고 있다고 한다.

'사회의 제어기능, 즉 재생산기능은 앞으로 점점 이른바 행정관이라 부르는 이들의 손을 떠나 자동인형의 손에 맡겨질 것이다.'(『포스트모던의 조건』) 즉, 지금까지의 국가·국민, 정당, 직업, 제도 등이 사람들에 대한 구심력을 상실해간다고 보았다.

진보 사관이나 마르크스주의에 따르면 역사의 향방이 미리 정해져 있었지만, 더는 그러한 '거대 서사'는 목표가 될 수 없으며, '생활의 목표는 개개인에게 맡겨진다'라고 한다. 이를 '미시 서사'라 한다.

'나이가 많든 적든, 돈이 많든 적든, 남자든 여자든 커뮤니케이션의 회로인 "매듭"의 위에 항상 놓여 있다.' 개인은 이전에 경험한 적이 없을 정도로 복잡하고 유동적인 여러 관계로 얽힌 직물 속에 놓이게 되므로, 저마다의 '미시 서사'로 세계가 움직인다. 리오타르는 근대를 정당화하는 서사가 이미 무효화되었고, 새로운 지식의 조건이 등장했다고 주장했다.

◎ 소칼 사건이 일어나도 포스트모던은 괜찮다?

미래에는 '거대 서사'의 지적통합이 힘을 잃고, 공통의 척도가 없는 세상이 될 것이며, '서로 언어가 다른 게임은 화해에 이르지 못하고, 조정하기 힘든 대립만이 남게 될 것'이라 했다.

포스트모더니즘이란 이러한 상황 속에서 인간이 어떻게 살아갈 것인지, 그 속에서 어떻게 '새로운 서사'를 발견해내고, 혹은 서사 따위는 필요 없이 새로운 길을 모색할지 등 다양한 각도에서 바라본 사상이다. 정보화가 진행되면 **미시 서사**가 확산된다고 하는데, 지금의 인터넷 사회(➡ 337p)를 생각해보면, 이 말이 맞은 것일지도 모른다.

포스트모던의 사상과 관련해 **소칼 사건**이 자주 언급된다. 뉴욕 대학 물리학 교수였던 앨런 소칼의 논문이 1996년에 학술지에 게재되었다. 소칼은 포스트모던 사상가의 문체를 흉내 내어 과학용어와 수식을 군데 군데 넣은 무의미한 가짜 논문을 썼는데, 이 논문이 학술지에 게재된 것이다.

그 후, 본인이 이 사실을 폭로했으며, 포스트모던 사상가가 자신의 가짜 논문과 마찬가지로 수학·과학 용어를 권위를 얻기 위한 속임수로 사용했다고 비판했다.

1998년 소칼은 『지적 사기』를 발표하고, 자크 라캉, 보드리야르, 질 들뢰즈, 과타리 등의 사상가의 이름을 거론하며 그들이 자연과학 용어를 사용하는 방식이 자신이 쓴 가짜 논문과 마찬가지로 속임수일 뿐 내용이 없다고 비판했다. 이에 대해 포스트모던 사상에서는 자연과학 용어가 비유로 사용되기는 했으나, 소칼은 그 사상 내용 그 자체를 비판한 것이 아니므로 포스트모던의 **사상적 가치**는 흔들리지 않았다는 견해도 있다.

어찌 되었든 이렇게 난해한 것이 포스트모던 사상이며, 들뢰즈와 과타리의 사상은 포스트모던에 지대한 영향을 주었고, 지금도 다양하게 해석되고 있다.

들뢰즈의 철학

자본주의는 '욕망하는 기계'

◎ 자본주의에 관한 새로운 분석

프랑스 철학자 들뢰즈는 자크 데리다 등과 함께 포스트모던 사상을 대표하는
철학자다.

들뢰즈는 흄, 베르그송, 니체 등의 철학사 연구를 진행했다. 그리고 『차이와
반복』으로 서구철학의 플라톤주의적 전통을 '동일성'의 철학으로 배척하고 **차
이의 철학**을 주장했다.

1972년에 들뢰즈와 정신분석가 펠릭스 과타리는 공저 『안티 오이디푸스』를
발표했다. 이는 구조주의를 배경으로 프로이트의 오이디푸스 콤플렉스 등의
사상에 비판을 가한 철학서다.

오이디푸스 콤플렉스(➡ 128p)에서는 가족이라는 좁은 범위에서의 욕망의
움직임이 중심 개념으로 등장한다. 『안티 오이디푸스』는 자본주의 사회를 분
석한 마르크스의 사상과 그 자본주의 사회를 살아가는 인간(개인)을 분석한
프로이트의 정신분석을 함께 재해석한 책이다. 이 책에서는 여러 과학적 지식
을 이용해 현대 자본주의 사회를 분석하고자 한다.

질 들뢰즈(1925년~1995년)
프랑스의 철학자로, 파리에서 태어났다. 파리 제8대학에서 철학과 교수를 지냈다. 베르그송, 니체, 칸트 등 철학사의 흐
름을 다시 살펴보며 독자적인 해석을 부여했다. 『안티 오이디푸스』, 『천개의 고원』은 펠릭스 과타리와 함께 저술한 책
이다.

◎ '욕망'이 '기계'다?

프로이트는 인간의 성장 과정에서 욕망이 억압되면 될수록 인간은 성숙해지고, 사회는 문명화된다고 생각했다.

『안티 오이디푸스』는 『천개의 고원』과 함께 『자본주의와 분열증』라는 저작의 제1부, 제2부를 구성하고 있다.

프로이트에게 인간의 본능의 영역인 리비도, 즉 욕망은 실체로서 존재한다는 생각이 근저에 깔려 있다.

이에 반해 들뢰즈와 과타리는 욕망이란 그 자체로 성립하는 실체가 아니라, 특정 관계 속에서 존재하는 것이라 생각했다(구조주의의 영향).

그러면 오이디푸스 콤플렉스는 원래 인간에게 내재된 법칙이 아니라는 말이 된다.

『안티 오이디푸스』에서는 프로이트와 달리, 욕망을 실체가 없는 '기계'로 표현한다.

그리고 끊임없이 자가 증식하는 무의식적 욕망의 연쇄작용을 **욕망하는 기계**라 불렀다. 관계성을 가진 전체를 욕망이라는 장치로 본 것이므로, 무의식에서 일방적으로 욕망이 표출되는 단순한 이미지는 아니었던 듯하다.

215

무엇을 말하는지 이해하기 힘든 철학

◎ '원시 영토 기계'라는 용어는 대체 무슨 말?

우리는 다양한 존재를 유기물과 무기물, 식물과 동물 등으로 분류하는데, 들뢰즈와 과타리는 자연과 인간을 공통의 지평에서 파악하고자 했다. 나아가 그들은 프로이트의 무의식(➡ 128p)을 '마음 이면에 있는 존재'에서 '우리가 사는 세계 전체'라 재해석했다. 이 세계 전체(무의식)에 무수한 '욕망하는 기계'가 연결되기도, 절단되기도 하면서 꿈틀댄다고 본 것이다.

'욕망하는 기계'라는 유동하는 무수한 '분자'가 이합집산해, 생물과 물체, 사회제도, 생산물을 만들어낸다. 이는 단순히 세계는 기계 시스템이라는 유물론이 아니라 '세계 전체가 무의식의 세계'라는 이색적인 이론이다. 무의식(여기서 말하는 세계 전체)을 무수한 분자로서 '욕망하는 기계'의 거대한 총체로 본 것이다. 나아가 **'기관 없는 신체'**는 욕망의 질료 같은 것으로, 인간의 신체 기관과 연결되면 식욕이나 성욕 등의 구체적인 욕망으로 발현된다.

헤겔과 마르크스의 역사 구분과 달리 들뢰즈와 과타리는 역사를 3단계로 분류했다. ① **원시 영토 기계**(원시공산제), ② **전제군주 기계**(전제군주국가), ③ **문명자본주의 기계**(자본주의제)가 3대 사회 기계다.

나아가 자본주의는 '욕망하는 기계'의 도착점으로, 세상의 욕망을 부추겨 더 새로운 욕망을 만들어낸다.

우리는 욕망을 '배고프니까 먹는다'와 같이 일종의 결핍으로 인식한다. 그러나 그들의 이론에 따르면 채워져도 새롭게 욕망은 다시 발생한다. 이는 자본주의를 생각할 때 좋은 참고가 될 것이다.

◎ 일찍이 유행했던 파라노이아형 인간과 스키조프레니아형 인간

들뢰즈와 과타리는 동일성에 집착하는 **편집자**(偏執者) **파라노이아**, 동일성에 집착하지 않고 욕망의 다양성을 추구하는 **분열자**(分裂者) **스키조프레니아**를 대치시켰다.

들뢰즈와 과타리에 따르면 무의식을 엿보는 작용이 **스키조프레니아(분열증)**에 해당한다. 푸코(➡ 124p)가 주장한 것처럼 이는 의학적으로 구분된 병명이다.

그러나 스키조프레니아는 발병하기 전 단계에서 예술이나 창작활동처럼 자유로운 활동으로 발현되는 것으로 알려져 있다. 이 스키조프레니아의 작용으로 자본주의에서 새로운 창조가 이루어지기도 한 것으로 보인다. ─또 이로 인해 공산주의 혁명이 미루어졌다.

한편, **파라노이아(편집증)**는 통합적으로 매사를 파악하고 집착한다. 파라노이아형 인간은 필사적으로 일에 매달리기 때문에 자본 축적이 발생한다.

이처럼 파라노이아가 통합을 추구하는 것에 반해 스키조프레니아는 새로운 **도주선**(고정적인 것에 얽매이지 않는 선)을 설정함으로써 획일성에서 벗어날 수 있다. ─도주란 지금 있는 장소에서 도망가는 것이 아니라 자유로이 세계에 길을 내어 나아간다는 의미다.

스키조프레니아는 정주(定住)적이지 않고 **유목적(노마드적)**이다. 그렇다면 자본주의는 '욕망하는 기계'다. 획일적이고 편집증적 두뇌로는 적응할 수 없는 자본주의 사회에서도 분열증적·노마드적 시점으로 세계를 다양한 각도에서 바라봄으로써 자유도가 올라간다. 또 자본주의는 노마드(유목민)적이므로(개발·재개발 등), 욕망은 더욱 자극 받아 자본주의가 발달한다.

들뢰즈와 과타리는 서양의 형이상학은 데카르트 철학의 연역법(➡ 82p)처럼 절대적인 하나에서 뻗어나가는 수목형 모델 세계를 해석해왔다고 보았다. 아무튼 우리는 이 노마드적인 리좀(근경) 모델로 뇌를 유연하게 만들 수 있을 것이다.

쿤의 패러다임 전환

과학사를 연구하면 진보는 비약적으로 이루어짐을 알 수 있다

◎ **과학적 진보는 근본부터 바뀐다**

쿤은 미국의 과학자이자 철학자다. 쿤은 1962년에 발표한 저서 『과학혁명의 구조』에서 과학의 역사가 항상 누적되는 것이 아니라 단편적으로 혁명적 변화가 일어난다고 주장했다. 이를 패러다임 시프트(전환)라 부른다.

일반적으로 과학이란 과거의 과학적 발견으로부터 점차 축적되어 현대 과학으로까지 이어졌다고 생각한다.

그러나 쿤에 따르면 과학은 연속적으로 발전한 것이 아니라, 특정 단계에서 과학이론이 근본부터 바뀌어, 지금까지의 과학 현상을 포함해 설명할 수 있는 새로운 이론이 구축된다고 생각했다.

쿤에 따르면 과학자는 이미 완성된 패러다임의 범위 내에서 시행착오를 겪는다. 그런데 이 패러다임으로는 지금까지의 과학 현상을 이해하거나 설명할 수 없음을 깨닫는 순간 새로운 패러다임의 전환이 일어난다. 과학의 세계에서는 예를 들어, 꼭 계단으로 차근차근 올라가는 식이 아니라 갑자기 엘리베이터로 2~4층을 건너뛰고, 순식간에 옆 빌딩 5층에 가 있는 것과 비슷한 현상이 일어난다는 것이다.

토머스 쿤(1922년~1996년)
미국의 철학자이자 과학자다. 과학사, 과학철학 전문가로, 하버드 대학에서 물리학을 전공했다. 캘리포니아 대학 버클리 캠퍼스의 교수로 일하며, 과학사와 과학철학을 가르쳤다. '패러다임 시프트'라는 개념은 사회과학과 인문과학에 영향을 주었다.

정상입니다!

◎ 천동설에서 지동설, 뉴턴역학에서 상대성이론으로

뉴턴역학이 아인슈타인의 상대성이론에 포괄되어 가듯 토대 자체가 크게 바뀌는 경우가 그 예다.

쿤은 『과학혁명의 구조』에서 아리스토텔레스의 자연학에서 근대의 기계론적 자연학으로의 변천은 **'누적'**으로 인한 발전이 아니라고 말한다. 프톨레마이오스 천동설로는 설명할 수 없어, 코페르니쿠스의 지동설로 대체된 것도 이를 설명하는 좋은 예시라 할 수 있다.

쿤은 빛의 성질에 관해서도 설명했다.

'금세기 초반에 플랑크, 아인슈타인 등이 광양자가설을 전개하기 이전에는 물리학 교과서에서는 빛이란 횡파 운동이라 기록했다. 이는 궁극적으로 19세기 초반의 토머스 영이나 프레넬의 광학에 관한 저술을 바탕으로 한 패러다임에 근간을 둔 것이다.'(『과학혁명의 구조』)

영국의 자연철학자 로버트 훅(1635~1703)은 데카르트가 주장한 공간에는 미세물질인 에테르가 가득 차 있다고 생각했다. 뉴턴은 빛은 입자라고 주장했다. 영국의 물리학자 토머스 영(1773~1829)은 빛의 간섭실험에서 빛은 파장이라는 사실을 밝혀냈다.

19세기 말에 맥스웰의 이론이 검증되면서 **빛의 파동설**이 확립되었다.

상식 밖의 가설이 진실이 되기도 한다

◎ '이상과학'이 학계의 인정을 받으면 '정상과학'이 된다

빛의 파동설을 뒷받침하기 위해 에테르(➡ 348p)의 존재를 증명하려는 실험이 이루어졌는데, 아무리 해도 에테르는 발견되지 않았다.

1905년에 아인슈타인은 광전효과로 금속 표면에서 튀어나오는 전자 에너지를 정확하게 설명하고, 빛의 파동설을 지지하며 광양자 가설을 주장했다.

쿤은『과학혁명의 구조』에서 여기서 패러다임 전환이 일어났다고 주장한다. 빛이 파동이냐 입자냐에 관한 문제는 20세기에 양자역학이 확립되는 과정에서 '빛은 "입자성"과 "파동성"을 함께 갖는다'는 결론에 도달한다.

'만약 빛이 뉴턴의 법칙에 따라 지배되는 역학적 에테르 속에서 전파되는 파동이라면 거기서 광행차 측정을 통한 에테르파의 검출은 일반과학에서 세기의 문제로 부상한다.'(『과학혁명의 구조』)

쿤에 따르면 과학에는 두 종류가 있다고 한다. **정상과학**(규범적 과학)'과 '**이상과학**(혁명적 과학)'이 그것이다. '정상과학'은 이미 학계에서 권위를 부여받은 과학자 집단이 지지하는 과학이다. 대학 연구생들이 연구하는 과학이 이 '정상과학'이다.

그러나 때로 이러한 과학의 규범적 힘이 미치지 않는 변칙적 사례가 발견되는 경우가 있다. 일반적으로 이러한 사례는 '정상과학'의 틀 내에서 임기응변적 처방으로 해결하려 든다.

예를 들어, 앞서 말한 빛을 예로 들어보면, 파동을 매체로 하는 에테르의 존재와 같은 보충설명을 추가해 기존의 사고방식을 고수한다. 그런데 누군가 기존의 '정상과학'과는 이질적인 이론을 제시하는 경우가 있는데, 이를 이상과학이라 부른다.

◎ 미래에도 패러다임 전환이 또 일어날 가능성이 있다

'이상과학'이란 기존의 패러다임에 부합하지 않는 과학이다. 아직 진위 여부가 밝혀지지 않은 단계인 것이다.

'이상과학'이 정말 틀린 것으로 판명되어 학계에서 사라지는 경우도 있고, 근본적으로 새롭게 받아들여지면 '이상과학'이었던 것이 '정상'으로 인정받아 다시 새로운 '정상과학'으로 제도권 내에 들어오는 경우도 있다. ─상대성이론이나 양자역학도 여기에 해당한다.

이처럼 과학 이론의 변천을 이론 자체의 단순 **누적으로 인한 발전**으로 본 것이 아니라, **비약적인 관점**을 고려하려는 시각이 패러다임 전환이다.

'어떤 경우에도 혁명적인 이론이라는 것은 통상적인 문제를 해결하는 과정에서 벽에 부딪혔을 때 비로소 출현한다.'

쿤에 따르면 뉴턴역학, 입자 광학 등의 패러다임을 공부하는 학생은 '장래 함께 일하고 싶은 특정 과학자 집단의 일원이 되려는 준비'를 하는 과정이기 때문에, 이상과학적 변칙사항(예: 절대적인 시공간이 존재하지 않고 상대적이다 등)이 출현해도 사고의 전환을 하기 힘들다고 한다.

또 쿤은 우연적이고 변칙적 요소나 사회적 요소의 영향을 중시해야 한다고 생각했다. '정상과학' 속에서 패러다임이 전환되는 '과학혁명'이 발생할 때, 단지 그것이 더 옳다는 이유만으로 발생하는 것은 아니기 때문이다. 예를 들어, 카톨릭 교회의 권위가 갈릴레오에게 종교재판에서 자신의 주장을 철회하도록 강요했듯이, 정치적 권력이 패러다임의 전환을 방해하는 요인이 되기도 한다고 보았다. 어찌 되었든 설사 말도 안 되는 이론처럼 보이는 주장이 등장하더라도 덮어놓고 부정할 것이 아니라 공평하게 검증해야 할 것이다. 쿤의 이론은 자연과학 분야뿐 아니라 인문·사회과학 분야에도 패러다임 이론이 논의되는 계기를 마련했다.

현대의 정치철학

'무지의 베일'을 쓰면 평등을 선택한다

◎ 정의를 도출하기 위한 사고실험이란 무엇일까?

미국의 정치철학자 존 롤스는 1971년에 『정의론』을 저술했다. 여기에는 **빈부격차**를 줄이기 위한 참신한 아이디어가 담겨있다.

기존에는 빈부격차를 해소하기 위해 사회주의적 부의 재분배가 필요하다고 생각했다. 그러나 롤스는 자본주의 경제 속에서 '자유를 인정하면서 격차를 줄이는 방법론'이 필요하다고 주장했다.

그는 로크나 루소가 주장한 사회계약설(➡ 138p)에 지대한 영향을 받아, 독자적인 **자유주의**(liberalism)를 전개했다. 롤스에 따르면 개인은 저마다 다양한 입장에 처해 있으므로 완전한 의견 일치를 보기는 거의 불가능하다고 한다.

다양한 입장이란 부유층과 빈곤층, 인종, 민족, 종교의 차이, 이해관계와 사회적 지위 등을 의미한다.

이 중에서 공통의 '정의'를 도출하기 위해서 롤스는 한 사고실험을 제안했다. 이는 '정의의 원칙은 **무지의 베일**의 뒤에서 선택된다'라는 말로 표현되는 실험이다.

존 롤스(1921년~2002년)
미국의 정치철학자로, 자유주의와 사회계약론이 다시 주목받는 데 기여했다. 『정의론』은 큰 반향을 일으켜, 정치철학이 성행했다.

마이클 샌델(1953년~)
미국의 정치철학자로, 하버드 대학의 교수이자 공동체주의의 대표적 학자다. 저서로는 『정의란 무엇인가』 등이 있다.

다 같이 나누어 먹자.

◎ 공정한 분배를 위한 원리란 무엇일까?

이 실험에서 롤스는 현대사회가 경쟁 사회라는 것은 인정하지만, 가난한 사람에게도 분배를 함으로써, 사회계약설의 '**원시 상태**(original position)'(➡ 138p)를 응용했다. 부자인지 가난한지, 인종이 무엇인지, 성별이 무엇인지 등 자신의 현재 위치를 아는 상태에서는 사람마다 가치관이 달라지기 때문에 이들을 모두 가공의 '무지의 베일'로 가린 상태를 상정했다.

'무지의 베일'을 뒤집어쓰는 **사고실험**을 하면 자신이 어떤 사회적 지위에 있는지 불확실하다. 베일을 벗었을 때, 만약 빌 게이츠처럼 억만장자가 되어 있으면 좋겠지만 때에 따라 부랑자의 위치일지도 모르기 때문이다. 따라서 롤스에 따르면 '무지의 베일'을 쓰면 누구나 평등주의를 선택하게 된다고 한다.

이렇게 롤스는 자신의 정의를 '공정로서의 정의'라 부르고, 두 종류의 정의의 원칙을 들었다. 첫 번째 원칙은 '공정한 기회균등 원칙'이다. 모든 사람은 평등하게 최대한의 기본적 자유(언론의 자유와 신앙의 자유 등)를 가져야 한다는 내용이다.

두 번째 원칙은 '**차등의 원칙**'이다. 이는 사회·경제적 자원 배분에 관한 정의로 '공정한 배분'을 의미한다.

롤스를 비판한 샌델의 정치철학

◎ 샌델의 공동체주의

롤스는 리버럴리즘(자유주의)의 입장을 취했기에 어느 정도의 불평등을 인정했다. 다만 그 불평등은 사회 안에서 '최소 수혜자에게 최대 이익이 되는 것'이라는 조건이 붙었다.

이에 대해 미국 하버드 대학의 교수인 정치철학자 샌델은 롤스의 리버럴리즘을 비판하고, **공동체주의**(communitarianism)를 주장했다.

현대사회의 문제점으로 출생이나 조건에 따른 임의의 요소들로 인해 일부 사람들이 우대를 받는 경향을 지적했다.

따라서 사회정의를 실현하기 위해서는 본인의 힘으로 어쩔 수 없는 차별을 제거할 필요가 있다. 본인의 노력으로 이룬 성과에 맞는 지위가 보장되는 것이 이상적인 사회다. 그러나 여기에는 성과를 낼 수 있는 평등한 기회가 전제되어야 한다.

그런데 리버럴리즘이 과도해지면 **리버타리안**(자유지상주의자)의 입장이 대두된다. 리버타리안은 사적 재산권이나 사유재산권을 개인의 자유를 확보하는 데 필수 불가결한 제도원리로 보고, 국가의 개입을 억제해야 한다고 주장한다.

샌델은 이들 리버럴리즘이나 리버타리아니즘의 사상을 비판했다. 리버럴리즘은 재산의 '분배'를 중요시했으나, 샌델은 '분배'보다 **미덕**(美德)'에 관해 생각해야 한다고 주장했다.

인간은 단순히 돈을 벌어 풍족해지면 행복한 것이 아니다. 샌델은 사회는 '미덕을 기르는 것', 즉 우리가 더 나은 사람이 되기 위해 존재한다고 주장했다. 이는 그리스 철학자 아리스토텔레스(➡ 30p)의 사상을 샌델이 계승했기 때문이다.

◎ 공동체 구성원이 공유하는 공동선이 중요하다

아리스토텔레스는 매사에 '**목적(텔로스)**'(➡ 33p)이 있다고 생각했다.

NHK 프로그램 〈하버드 백열 교실〉에서도 나오는 내용인데, '최고의 피리는 어떤 사람이 사용해야 하는가?'라는 질문이 있다. 보통은 '최고의 피리라고 해도 누구나 평등하게 이를 사용해야 한다'라는 평등주의적 사상에 기반한 대답을 할 것이다.

만약 '최고의 피리는 뛰어난 연주자가 사용해야 많은 사람들을 즐겁게 할 수 있다'고 대답하면 '최대의 효용'을 창출한다는 공리주의적 대답이 된다.

샌델의 대답은 아리스토텔레스의 '**목적론**'에 근거했으므로, '최고의 피리는 최고의 연주가의 손에 주어져야 한다'였다. 다시 말해, 피리의 형상론적인 목적론 관점에서 피리는 최고의 연주자가 불어야 하고, 이 '미덕을 실현한다는 목적'을 위해 존재한다고 생각한 것이다.

이는 양적인 측면뿐 아니라 질적인 측면, '선=덕'이라는 그리스 가치관을 강조한 것이다. 현대의 자본주의 사회를 살아가는 우리에게는 다소 기묘하게 들리는 이 '목적론'을 통해 샌델은 다양한 각도에서 롤스의 리버럴리즘을 비판했다.

롤스의 '무지의 베일'에서는 개인이 어떠한 지역공동체에 속해 있는지 알 수 없으므로 자아도 결정할 수 없다.

샌델은 애초에 인간의 자아의 모습을 이해하기 위해서는 그 개인이 어떤 가정과 지역공동체 속에서 살아가고 있는지 알지 못하면 자아 또한 결정할 수 없다고 생각했다.

샌델은 공동체주의자의 입장에서 공동체의 일원이 공유하는 **공동선**(common good)을 생각해야 한다고 주장했다.

현대의 소비와 패션

명품을 수집해도 만족하지 못하는 이유

◎ 현대에는 '물건'의 가치가 변했다

프랑스의 철학자이자 사상가 보드리야르는 『소비의 사회: 그 신화와 구조』 (1970)에서 소비사회에 관해 분석했다. 보드리야르는 포스트모던 사상가로 알려져 있다. 그는 현대의 소비사회에서 사람들은 상품을 **기호로서 소비**한다고 분석했다.

'세탁기, 냉장고, 식기세척기 등은 도구로서의 각자의 의미와 다른 의미를 갖는다.'(『소비의 사회: 그 신화와 구조』)

본래 옷이란 더위와 추위, 외부충격으로부터 몸을 보호하고, 가방은 물건을 운반한다는 의미를 가지고 있었다. 그런데 디자인이나 색상, 형태가 다양해졌다. 사용용도 외의 판단기준이 섞이기 시작한 것이다. 그러자 사용용도보다 유행을 중시하게 되었다. —아직 사용할 수 있는 스마트폰 기종을 변경하는 것도 이러한 예라 할 수 있다.

'물건'은 사용가치나 최대한 오래 사용할 수 있게 생산되는 것이 아니라, '물건의 사멸'을 위해 생산된다. 상품은 물건이 아닌 기호로 소비되며, '물건'으로서의 효용보다 다른 상품과의 **차이**가 중시된다.

장 보드리야르(1929년~2007년)
프랑스의 철학자이자 사상가로, 포스트모던의 대표적인 학자다. 파리 낭테르 대학의 교수다. 저서로는 『소비의 사회: 그 신화와 구조』 등이 있다.

롤랑 바르트(1915년~1980년)
프랑스의 철학자이자 비평가로, 콜레주 드 프랑스의 교수다. 소쉬르, 사르트르의 영향을 받아 에크리튀르 사상을 전개했다.

◎ 세상은 점점 기호화되어간다

근대의 생산 시대와 달리, 현대의 소비사회에서는 상품의 브랜드적 매력이 중시된다. 이는 다른 상품과의 차이를 만드는 기능을 하기 때문이다.

보드리야르는 생필품을 원하는 **욕구**와 사회적 지위와 차이를 바라는 **욕망**을 구별했다. 밥을 먹는 것은 '욕구'에 해당하지만, 예쁜 옷을 사거나 좋은 차를 갖고 싶어 하는 것은 '욕망'이다. '욕망'은 타인과의 다름을 표현하기 위해 기호의 상징을 소비한다. 보드리야르에 따르면 '소비재'는 **기능재**'와 '**기호재**'의 결합으로 전환된다고 한다.

'체온을 유지하고' '몸을 보호하기' 위해 입는 옷은 '기능재'이고, 타인과 차별화하기 위해 입는 옷은 '기호재'다.

나아가 소비욕망이 더 많이 기호재로 향하는 것에 비례해 재화는 갈수록 기호화되어, 소비사회는 기호의 체계가 될 것이라 주장했다. 이 행동양식을 구현하는 것은 상승지향을 지닌 중간계층인데, 이 계층은 타인과의 매우 미미한 차이를 두기 위해 행동한다. 그러나 그 차이는 결국 해소되고, 동일성으로 향하는 경향을 보일 것이다. 항상 새로운 것을 추구해야만 하는 현대사회의 특징이 엿보인다.

'기호의 제국' 일본과 텍스트

◎ 저자의 죽음으로 '텍스트'는 스스로 움직인다

롤랑 바르트는 프랑스의 철학자이자 비평가다. 문예비평을 중심으로 신화, 모드, 영화, 사진 등 문화 전반에서 다양한 활동을 했다. 바르트는 소쉬르의 구조언어학을 기초사상으로 삼고, 기호학으로 세계를 읽었다. '텍스트' '에크리튀르' '디스쿠르' 등 현대사상을 설명하는 기본용어들은 바르트가 유행시켰다.

바르트의 『이야기 구조분석 입문(Introduction à l'analyse structurale des récits)』 중에 '**저자의 죽음**'이라는 개념이 나온다. 우리는 문학작품을 읽을 때, 그 작품이 작가의 사상을 표현한다고 생각한다. 따라서 과거에 작가가 마음에 품은 생각을 이해해야 한다고 생각한다.

그러나 바르트는 이를 근대의 낡은 발상이라 주장했다. '저자의 죽음'으로 남은 것은 '작품'이 아니라 **텍스트**라는 것이다. 텍스트는 작가의 손을 떠나, 독자에게 읽힘으로써 깊이가 더해진다.

텍스트에는 작가의 마음속에 존재하는 진실이 표현되는 것이 아니라, 작품이 읽힘으로써 새롭게 탄생하고, 가공된다. 이 경우, 독자의 능동성이 중요해진다. 텍스트는 읽는 이를 통해 다양하게 해석되기 때문이다.

'텍스트'에는 원래 '직물'이라는 뜻이 있었는데, 마치 씨실과 날실이 얽혀 새롭게 짜이는 직물과 비슷하기 때문일 것이다. 이 발상은 문학에만 국한된 것은 아니다.

바르트는 사진론을 전개하기도 했다. 사진의 본질은 '이것이 과거에 존재했다'라는 것이다. 우리가 알 수 있는 것은 지금 거기에 놓여 있는 사진뿐이다. 여기에도 저자와 작품의 해체를 발견할 수 있다.

◎ 일본이 이렇게나 신기한 나라였다니

바르트에 따르면 직물의 형태를 취하는 것은 문학뿐 아니라 문화의 전반이다.

패션을 분석한『모드의 체계』에서는 디자이너의 자유로운 발상으로 탄생한 모드(복장)가 어떤 기호인가라는 관점에서 분석한다.

또 바르트는 일본에 머물기도 했는데, 일본에 관해『기호의 제국』이라는 책을 썼다. 이는 서양 세계가 '의미의 제국'인 것에 반해 일본은 '표징(기호)의 제국'이라는 내용이다.

기호론에서는 기호 그 자체보다 기호가 나타내는 의미에 집중한다. 예를 들어, 신호등의 빨강 불은 빨강이라는 의미보다 그 의미의 내용인 '멈춤!'이 중요하다. 화장실의 여자와 남자 기호도 그 자체가 아니라 '여자 화장실', '남자 화장실'이라는 의미의 내용이 중요하다. 반대로 의미가 없는 것은 중요하지 않다고 한다.

그런데 바르트가 일본에 와서 놀란 점이 기호가 의미와 분리되어 자유롭게 만들어질 수도 있다는 점이었다. 가부키의 오야마(가부키에서 여자 역할을 하는 남자 배우-옮긴이)는 여자이면서 여자가 아니고, 의미가 명확하지 않은 구마도리(가부키에서 붉은색이나 푸른색, 검은색의 선을 얼굴에 그리는데 이러한 독특한 분장-옮긴이)라는 분장이 존재한다. 또 도쿄는 대도시면서 중심에 황궁이라는 비도시적인 공간이 자리하고 있다. 기호와 그 의미가 전혀 연결성을 갖지 않았던 것이다.

석정(돌·바위로 만들어진 정원-옮긴이)을 생각해보면, 불교의 선(禪)의 깨달음과 관련이 있으므로 현대를 사는 우리는 그 깊은 의미를 이해하기 힘들 때가 있다. 하물며 서양 사람이라면 더욱 의미를 이해하기 힘들었을 것이다.

II

주제별 편

현대사회의 문제를 주제별로 나누고,

사고의 도구로 문제를 해결하는 데 활용한다.

철학·사상의 응용

제2부 1장은 제1부의 철학사를 주제별로 나누어 인생의 문제에 응용하는 내용이다. 제1부의 지식을 활용하며 스스로 생각하면서, 인생의 문제를 철학적으로 풀어나가보자.

'01 사유의 힘으로 난관을 극복하다'에서는 철학의 시초부터 근대 인식론까지의 흐름을 살펴본다. 외부에서 일어나는 사건과 자신의 주관적인 인식이 과연 정말 일치하는지에 관한 물음에 답이 될 것이다.

일상생활에서는 이렇게까지 비상식적인 일을 생각하지는 않겠지만, 철학에서는 굳이 자신의 생각이 망상이 아닐까 하는 의심에서 시작해 주관과 객관의 일치를 확인하려고 한다. 받아들여지지 않는 망상은 '착각'이란 말로 치환할 수 있다. −착각의 예: 뼈 없는 치킨이라 생각했는데(착각), 뼈가 있었다(주관과 객관의 일치) 등.

이 사고 방법을 익히면 우리의 인생이 착각과 억측의 연속이었음을 깨달을 것이다. 하지만 착각이나 억측을 수정하는 것 또한 사고를 발전하는 훈련 중 하나이므로 인생 전체가 배움임을 깨닫게 될 것이다.

'02 어떻게 하면 행복할까?'에서는 고민 상담과 비슷한 주제를 다루므로 의지력을 향상하거나 행복을 증진하는 데 도움이 될 것이다. 나아가 행복을 추구하는 행위가 잘못되었다고 말하는 철학도 있음을 알아 두면 '철학=행복론'이라는 단순한 선입견을 깨는 데 도움이 될 것이다. 철학이란 원래 다양한 분야에 걸친 학문임을 다시금 깨닫길 바란다.

'03 동기와 책임에 관하여'에서는 제1부에서 소개하지 못한 기본사항을

인생에서 만나는 다양한 난제를
철학적 사고로 생각해보자!

좀 더 자세히 살펴보도록 하자. 이는 제2부의 5장 '철학과 자기계발'과도 연결된다.

'04 난해한 종교철학'은 본인이 종교에 관심이 없다 하더라도 사실 평소에도 종교적 발상을 하고 있었음을 깨달을 수 있다. 종파와 관계없이 인간의 유한성을 깨달으면 자연스럽게 초월적인 신에 관해 생각하는 인간의 본성에 관해 이야기해본다.

나아가 철학 수준을 올려줄 '존재론'이라는 더 난해한 철학 단계에 진입한다. '05 세상이 존재한다는 신비로움'에서는 그리스 시대부터 현대에 이르기까지의 '존재론'을 개관한다.

'존재'에 관한 이야기를 하면 빠질 수 없는 것이 '비존재'에 관한 이야기이므로, 어쩔 수 없이 '죽음'에 관한 사실에 직면할 수밖에 없다 .

'06 삶과 죽음'은 너무 어둡고 무거운 주제이므로 '07 죽음에 관해 더 깊이 고찰하다' '08 산다는 건 무엇일까?'처럼 약간은 밝게 생각해볼 수 있는 방향으로도 구성했다.

이처럼 철학은 현실의 이면에 존재히는 '진짜 세상'을 추구하는 학문이기에, 종국에는 우리의 최후의 순간을 미리 시뮬레이션하도록 한다. 죽음에 관해 깊이 고찰하다보면 어쩐지 지금 살아 있는 순간이 소중하게 느껴지므로 이 또한 신기한 경험이 될 것이다.

사유의 힘으로 난관을 극복하다

인간을 생각하면 세계가 보인다

◎ 지식의 추구에서 시작한 인간학

일본은 에도 시대 후기부터 메이지 초기에 걸쳐 많은 서양문화를 도입했다. 당초 '필로소피(Philosophy)'라는 단어는 '희철학(希哲学)', '궁리학(窮理學)' 등의 이름으로 번역되었다. 이후 니시 아마네(1829~1897)가 『백일신론』(1874)에서 '철학'이라 번역한 것이 지금에까지 이어졌다. 이는 여러 학문의 통일원리에 관한 학문이라는 의미였다.

'지식을 사랑하는 학문'으로서의 철학이 추구하는 지식은, 사는 데 도움이 되지 않는 포괄적 지식이자, 근원적 지식이다. 이는 소크라테스(➡ 22p)의 입장에서 생각해보면 쉽게 이해할 수 있다. 소피스트들에게 지식은 정치에서 도움이 되는 담론에 관한 기술적 지식이었으나, 이에 반해 소크라테스가 추구한 지식은 무엇인가에 도움이 되는 지식이 아니라, '지식을 위한 지식', '지식 그 자체가 진리의 성격을 띤 지식'이었다.

소크라테스는 모든 인간에게 적용 가능한 기본적인 선한 삶으로서의 '덕'에 주목하고, 영혼을 덕이 있는 선으로 채우려고 노력하는 것을 **영혼에 대한 배려**(잘 사는 것)라고 했다. 이는 지식을 추구하는 인간 그 자체를 고찰하려는 시도였다.

그런데 철학은 인간에 관한 생각하는 것에서만 그치지 않았다. 기원전 3세기 초, 제논의 스토아학파(➡ 36p)는 철학을 **논리학, 윤리학, 자연학** 세 가지로 구분했다.

◎ 인간학은 인식론으로 발전했다

논리학은 추론의 타당성을 정리한 아리스토텔레스 이후의 형식논리학뿐 아니라, 외부 세계의 실재에 관해 우리의 표상이 어떻게 성립되는지에 관한 인식론도 포함된 학문이다. 스토아학파가 주목한 윤리학에서는 이성으로 감정과 행동, 의지와 욕망을 억제하거나, 공공 생활에서 저마다의 의무와 사회를 규제하는 법에 관해 다룬다. 이는 소크라테스의 '영혼에 대한 배려'라는 과제에서 한 발 더 발전한 논의라 할 수 있다.

이 논리학과 인식론, 윤리학이 인간을 논하는 것이라면 자연학은 소크라테스 이전의 자연철학(➡ 18p)을 이어받은 학문이다. 현대의 자연과학은 자연의 여러 현상을 개별적으로 깊이 파고들어 연구하는데, 자연철학에서는 자연을 총체적으로 생각하고, 개별적인 자연학을 뛰어넘어 자연 그 자체의 토대에 관해 생각한다. 이른바 '메타 자연학'=형이상학(메타피직스)을 연구하는 학문인 것이다. 이는 물리학·화학·생물학 등 모든 자연과학의 토대가 되는 '존재'(➡ 32p)에 관해 생각했기 때문에 존재론으로 발전했고, 지금도 계속 발전하고 있다. 이는 '삶과 죽음'에 관한 논의와도 연결된다.

외부의 알 수 없는 것을 흡수하다

◎ 영원히 이해할 수 없을까? 아니면 언젠간 이해하게 될까?

칸트는 현상과 물자체를 구별하고, **이론이성**(감성과 오성)이 미치는 범위를 현상으로 한정했다. 칸트의 인식론에서는 객관이 물자체를 포함하는 것이 아니었다. ―페트병은 현상세계에 존재하지만, 진짜 모습인 물자체는 인식이 불가능하다.

그런데 우리가 살아가는 현상세계 깊은 곳에 우리가 알지 못하는 곳(물자체)이 존재한다는 칸트의 생각을 비판하는 철학자가 등장했다.

요한 고틀리프 피히테(1762~1814)는 인간에게 대상이 되는 객관을 물자체의 세계로까지 확장했다. 피히테는 인간을 '자아', 세계를 '비아(非我)'로 구분하고, 인간의 정신 작용은 '자아'가 '비아'를 자신에게 익숙한 것으로 바꾸어가는 노력임이 틀림없다고 보았다.

'자아' '비아'라는 용어가 조금 낯설다면, 예를 들어 설명해보자. 컴퓨터의 사용법을 모르면 그 컴퓨터는 자신이 아닌 것, 즉 '비아'로 끝나버린다. 그러나 몇 번의 시행착오를 거치면 이는 새로운 지식으로 '자아'의 일부가 된다.

이를 반복하면 알지 못하는 영역(물자체)을 이해할 수 있게 된다. 실제로 과학의 세계에서 이전에는 존재를 알지 못했던 소립자 등의 영역을 파고들어, 물질의 수수께끼가 인간의 지식으로 흡수되기도 했다. ―다만 최후의 최후까지 결국 알지 못하는 부분이 남아 있다면, '물자체'는 여전히 존재하게 된다.

프리드리히 셸링(1775~1854)은 피히테의 자아와 비아의 관계를 '정신(Geist)' '자연(Natur)'이란 단어로 치환했다. 이는 정신과 자연은 별개가 아니라, 양적인 차이가 있을 뿐 모든 것은 동일한 존재, 즉 '범신론'적 관점인 것이다.

◎ 모순이 발생하면 진보는 이루어진다

헤겔(➡ 98p)은 피히테의 '자아' '비아'의 주장과 셸링의 '범신론'을 종합해 주관과 객관이 대립하면서도 지식이 발전·확대해가는 과정으로 파악했다. 정신이 마음과 의식 등과 같은 개인적 정신으로 발현되는 경우에는 '주관적 정신', 법이나 국가는 '객관적 정신'이라 부르고, 개인적이고 주관적인 관점에서 '보편적이고 객관적인' 형태로 정신이 발전되어가는 과정도 **변증법**으로 설명했다.

자기 혼자 이리저리 생각하다 결론이 안 날 때는 다양한 정보를 수집한다. 그렇지만 그 정보를 그대로 받아들이면 거기서 정신의 활동은 멈추고 만다. 그래서 한발 더 나아가 새로운 정보를 받아들이고 음미한다.

이는 변증법적인 활동이 자신 안에서 일어나고 있음을 의미한다. 즉, 주관과 객관이 점점 일치해 가고, 최종적으로는 보편적으로 옳은 것[절대지(絶對知)]에 근접해 가는 것이다.

이는 소크라테스 이후의 문답법 형식과 비슷하다. 어떤 사고를 멈추는 것이 아니라, 자신의 의견과 대립적인 자신 안에 없던 정보를 받아들이고, 이를 음미한다. 그렇게 함으로써 새로운 지식이 탄생한다는 개념이다(변증법).
(➡ 278p)

이 세상은 항상 변하고 있으므로 대립·모순·장애가 발생할 수밖에 없다. 움직인다는 것은 무엇인가 장애를 극복한다는 의미다. 살아 있는 한 우리는 장애물을 만날 수밖에 없다. 공부도 근력운동도 나에게 자극을 줌으로써, 외부의 내 것이 아니었던 것을 내 것으로 흡수하는 움직임이다.

살아 있는 한 소크라테스 이후의 인간학에서 밝혀낸 이 법칙으로부터 우리는 자유로울 수 없다. 따라서 오히려 장애를 극복하고 성장한다는 긍정적인 마음으로 철학을 삶의 도구로 활용하는 것이 현명한 방법이라 할 수 있겠다.

THINK

02

어떻게 하면 행복할까?

다양한 행복론

◎ 습관으로 덕을 몸에 익히다

아리스토텔레스(➡ 287p)는 사상 최초의 윤리학서인 『니코마코스 윤리학』을 저술했다. 이 책에서 아리스토텔레스는 지성과 의지를 구별했다. 그리고 덕을 실현하기 위해서는 의지에 따른 행위의 선택이 중요하다고 생각했다.

인간은 쾌락과 고통을 수반한 감정을 통해 움직인다. 이는 인간의 자연적 본성이므로 좋다고 할 수도 나쁘다고 할 수도 없다. 중요한 것은 이 쾌락과 고통을 수반한 감정에 대해 우리가 어떠한 태도를 취하느냐다.

아리스토텔레스에 따르면 영혼의 '**아레테**(덕)'는 감정에 대한 태도에 의존한다. 선한 태도란 감정에 휘둘리지 않는 것이며, 강하게도 약하게도 반응하지 않고 그 **중용**을 지키는 것이다.

명예를 예로 들어보자. 명예욕이 과하면 '허영'이 되고, 부족하면 '비굴'해지나, 중용을 지키면 '고매'해진다.

유머 감각의 경우도 과도하면 가벼워서 '익살'이 되고, 부족하면 지루한 '꼰대'가 되는데, 중용을 지키면 '기지(위트)'가 된다. 이처럼 덕은 중용을 습관화함으로써 실현할 수 있다. 덕은 습관을 통해 몸에 배기 때문에 이를 **습성적 덕**이라 한다.

◎ 공리주의는 영향력 있는 행복론

오늘날에는 윤리학을 실천철학, 도덕철학 등으로 부르기도 한다. 그래서 윤리학은 종종 '행복론'의 형식을 취하기도 한다.

아리스토텔레스도 만인이 추구하는 최고의 선은 행복이라고 생각했으며, '중용'의 삶을 진정한 행복이라 보았다.

에피쿠로스학파를 창시한 에피쿠로스(➡ 34p)는 행복한 생활의 기준을 쾌락으로 보고, 쾌락을 선, 고통을 악이라고 생각해 고통을 수반하지 않는 극도의 쾌락을 '마음의 평정(아타락시아)'이라 생각했다(쾌락주의).

이에 대해 쾌락에 휘둘리지 않고 금욕의 '부동심(아파테이아)'으로 행복을 발견하려 한 것이 스토아학파였다(금욕주의).

스토아학파의 세네카는 네로 황제로부터 죽음을 명받고 자결했으나, 죽어야 할 운명 앞에 마음이 흔들리지 않는 것이 행복이라고 말했다.

공리주의(➡ 154p)의 윤리학도 행복론의 일종이다.

벤담의 『도덕과 입법의 원리 서설』에서는 '최대 다수의 최대 행복'의 개념이 등장한다.

행복론을 부정하는 철학도 있다

◎ 러셀, 힐티, 알랭의 3대 행복론

버트런드 러셀(1872~1970)의 『행복의 정복』도 행복을 선이라는 입장에서 저술한 책이다. 러셀의 경우, **불행의 원인**이 열정이나 관심을 자신에게만 쏟는 데 있다고 주장한다.

러셀은 행복을 얻기 위해 호기심을 왕성하게 만들고, 외부로 관심을 돌려 타인과 우호적으로 교류하라고 추천한다. 또 일의 보람을 발견하고, 애정과 관심사를 활용해 쾌활하게 살아가도록 노력하면 행복해진다고 주장했다.

카를 힐티(1833~1909)의 『행복론』에서는 인간은 근본적으로 무력한 존재이며, 혼자 힘으로는 해결할 수 없는 고난과 비참함 앞에서 신의 힘에 의지할 수밖에 없는 존재라고 생각했다. 따라서 진정한 행복을 얻기 위해서는 이러한 현실을 직시하고, 초월적인 신의 구원을 믿으며 신과 함께하는 생활을 해야 한다고 주장했다.

이처럼 다양한 행복론이 존재하는데(알랭의 행복론)(➡ 188p) 철학에서는 '행복론' 그 자체를 비판하는 경우도 있었다.

20세기에 들어 언어와 개념의 분석을 통한 분석철학 방법이 확산되면서 동시에 이 방법이 윤리학의 문제에도 적용되기 시작했다.

영국의 철학자 **조지 무어**(1873~1958)는 쾌락주의를 비판했다. 무어는 윤리적 개념을 비윤리적 개념으로 정의하려는 잘못된 시도를 **자연주의적 오류**라 했다. 무어는 윤리적인 선을 자연과학과 심리학에서 다루는 것과 동일시해서는 안 된다고 생각했다. 무어는 윤리학의 과제를 '선이란 무엇인가'에 대한 답을 찾는 과정이라 생각하고, 그 수단으로서의 '선'이라면 목적에 합치하지만, '선' 자체로서의 '선'은 단순 관념이며, 정의할 수 없다고 주장했다.

◎ 반드시 '쾌락＝선'은 아니다?

메타 윤리학에서는 개별적 사건에 대해 '○○이 옳다', '○○은 어떻게 해야 하는가'와 같은 문제를 다루지 않는다. '옳다' 혹은 '해야 한다'와 같은 개념의 의미 혹은 정의란 무엇인가와 같은 메타 수준(고차원 레벨)으로 생각해야 하는 문제를 다룬다. 이때는 '○○은 선이다' 등의 서술어의 의미를 해명하는 작업이 선결되어야 한다.

그러나 '자기희생은 선이다'라고 규정한다 해도 이것이 선 그 자체는 아니다. 왜냐하면 '자기희생'이라는 다른 성질에 따라 선을 정의했을 뿐이므로 부족하다는 것이다. 이렇게 되면 그저 부차적인 접근밖에 되지 않는다. 따라서 '선'을 다른 개념으로 치환할 수는 없다.

무어에 따르면 선은 경험과학의 대상이 될 수 있는 자연적 존재가 아니다.

또 선은 신을 근거로 하는 초감각적인 형이상학적 존재도 아니라고 생각했다. 선은 **비자연적 존재**이므로 자연적 성질과 형이상학적 성질을 빌려 정의하려면 당연히 오류가 발생한다고 생각했다. ―이것이 자연주의적 오류다.― 아름다운 예술작품에 관해 이런저런 수식어를 갖다 붙인다 해도, 감동을 그대로 표현하기 힘든 것과 비슷하다.

그러면 '선'은 증명이나 정의와 같은 간접적인 절차 필요 없이, 그저 **직감**으로만 받아들일 수 있다는 말이 된다. 그 이상 거슬러 올라갈 수 없는 직접적인 명증성을 인간이라면 누구나 직각적(直覺的) 파악을 통해 받아들인다는 것이다. 이러한 입장을 **윤리적 직각주의**라 한다.

무어는 쾌락주의는 쾌락을 선이라 보고 있지만, 모두가 쾌락을 선이라는 가치와 연결하는 것일 뿐이며, 사실 판단을 그대로 가치 판단으로 치환한 오류에 불과하다고 했다.

'선'은 직감적으로 느껴지는 것이므로 '쾌락'과 뒤섞이지 않도록 노력하면 선 그 자체를 이해할 수 있을지도 모른다.

동기와 책임에 관해

칸트의 도덕설을 복습해보자

◎ 도덕적 의무를 바탕으로 한다?

칸트의 윤리학도 행복주의로서의 윤리를 부정한다. 칸트는 인간의 지성 작용에 한계를 설정하고, 그 너머에는 지성으로 합리화해 설명할 수 없는 영역(물자체)(➡ 193p)이 존재한다고 주장했다. 이러한 영역은 지적인 윤리를 초월해 작용하는 의지의 세계이므로, 이것이 윤리의 경계라는 것이다.

칸트는 **이론이성**이 인식능력으로서 감성형식(공간과 시간)과 오성감각(카테고리)을 지니는 것처럼 의지에도 이성적으로 행위하는 실천적 능력이 법칙적으로 존재한다고 생각했다.

칸트의 경우에는 '행위의 동기가 도덕적 의무에 기반한 것인가'에 주목했다(**동기설**).

이는 벤담의 공리주의와 자주 비교되는데, 벤담은 이와 반대로 쾌락의 증대를 중시했다(**결과설**, 결과주의).(➡ 154p)

칸트의 윤리학은 『도덕형이상학의 기초』(1785), 『실천이성비판』(1788)을 통해 전개되고, '단순히 의무에 부합할 뿐인 행위'와 '진정 **의무로부터 나온 행위**'로 구별했다.

'교통안전을 위해 속도제한을 지키는 것'은 도덕적 의무에 합치한다 할 수 있으나 '경찰에 적발되지 않기 위해 지키는 것'은 진정 의무로부터 나온 행위라 할 수 없는 것과 마찬가지다.

◎ 자신이 정한 규칙을 음미하는 방법

이러한 관점에서 쾌락주의와 행복론을 생각하면 이들은 결코 '의무에 기반한 행위'에 도덕적 가치를 둔 것이라 할 수 없다. 칸트는 의무를 존중하고, 의무로부터 나온 행위에만 가치를 부여했다.

칸트는 의무에 기반한 행위를 행하는 의지를 무조건적인 선을 갖춘 **선의지**(善意志)라 불렀다. 선의지가 의무적으로 수반해야 하는 **도덕법칙**을 "네 의지의 준칙이 항상 동시에 보편적인 입법 원리로서 타당하도록 행동하라"라는 정언명법으로 형식화했다.

준칙(➡ 97p)이란 스스로 정한 개인적 준칙(규범)을 말한다. 가령 '다 먹은 커피 캔을, 역 앞에 세워놓은 누군가의 자전거 바구니에 넣어둔다'를 자신이 세운 준칙이라 하자. 그래서 이것이 '주관적인 동시에 항상 보편적'이라 하자. ─ 모든 사람이 동일한 행동을 한다.

그러면 모든 자전거 바구니는 빈 캔으로 가득 차고, 더는 커피 캔을 넣을 바구니도 없어질 것이므로 애초에 스스로 정한 준칙을 지킬 수 없게 된다. 즉, 그 준칙이 잘못된 것임을 깨닫게 되는 것이다. 이 도덕법칙은 인생의 공식이므로 실제로 다양한 경우에 이를 적용해보는 것도 재미있을 것이다.

내면의 형식 VS 외면의 행동과 결과

◎ 인생, 즐기기만 해도 괜찮지 않을까?

칸트는 모든 사람이 각자 '선의지'를 갖고 있다면, 항상 만인에게 타당한 보편적인 선에 부합하는 좋은 규범을 따라 행동한다고 생각했다. 이 도덕법칙은 **정언명령**(너는 무조건 ~하라)(➡ 367p)이라는 도덕률의 형식을 취했다.

이는 '선의지'가 출발점이기 때문에, 쾌락·행복 등의 다른 조건으로 규정되지 않는다(의지의 자율).

이를 다시 말하면, '인생은 즐거우면 그만이다'라는 생각에 대한 근본적인 비판이 된다.

'인생은 그 자체로 선하다고 생각하는 행동을 하면 된다'라는 것이다. 이는 쾌락·고통·손실·이득·행복·불행과 같은 타율적 조건으로부터 자유로워짐을 의미한다.

즉, 이는 겉으로 보면 불행해 보이는 사람이 내적으로 만족스러운 삶을 살고 있을 수 있다는 것이다. 칸트와 같은 삶의 방식은 현대인들에게는 굉장히 어려운 일이다.

무엇보다 현대인에게는 과학기술의 발전으로 가능한 쾌락을 늘리고, 고통을 줄이는 것이 좋다는 생각이 보편적인 상식으로 자리 잡았기 때문이다. - 공리주의에서는 이것이 옳다고 주장한다. - 공리주의의 결과설과 칸트의 동기설은 **정치철학**과도 관계가 있다.

그런데 칸트의 철학은 훌륭하지만, 철학의 세계에서는 비판의 대상이 되기도 했다. 철학에서는 새로운 관점을 제시하려는 움직임이 있었는데 칸트의 윤리학도 예외는 아니었다.

무조건 성립하는 도덕적 규범과 같은 일종의 공식을 만들면, 다양한 실생활에 적용하기에는 추상적인 형식주의로 전락한다는 비판이었다.

◎ 자유에는 반드시 책임이 따른다

독일의 철학자 막스 셸러(1874~1928)는 감각 가치(쾌적 가치), 생명 가치(건강 가치), **정신 가치**(문화 가치), **인격 가치**[성(聖) 가치]의 서열을 세웠다. 예를 들어, 회사는 이익을 추구하는 감각 가치를 가진다. 가족은 생명 가치, 학문의 세계에서는 정신 가치, 교회는 인격 가치를 추구하며, 이 가치들이 사회적으로 연대한다고 설명했다.

셸러는 '~하면 안 된다'라는 의지보다 감정이 지닌 가치 지향성에 주목했다. 사랑의 작용에 인격성의 근거를 두고, 인격의 윤리학을 제시한 것이다.

독일의 사회학자 막스 베버(1864~1920)는 윤리를 **심정 윤리**(Gesinnungsethik)와 **책임 윤리**로 구분했다. 심정 윤리는 동기로 작용하는 심정의 순수함이 행위를 정당화한다고 보는 입장(칸트적 입장)이다. 한편 책임 윤리는 행위를 통해 예측할 수 있는 결과에 책임을 져야 한다는 입장이다. 베버는 현실 사회에서 기능하는 윤리는 '심정 윤리'보다 '책임 윤리'라고 주장했다.

베버의 영향을 받은 카를 야스퍼스(➡ 184p)도 책임 윤리를 주장했다. 야스퍼스는 '실존'이란 진정한 나로 거듭나는 것으로, 이를 위해서는 다른 사람과의 '교류'가 중요하다고 주장했다. ─사랑하면서 하는 투쟁(➡ 187p)─ 왜냐하면 타자와의 교류를 맺는 순간 타자에 대한 책임이 생기고, 행위의 결과가 책임이란 형태로 자신에게 돌아오기 때문이다.

사르트르 또한 책임에 관해 강조했다. 사르트르는 무신론적 실존주의자이므로 보편도덕을 부정했다. 인간은 자유로운(➡ 182p) 존재이므로, 나와 타자 모두 자유로운 존재임을 인정해야 한다. 그러나 자유에는 그만큼 타인에 대한 책임이 따른다. 사르트르는 책임을 가지고 자신의 행동을 선택해야 한다고 주장했다.

자신의 행동을 동기와 결과, 그리고 심정과 책임으로 구분해서 생각해보면, 복잡한 머릿속을 정리하는 데 도움이 될지 모른다.

난해한 종교철학

자신의 보잘것없음을 깨달으면 비로소 거대한 존재를 깨닫는다

◎ 신앙의 절대적 의존 감정이란 무엇인가?

독일의 철학자이자 종교학자 프리드리히 슐라이어마허(1768~1834)는 근대 신학의 아버지라고도 불린다. 슐라이어마허는 신앙심을 우주에 대한 인간의 '직관과 감정'이라 불렀다(절대적 의존 감정 = 경건함).

아름다움을 느끼는 감정이 예술의 근원이라 하듯이, 종교 또한 무언가에 감동하는 감정을 기반으로 성립하는 문화라고 본 것이다.

예술의 경우 아름다움에 감동을 받지만, 종교는 인간의 힘이나 생명을 초월하는 존재 = 신(무한자·절대자·초월자)(➡ 185p)에 감동을 느낀다.

이것이 종교로서의 문화를 형성한다고 보았다. 이러한 주장에 따르면 '종교를 갖는 것은 논리적으로 맞지 않다'라고 주장하는 사람은 '이 그림이 아름다운 것은 논리적이지 않다'고 주장하는 것과 같다는 말이 된다.

슐라이어마허는 이 경건함을 저해하는 작용을 '죄'라 명명했다. 절대적 의존 감정(경건함)은 자신에게 부족한 점이 있음을 자각하는 감정이라고 보았다.

절대적 의존 감정은 거대한 존재에 의해 만들어졌다는 감각이라는 것이다. –피조물적 감정이라고도 한다.– 괴로울 때 신에게 의지하기 위해서가 아니라, 단순히 감명을 받아 신앙을 갖는 사람도 있다는 것이다.

◎ **자신의 한계를 인정하면 삶은 진중해진다**

인간은 자신이 손톱을 자라게 하거나 심장을 뛰게 한다고 생각하지 않는다. 그렇게 생각하면, 나라는 존재는 아무것도 하지 않았기 때문에 유한하고 보잘 것없는 존재일지 모른다. 즉, 절대적 의존 감정이란 자신이 자기의 근거가 아니라는 감정을 말한다.

이처럼 종교란 절대자에 대해서는 **상대자**에 불과함을, 무한자 앞에서는 **유한자**에 머물 수밖에 없음을 자각하는 활동이다.

특히 인간의 유한성을 적나라하게 보여주는 것이 인간의 죽음이다. 실존철학자인 야스퍼스는 우리가 일상생활에서 과학적으로 인식하는 주관적 자아를 초월해 어느 누구와도 대체 불가능한 존재를 '**실존**(Existenz)'(➡ 184p)이라 했다. '실존'을 자각할 수 있는 것은 '한계상황'에 닥쳤을 때다. 이러한 한계상황에 직면할 때 비로소 그저 기도밖에는 할 수가 없는 자신의 유한함을 자각하는 것이다.

이처럼 일상생활에서 철학적 사고를 실천하면 어떤 위기상황에 직면해도 비교적 평정심을 유지할 수 있는 효과가 있다. 심호흡을 하고 마음이 안정된 다음에 다시 생각해보면 좋은 해결책이 떠오를 때도 있다.

신의 존재를 윤리적으로 증명할 수 있다?

◎ 그리스 철학 이후의 영혼불멸의 논리

플라톤의 『파이돈』을 보면, 소크라테스는 철학을 '죽음에 대한 훈련'으로 보았다. 플라톤에 따르면 인간의 본성은 육체에서 구별된 영혼에 있으며, 영혼은 영원의 진리를 아는 불사의 존재라는 것이다. 영혼은 이 세상에서는 육체 안에 갇혀 있으므로 평소에 영혼을 육체로부터 분리해 영혼을 정화하려 노력해야 한다는 것이다.

『파이돈』에서는 일상생활에서 유념하고 지켜온 것들은 이른바 완성되기 위한 것이며, 자신의 생명을 진정으로 정화하고, 완전한 해방에 이르러 자기 자신에게 귀의하기 위한 것이라 생각했다. 『파이돈』에서는 불사에 관한 논의를 철학적으로 증명하고 있다.

인간 생명의 근간은 순수한 영혼의 형태라 할 수 있다. 이는 이 순수성의 개념으로, **이데아**(➡ 28p)라는 절대적 존재와 마찬가지로 감각적으로 파악할 수 있는 수준을 초월한 영원불멸의 성질을 지닌다고 보았다. 따라서 이데아의 존재를 확인하는 것은 영혼이 탄생하기 이전에도 존재했음을 증명하는 일이 된다.

영혼의 불멸에 관한 생각은 철학에 지대한 영향을 주었다. 지성과 이성은 본질적으로 불멸한다는 플라톤 이후의 그리스적 전통과 함께, 기독교가 주장하는 사후 부활의 신앙도 철학에 지대한 영향을 주었다. 기독교에서는 죽음은 죄에 대한 대가라는 의미가 있다. 인간은 예수(➡ 52p)의 말씀이 담긴 복음을 믿음으로써 새로운 생명으로 부활할 수 있다는 것이다.

고대 기독교에서는 아우구스티누스(354~430)가 '삼위일체론'을 주장해 기독교 철학을 전개하고, 11세기 중엽에는 스콜라학파(➡ 59p)가 형성되었다.

◎ 전통적인 신의 존재증명에 관한 여러 가지 설

예로부터 신의 존재를 논리적으로 증명하는 방법에는 몇 가지가 있었다. 중세의 스콜라학파에서는 철학자 안셀무스(1033~1109)가 '신의 존재론적 증명'을 시도했다. 신은 존재 가능한 존재자 가운데서 최대의 존재자다. 존재 가능한 존재자 가운데 최대의 존재자란 논리적으로, 그리고 필연적으로 실제로 존재한다는 속성을 지닌다. ─최대의 존재자가 존재하지 않는다는 것은 모순이므로.─ 따라서 신은 우리의 사유 속에 존재할 뿐 아니라 실제로 존재한다는 것이다. 데카르트도 이에 동의했다.

13세기에 이르러 중세 스콜라 철학은 최대 번성기를 맞이했고, 토마스 아퀴나스(1225?~1274)가 아리스토텔레스의 철학을 신학에 도입했다. 신앙에 있어 진리는 지성에 있어서의 진리와는 이질적인 것이라며 신앙과 지성의 조화를 꾀했다. 지성의 영역에서는 '신의 존재증명'에 대한 시도가 이루어졌다.

여기서 아리스토텔레스의 철학이 응용된다. 우선 모든 사물과 사건에는 반드시 원인과 결과가 존재한다. 그리고 물체가 운동하기 위해서는 어떤 원인이 있어야 한다. 그러나 원인이 되는 사건 또한 원인이 존재해야만 한다. 이처럼 사건의 '원인'의 서열은 더 근본적인 원인으로 거슬러 올라가는데, 그렇다고 이를 '무한'하게 거슬러 올라갈 수는 없다. 그렇다면 모든 운동에는 최초의 원인이 존재해야 하므로 이 원인은 그 전으로는 거슬러 올라갈 수 없다. 따라서 이것이 우주의 **제1원인**이며, 이것이야말로 '신'이다. 그러므로 신은 존재한다. 이를 **우주론적 증명**이라 한다. 칸트는 신의 존재와 영혼의 불멸 문제가 지적인 식의 외부에 존재한다고 보았다. 그러나 신은 이성적인 도덕법칙을 부여해, 선으로 나아가게 하고, 선악의 심판을 하는 자로 '요청'받은 존재라는 것이다. 이를 '신의 도덕론적 증명'이라 부르기도 한다.

이는 현대에 와서는 전체적으로 부정되었으나, 일부 수학자들은 신의 부재 증명을 주장하기도 한다.

세상이 존재한다는 신비로움

인간과 물질 모두를 총체적으로 생각한 존재론

◎ '실체'를 구체적으로 설명하면 어떻게 될까?

아리스토텔레스는 『형이상학』에서 철학을 '존재로서의 존재'의 학문이라고 정의했다.

이는 존재를 존재로서 고찰하는 학문이라는 의미다. 철학에서는 이를 **존재론**이라 한다. 존재론의 기본은 진정으로 존재하는 것을 탐구하기 위해 현상과 본질을 구분하는 것이다.

아리스토텔레스는 플라톤의 이데아를 개별 사물에 내재하는 것이라 간주하고, 이데아를 형상(에이도스)이라는 단어로 치환했다.

형상(形相)과 질료(質料)에 관한 주장은 아리스토텔레스의 항목(➡ 32p)에서 살펴봤으니, 좀 더 보충하면 현실태(actus)와 가능태(potentia)로 설명할 수 있다. 현상(現象)하는 개체는 그 자체의 본질인 형상과 규정되어지지 않은 질료로 이루어져 있다. 무규정적 질료란 **가능태**로 진정한 실재가 아니지만, 형상이 질료를 규정해 발생한 개별 사물은 **현실태**[에네르게이아(energeia)]다.

아리스토텔레스는 형상과 질료로 이루어진 이 개별 사물을 진실재인 **실체** [우시아(ousia)]라 했다.

데카르트(➡ 84p) 시대에 들어서면 실체는 존재하기 위해 다른 어떤 것도 필요로 하지 않는 **자기원인**이라는 주장이 등장한다. 신은 그 자체로 존재하므로 '무한 실체'라 불렸다. 정신과 물체는 '유한 실체'라 불렸다.

◎ **실체가 두 개, 실체는 한 개, 아니 실체는 다원적?**

정신의 속성은 사고(사유)이며, 물체의 속성은 연장(공간의 점유)이다. 이러한 데카르트의 존재론을 **심신이원론**이라 하는데 심신이원론의 문제(심신 문제)(➡ 84p)가 제기되었다. 이는 '걷고자 하면 걸을 수 있다'라는 말로 표상되듯이 정신(마음)과 물체(신체)와의 관계가 모호해진다는 문제다. 정신과 물체가 독립된 실체가 되어버리기 때문이다. 이 심신 문제는 스피노자와 라이프니츠 등의 존재론에 의해 극복되었다.

스피노자(➡ 86p)의 존재론은 **범신론**이므로 정신과 물체는 원래 **신이라는 실체**의 필연적인 산출이다. '관념의 질서와의 결합은 사물의 질서와의 결합과 동일하다.' 즉, '걷고자 하는' 사유와 '걷는' 신체는 동일한 것이 다른 형태로 호응함을 의미하는 것이다.

라이프니츠(➡ 89p)에게 모든 것은 **모나드**(Monad)이므로, 우주가 생성될 때 이미 모든 모나드에 전우주의 프로그램 같은 것이 입력되어 있다. 따라서 **예정조화**에 따라 마음과 신체가 함께 연동해 움직이는 것이다.

그러므로 '존재'는 신비롭다

◎ 경험론과 합리론에서 관념론, 그리고 니체가 파괴하다

영국 경험론의 로크는 데카르트처럼 마음(mind)과 물질(matter)을 실체로 보았다. 그러나 버클리(➡ 92p)는 '존재한다는 것은 지각되는 것이다'라고 주장하며, 존재론의 근본을 흔드는 주장을 했다. 또 흄(➡ 93p)은 마음을 **관념의 다발**(bundle of ideas)'이라 했다. 마음을 경험으로 탄생한 지각내용(관념)의 극장 속 무대에 비유하며, 마음의 실체성(존재성)을 부정했다.

칸트는 합리론과 경험론을 종합해 현상을 물자체와 주관의 구성으로 설명했다.

물자체는 존재하지만 인식할 수 없는 영역이므로 인식의 철학(인식론)이 주제가 되었는데, 칸트의 경우 존재론에서 인식론으로 전환이 엿보인다.

한편, 헤겔(➡ 99p)의 경우 절대정신이 그 본질을 현상시켜 자기를 인식하고, 분열로부터 자기를 되찾아 동일성을 회복한다는 변증법의 생성 과정으로 존재가 역동적으로 이 세계에 발현된다고 생각했다.

여기까지의 존재론을 한마디로 정리하면, 세계의 근원에는 불변하는 **보편적 진리**가 토대를 이루고 있다는 말이 된다.

그런데 니체(➡ 104p)는 보편적 진리인 존재를 완전히 부정했다. 니체는 현실 세계를 초월한 피안(彼岸)에 이데아계가 존재한다고 주장하는 플라톤주의나 피안을 추구하는 기독교 모두 **현실의 생성** 속에서 강인하게 살아갈 수 없는 나약한 인간의 망상이 만들어낸 것에 불과하다며 비판했다. 니체의 철학으로 형이상학적 존재론은 한순간에 원점으로 돌아갔다. 그리고 현실 중시의 입장을 취하는 현대 철학의 흐름이 고개를 들기 시작한다.

◎ 하이데거가 존재의 의미를 다시 생각하다

니체는 현실의 생성 속에서 강인하게 살아가는 **초인**을 주장했다. 초인은 허무주의의 세계를 긍정한다.

고대부터 근대에 이르는 철학은 현실은 생성하고, 변하므로 여기에 현혹되지 말고, 현실을 초월한 진정한 존재를 발견하고자 하는 경향을 보였다.

한편, 니체는 존재를 **영원회귀**라는 시간 속에서 받아들였다. 끊임없이 유전 (流轉)하는 이 시간 속에서 강하게 살아가는 인간을 이상적이라 보았다.

이렇게 되면, 고대 그리스에서 시작된 존재론이 파괴된 것처럼 보일 수도 있다.

그런데 니체의 영향을 받은 하이데거(➡ 176p)는 이 존재의 **시간화**라는 니체의 역발상에 영향을 받아 완전히 새로운 존재론을 주장했다.

니체는 '신은 죽었다'라고 주장했는데, 신은 사라져도 최소한 '존재' 자체를 부정할 수는 없다. 따라서 '존재'에 대한 물음을 던지며 철학을 재구축하면 니체의 허무주의도 회복시킬 수 있을지도 모른다.

하이데거는 '존재'를 자명한 것으로 여기는 시각을 **존재 망각**이라 불렀다. 그리고 다시 존재의 의미를 고찰했다.

하이데거는 인간이 막연하긴 하지만 존재에 관해 어느 정도 이해하고 있다는 사실에 주목했다. 그리고 이를 현상학적인 방법(➡ 120p)으로 해석하고자 했다. 존재를 시간적 관점에서 파악해, 그 끝에 존재하는 '죽음의 문제'를 추구하고자 한 것이다.

하이데거는 존재를 본질이나 실체로 환원해 이해하는 기존의 존재론에서 탈피해, 존재를 존재 그 자체에 입각해 고찰하는 새로운 존재론을 주장했다.

존재의 신비함과 존재 그 자체가 사라지는 '죽음' 사이에 깊은 관련이 있음을 알 수 있다.

삶과 죽음

한 번쯤은 죽음에 관해 생각해보는 시간이 필요하다

◎ 인간은 자신은 죽지 않을 것처럼 생각한다

죽음은 너무 심오한 주제이므로, 우리는 가능한 죽음에 관해 생각하기를 꺼려한다. 그렇다고 문제가 되는 것은 아니지만, 언젠가 그 생각이 좌절되는 날이 올 것임을 우리는 모두 알고 있다. 어찌 되었든 '인간은 언젠가 죽는다'는 변하지 않는 진리가 존재하기 때문이다.

따라서 철학에서는 소크라테스가 **죽음의 연습**이라고 표현한 것처럼 죽음에 관한 문제를 미리 고찰하고자 했다.

또 죽으면 모든 것이 끝, 만물은 전부 몰락할 수밖에 없는 운명을 타고났다는 주장에 관해서도 대부분의 사람은 나와는 상관없는 일이라 생각한다.

일본 에도시대 중기(1716년경)에 쓰인 『**하가쿠레**(葉隱)』는 히젠국 사가 나베시마 번사였던 야마모토 쓰네토모가 무사로서의 마음가짐을 저술한 책이다. 여기에는 '사람은 주변 사람이 죽고 나서야 마지막에 자신이 죽을 것이라 생각한다'라는 말이 나온다. 그러니 오히려 자신의 죽음을 먼저 생각해두는 편이 살아가는 데 도움이 될지 모른다.

죽음은 도저히 저항할 수 없는, 자기 소멸·자기무화(自己無化: 무로의 회귀)라는 끔찍한 고독과 절망, 공포, 불안을 불러일으킨다. 따라서 반대로 긍정적인 마음으로 미리 마음의 준비를 해두면, 불안감이 가신다. 그러다 생각보다 장수하면 뜻밖에 횡재를 했다고 생각하면 된다.

◎ 역시 죽음에 관해 생각해두길 잘했어

죽음에 관해 이리저리 생각해봤자 언젠가는 죽기 마련이므로 머리만 아프니 나중 일은 나중에 생각하자는 사람도 있다. 죽을 때 경과하는 시간이 인생 전체의 시간에 비해 짧다고 생각하기 때문이다.

그러나 일설에 따르면 시간이란 균일하게 흐르지 않고 **상대적**인 개념이라고 한다. 어떤 사람의 5분은 어떤 이에게 10년처럼 느껴질 수도 있다. 죽기 직전에 우리의 뇌는 과거의 기억을 더듬는다고 하는데, 그것이 본인의 시간 감각으로는 수십 년일 가능성도 얼마든지 있다. 따라서 철학을 공부하면 미리 대비해둘 수 있다. ―'어? 시간은 상대적인 것'이라고 생각하니 어쩐지 무섭다.

죽음은 전혀 이해 불가능하며, 죽음을 맞이할 때의 의식상태도 우리는 알 수 없다. 삶보다 오히려 죽음에 관해 생각하는 편이 인생 전체로 보면 큰 도움이 될지 모른다.

철학·종교를 통해 '죽음의 연습'을 해두면, 손해는 아닐 것이다. 그것이 **철학과 종교의 역할**이라 할 수 있으니 말이다.

『존재와 시간』에서의 죽음에 관한 설명

◎ 산다는 것은 죽는다는 것

하이데거(➡ 176p)에 따르면 우리는 타인의 죽음 그 자체를 순수한 의미로서는 경험할 수 없다. 다만 '그곳에 함께 존재할 뿐'이다.

왜냐하면 타인의 죽음은 객관적인 의미로서의 죽음이며, 죽음을 맞이한 당사자의 **'존재 상실'**을 우리는 경험할 수 없기 때문이다. 타인이 죽음을 맞는 상황을 보며 알 수 있는 사실은 누구도 타인의 죽음을 막을 수 없다는 것이다.

현존재(=인간)(➡ 177p)가 스스로 떠안을 수밖에 없는 '죽음'은 본질적으로 자신만의 것이라 할 수 있다. 또 죽음은 '대리 가능성', 즉 누구와 교환할 수도 없다. 자기를 대신해 누군가가 죽어줄 수 없고, '죽음'은 오롯이 혼자만의 체험이다. '죽음'은 인간에게 특별한 '존재 가능성'이라 할 수 있다.

하이데거에 따르면 '죽음'은 인간이 죽음과 맞닥뜨려 허물어질 수밖에 없는, 더는 자신이 '존재'하는 것이 불가능해질 가능성이라고 한다. '죽음'은 단적으로 인간의 무력함을 보여주며, '무의 출현'이라 할 수밖에 없다.

'인간은 태어나자마자 곧 충분히 죽을 나이에 이른다'는 말처럼, 인간은 태어나는 순간 '죽음'과 함께 살아갈 수밖에 없는 존재 구조 속에서 좋든 싫든 실존하는 것이라고 했다.

여기서 강조하는 것은 우리는 '죽음'이라는 개념을 신체의 정지라는 의학적 관점으로 받아들이고, 보통 그 이상으로는 생각하지 않는다는 것이다. 하이데거가 말하는 죽음은 더는 관찰되는 타인의 죽음이 아니라, 살아 있는 자신(실존)에 관한 물음에서 출발해야 함을 의미한다.

◎ 죽음으로의 선구를 통해 각오를 다진다

하이데거는 죽음은 피할 수 없지만, 아직은 다가오지 않은 것이라 했다. 이는 현존재(인간)가 본질적으로 '**미완료**'의 상태이기 때문이다. 그러나 완료에 이르렀을 때 무언가가 완성되는 것이 아니라, '종말'을 맞이한다는 것이다. 이러한 관점에서 현존재는 어디까지나 스스로 '미완료' 상태이면서 자신의 종말로 다가가는 존재라 할 수 있다.

'죽음'이란 현존재가 '자신의 종말과 관련을 맺는다'는 개념이므로, 자신이 존재하지 않게 되면 무(無)로 돌아가는 것이 아니다. 무가 되었을 때는 존재하지 않는 것이므로 모든 가능성이 사라진다.

그러나 우리는 현재 살아 있고, 죽음을 향해 가고 있으며, '죽음과 관련을 맺으며' 존재하고 있으므로 오히려 죽음 그 자체의 문제가 아니라 죽음에 다가가는 자신을 외면하지 말고, 죽음에 대해 어떤 태도를 취할 것인지 생각하는 것이 중요하다. 이는 인생을 어떻게 살아갈 것인가 하는 문제로 치환된다.

하이데거는 '죽음'이라는 가능성 속으로 앞서 달려가 그 죽음의 가능성을 이해하고, 견뎌내는 삶의 방식을 취하면, 그 안에서 '각오' '결의'가 발견된다고 주장했다. 하이데거는 무력한 존재로서의 자신을 '죽음'을 포함해 전면적으로 받아들이는 삶의 방식을 **선구적 각오성**이라 불렀다.

하이데거는 누구도 피할 수 없는 죽음이라는 현실을 직시하고, 이를 받아들임으로 본래의 자기(실존)를 찾을 수 있다고 주장한 것이다.

이것은 존재를 시간(➡ 179p)의 개념으로 받아들이는 자세에서 도출된 철학이다.

07 죽음에 관해 더 깊이 고찰하다

인생의 부조리와 죽음에 맞서는 방법

◎ **사르트르는 하이데거와 정반대로 생각했다?**

실존주의자 사르트르(➡ 180p)는 『존재와 무』에서 죽음을 생각하며 번뇌에 빠질 것이 아니라, 삶에 정면으로 맞서나가자는 자유의 철학을 주장했다.

사르트르는 하이데거와 반대로 죽음은 자신의 고유한 가능성이 아니라고 보았다. 오히려 '죽음은 하나의 **우연적 사실**'(『존재와 무』)이라는 것이다.

'나의 주체성 안에는 죽음과 관련된 어떠한 장소도 존재하지 않는다.' '죽음은 나에게 상처를 줄 수 없다.'(『존재와 무』)

사르트르는 부조리한 죽음에 직면하는 인간의 모습을 다음과 같이 설명한다. 인간은 '사형수에 비유할 수 있다. 그는 자신이 처형당하는 날을 알지 못하나, 매일 자신의 죄수 동료들이 처형되는 모습을 본다. 오히려 의연하게 처형되는 날을 기다리고, 교수대 위에서 평정심을 잃지 않도록 여러 준비를 한다. 그러나 한 명의 사형수가 이런저런 노력을 기울이는 사이 스페인 독감으로 덜컥 죽는 사례에 우리를 비유하는 편이 지당할 것이다.'(『존재와 무』)

사르트르는 산다는 것은 **부조리**한 것이며, 죽음 또한 부조리하다고 주장했다. 인생은 자신의 다양한 가능성을 추구하며 자신의 인생을 살아가는 데 의미가 있다. 따라서 인생은 자유로운 것이며 무한한 가능성으로 가득한 것이라 할 수 있다.

존재와 시간

◎ 가까운 사람의 죽음과 자기의 죽음

야스퍼스는 한계상황(➡ 185p)에서의 다양한 '죽음'의 형태에 관해 생각했다. 먼저, 죽음은 '**가장 가까운 사람의 죽음**'이라는 형태로 출현한다. 이는 견디기 힘든 고통이다.

그러나 야스퍼스는 죽은 사람이 자신에게 소중할수록 그 사람과의 **관계**를 소중하게 마음속에 간직한다고 말한다. 그리고 추억을 가슴에 품고, 그 사람과 함께 살아간다. 이때, 고인의 죽음은 **새로운 차원에서의 현실**이 된다고 주장했다.

이어서 '**자기의 죽음**'이 근본적인 문제라고도 했다. 자신의 죽음을 생각할 때, 자신에게 아직 해야 할 일이 있고, 그리고 아직 자신이 완성되지 않았음을 실감한다. 이때 인간은 죽음에 직면하고 나서야 비로소, 무엇이 가장 소중한지 분명히 알게 된다는 것이다. 야스퍼스에 따르면 사소한 일에 사로잡혀 있는 사람은 죽음의 불안으로부터 자유로울 수 없다. 한편, 자신이 무엇을 위해 살아가며 무엇을 이루고자 하는지를 생각하는 **실존적인 사람**은 죽음 앞에서도 담담할 수 있다고 생각했다.

죽음을 받아들이는 방식에도 다양한 모습이 존재한다

◎ 외부로부터가 아닌 내면에서부터 죽음을 받아들이다

야스퍼스에 따르면 인간을 **과학적·합리적**인 대상으로 인식할 수는 있으나 여기에는 한계가 있다고 한다. 인간의 본질은 과학적·합리적인 인식을 초월한 그 사람 스스로의 문제와 함께 살아갈 수밖에 없기 때문이다. 따라서 무엇과도 바꿀 수 없는 나 자신으로서의 실존을 스스로 해명하고, 해석하는 것이 철학의 과제라고 생각했으며, 이를 '**실존개명**(實存開明)'이라 했다.

야스퍼스에 따르면 죽음에 관해 생각해도 실존개명하지 않는 사람은 살아 있어도 죽은 것이나 마찬가지라고 했다. '먹고 마시고 즐기자'라든가 '어차피 누구나 죽으니까'라는 생각을 가진 사람은 그저 막연히 살아갈 뿐인 송장과 같다고 했다. -이 또한 하나의 의견이므로 반드시 옳다고 할 수는 없다. 쾌락주의(➡ 155p)로 만족하는 사람은 그쪽을 선택해도 상관없다.

야스퍼스는 죽음이라는 것에는 완성이 숨겨져 있다고 생각하고, 하루하루를 소중하게 살아가는 자세가 필요하다고 말했다. 그러면 송장처럼 게으르게 사는 것이 아니라, 자신의 소명을 다하고 만족스럽게 죽음을 맞이할 수 있다는 것이다.

죽음에 직면해 산다는 것은 죽음을 통해 크게 삶이 변해 다시 새롭게 태어나는 마음으로 살아감을 의미한다고 주장했다.

또 죽음에 관한 생각은 자신의 변화와 함께 성장한다. 즉, 자신이 인격적으로 성장하면 **죽음에 대한 태도**도 변한다고 야스퍼스는 주장한다. 이렇게 자신의 생사를 초월하는 의식의 영원성을 이해할 수 있게 되면, 인간은 비로소 **초월자**(➡ 246p)를 깨닫게 된다고 생각했다.

◎ 삶도 죽음도 영원으로 회귀한다

니체는 인생은 '무목적'이라는 **허무주의**(➡ 107p)를 주장했다. 이러한 관점에서 보면 모든 것은 의미가 없다는 의미가 되므로, 삶과 죽음을 구별하는 것도 무의미한 일이라 할 수 있다.

허무주의에서는 기독교처럼 목적이 존재하지 않는다. 그러나 인간은 반복되는 동일한 일에 대해 이를 소극적으로 받아드릴지, 아니면 오히려 **적극적으로 의미를 찾아 나설지**를 선택할 수 있다. 니체는 의미 없는 인생을 긍정하고, 그것이 몇 번이고 반복되는 **영원회귀**(➡ 107p)를 수용하는 입장을 취했다.

니체는 원래 물리적인 의미로서의 영원회귀를 주장했다. 우주에서 무한한 시간이 경과하면, 같은 상태가 한 번 더 재현되고, 그것이 영원히 반복된다는 것이다.

여기에 여러 해석이 더해져 만약 영원회귀를 한다면, 현재의 인생을 긍정적으로 받아들일 수 있을지, 몇 번이고 반복된다 해도 이를 받아들일 수 있을지와 같은 태도의 문제로 이어진다.

니체는 『차라투스트라는 이렇게 말했다』에서 다음과 같이 영원회귀를 표현했다.

'보라, 우리는 당신의 가르침을 알고 있다. 이는 만물은 영구적으로 회귀하고, 우리 자신도 그와 함께 회귀한다는 것이다.'

'나는 영원히 반복되고, 동일한 이 삶으로 되돌아오는 것이다. 이는 가장 큰 존재나 가장 작은 존재 모두에게 동일하다. 따라서 우리는 다시 모든 사물의 영원히 회귀함을 가르쳐야 한다.'

영원회귀에서는 삶도 죽음도 회귀하므로 크고 포괄적으로 삶을 살아가게 된다.

삶과 죽음을 받아들이는 '**운명애**(運命愛)'(➡ 195p)를 바탕으로 살아가는 것이 니체가 이상적으로 생각한 초인이었다. 여기에는 '죽음'조차도 몇 번이나 반복된다는 적극성이 나타나 있다.

산다는 건 무엇일까?

파스칼의 『팡세』

◎ 무와 전체의 중간자

블레즈 파스칼(1623~1662)은 프랑스의 철학자, 자연철학자, 물리학자, 사상가, 수학자다. 그는 남프랑스의 클레르몽에서 세무 법원장의 장남으로 태어나, 일찍부터 학문에 재능을 발휘했다. 16세의 나이로 『원추곡선론(A treatise on conic sections)』을 쓰고, 19세 때에는 계산기를 발명했다.

또 신실한 기독교 신자로 기독교 사상을 엮은 『팡세』를 저술하기도 했다. 파스칼은 두 개의 정신에 관해 이야기했다. 바로 '**기하학적 정신**'과 '**섬세한 정신**'이다. '기하학적 정신'은 데카르트의 사상이다.

간단히 말하면 세계가 기계 장치라는 것이다.

한편 '섬세한 정신'은 종교적인 심정을 가진 정신을 의미한다. 파스칼은 데카르트의 **기계론적 세계관**(➡ 138p)을 부정하고, '**사랑의 질서**'를 강조했다.

『팡세』는 인간론과 종교론 두 가지 내용으로 나뉜다. 파스칼에 따르면 인간은 두 개의 **무한의 중간**에 놓여 있다고 한다.

광활한 자연과 비교하면 인간은 '한쪽 구석을 헤매는 아무것도 아닌 존재'다. 그러나 '진드기 한 마리와 비교하면 인간의 몸은 거대한 세계'다. 인간은 무한에 대해서는 무(無), 무에 대해서는 전체(全)이며, 결국 무와 전체의 **중간자**인 것이다.

신곡

지구와 나, 그리고 진드기

◎ 인간은 생각하는 갈대

파스칼은 '우주는 공간으로 나를 감싸지만, 나는 사유로 우주를 감싼다'고 말했다. 인간은 **'생각하는 갈대'**이며, 자신이 작고 비참한 존재임을 알고 있다는 점에서 위대하다. 파스칼은 이처럼 인간은 비참한 존재임과 동시에 위대한 존재라고 생각했다.

그런데 인간은 아무리 비참해도 자신을 향상시키고자 하는 마음이 있으나, 한편으로는 자신도 모르게 **오락거리**에 빠지고 만다.

파스칼에 따르면 자신의 비참함을 받아들이지 못하고, 놀이나 일에 빠지는 것도 '오락'이라고 한다.

파스칼은 오락을 하며 생각을 멈춤으로써 그대로 죽음에 이르는 것을 비참하다고 보았다.

파스칼에 따르면 인간은 행복을 추구하나, '오락'으로는 이에 이를 수 없다.

'인간은 모두 행복해지려 한다. 이 사실에는 예외가 없다. 이것이야말로 모든 인간의 모든 행위의 동기이며, 목을 매려는 사람 또한 예외가 아니다.'(『팡세』 단장 425)

빅터 프랭클의 『죽음의 수용소에서』

◎ 희망을 버리고 죽음에 이르다

정신과 의사 빅터 프랭클(1905~1997)의 저서 『죽음의 수용소에서』는 1941년 제
2차 세계대전 중에 독일 나치의 **아우슈비츠 수용소**에서의 체험을 그린 책이다.

여기에는 유대인과 포로 등 약 25만 명이 상시 수용되어, 강제노동에 동원
되었다. 영양실조와 전염병, 총살과 독가스 살포 등으로 여기에서만 수백만 명
에 이르는 사람들이 학살되었다.

프랭클은 본인의 체험을 통해 강제수용소라는 극한의 상황에 놓였을 때,
인간의 정신이 어떻게 변하고, 어떻게 행동하는지에 관해 분석했다.

또 이런 극한의 상황 속에서 인간은 무엇에 절망하고, 무엇에서 희망을 찾
는지에 관해서도 연구했다. 인간이 극한 상태에 놓였을 때 나타나는 정신적
변화는 많은 이들이 무엇을 보고, 만져도 느끼지 않는 '무감동', '무감각', '무
관심' 상태라고 한다. 이를 '**마음의 갑옷**'이라 부른다.

또 강제수용소에서의 대량학살은 나치가 행한 처형뿐만이 아니었다. 수용
자는 질병과 자살로 사망하기도 했다. 즉, 마음의 병으로 죽음에 이르기도 한
다는 것이다.

크리스마스부터 연말까지, 이 기간에 많은 사망자가 나왔다. 그 이유는 크
리스마스에는 휴가를 받아 집으로 돌아갈 수 있을 것이라고 막연한 기대를 가
지고 있었기 때문이었다. 이 기대가 완전히 좌절되었을 때, 많은 이들이 죽음
에 이르렀다는 것이다.

즉, 희망을 잃은 인간은 스트레스에 취약해지고, 때로는 죽음에 이르기도
한다는 것이다.

◎ 그래도 인생에 '예스'라고 답하자

인간은 자신의 인생에는 더는 어떤 희망도 없다며 절망에 빠지면 죽음에 이른 다고 한다.

프랭클에 따르면 절망한 인간에게도 앞으로의 인생에 '무언가' 기다리고 있다는 기대를 줄 수 있으면 자살을 막을 수 있다고 한다.

이 '무언가'란 **'기다리는 사람'**이거나 **'하고 싶은 일'** 등 뭐든 좋다. 프랭클에 따르면 스스로 책임감을 느낄 때, 인간은 생명을 포기할 수 없게 된다. 우리는 자신이 어떻게 하면 행복해질 수 있을까, 성공할 수 있을까와 같은 자기중심적 인 인생관을 가지고 살아간다. 이런 태도는 욕망이 채워져도 다시 갈망을 느끼는 악순환을 만든다.

또 사람은 괴로울 때 '왜 나한테 이런 일이 생겼을까?' 하며 인생에 질문을 던지기도 하는데, 프랭클은 이 질문을 180도 전환해서 **'인생이 나에게 던지는 질문'**이라고 받아들여야 한다고 생각했다.

'나는 무엇을 위해 태어났을까?', '나의 인생에는 어떤 의미와 **사명**(미션)이 주어진 것일까?' 이렇게 질문을 180도 전환함으로써, '삶의 의미'에 대한 대답 을 구하다 보면, 새로운 빛이 보이기 시작한다는 것이다.

프랭클에 따르면 우리가 삶의 의미에 대해 질문을 던지기 전에 이미 삶이 우리에게 답을 주었다고 한다. 우리 인간이 해야 할 일은 인생의 다양한 상황 에 직면해가면서, 자신을 기다리는 '누군가'가 있고, 자신을 기다리는 '무엇'이 있다고 생각하는 것이다. 그러면 좌절하지 않고 살아갈 수 있다.

삶을 향해 가는 사람은 미래에 대한 희망이 있고, 가족을 아끼며, 다른 사 람을 배려하는 마음을 가지고, 신과 같은 **숭고한 존재**와의 교류를 소중하게 생 각하는 특징이 있다고 한다. 프랭클은 이러한 태도로 인생을 살아가면 언젠가 **인생에 "예스"라고 대답**할 수 있는 날이 반드시 올 것이라 말한다.

사회·정치 철학

인간이 하는 고민 중 대부분은 인간관계에서 비롯된다. 인간관계는 가족, 친구, 직장 등에서 복잡하게 엉킨 실타래와 같다. 이 인간관계의 근본적 성질은 철학의 '자기와 타자'라는 주제를 통해 살펴볼 수 있다.

'09 나와 타자의 철학에 대해 생각하기'에서는 이른바 피부라는 가죽으로 완전히 덮여 있는 나라는 탈출 불가능한 영역과 그곳에 나타나는 나와 비슷한 감각, 사고, 감정을 가지고 있으면서 이를 직접적으로 내가 알 수 없는 '타자'라는 존재의 신비함에 관해 생각해본다.

철학에서는 '어쩌면 타자라는 존재는 의식을 지니지 않은 존재면서 그냥 겉으로만 나와 이야기를 할 뿐인 공허한 존재일지 몰라'라며 타자의 존재도 의심한다. -이를 일반적으로 '철학적 좀비'라 표현한다.- 여기에서 나온 것이 '나는 이 세계에 존재하는 유일한 존재일지 몰라'라는 말로 대표되는 독아론(獨我論)이다.

그렇다면 이런 자신과 타자의 경계를 허물 것인지, 허문다면 어떻게 허물어 갈 것인지, 아니면 이대로 경계의 벽을 견고하게 지킬 것인지. 이에 대해 여러분이 스스로 생각해볼 수 있는 기회가 될 수 있을 것이다.

나아가 인간은 시간 속에서 살아가는 존재인데, 과거가 축적되고, 이를 돌이켜볼 때 과거는 '역사'가 된다. 모든 개인에게는 역사가 존재한다. 그것이 거대한 규모로 기술되면 자신이 사는 나라의 역사가 될 수도 있고, 나아가 세계사가 되기도 한다.

인간이 시간성을 지닌 존재인 이상 역사와 인생은 떼어 놓고 생각할 수 없

동서고금의 정치철학으로
복잡한 현대사회를 이해해보자!

다. 또 역사는 객관적인 것으로 특정 공간에 보존되는 것이 아니라, 지금을 살아가는 우리의 머릿속 필터를 거쳐 해석되는 것이므로 수학과 과학의 '참'과는 전혀 다른 의미의 '참'을 추구한다.

역사에 관한 좁은 시야 또한 철학적 사고로 다양한 관점을 얻게 된다.

역사 구분을 할 때 추상화라는 조작 방법이 이용되는데, 여기에는 일정한 법칙이 존재한다고 한다. 이것이 마르크스주의 등과 관련 있기 때문에 철학과 역사는 밀접한 관계가 있다고 할 수 있다.

역사는 이해관계를 조정하고 해결해가는 변증법적 전개를 보이는데, 이는 정치사로 표현된다. 정치란 이해조정을 하는 행위인데, 국가권력과 개인의 자유가 균형을 이루게 되면서 세상은 크게 변했다.

여기서는 강제적으로 개인의 행동을 억압하는 것이 좋은지, 어느 정도 자유를 인정하는 것이 바람직한지에 관해 생각해본다.

또 근래에는 부의 분배 문제가 대두되는데, 이 또한 정치의 중요한 역할이기에 여기에 흥미를 보이는 사람이 늘어나고 있다. 그만큼 눈에 보이는 격차가 확산되고 있기 때문일 것이다. '12 자유주의 사상의 기원', '13 공동체주의란 무엇일까?'는 이 문제와 관련 있는 장이다.

또 고대 중국의 사상인 유가, 묵가, 도가에 관해서도 다룬다. 원래 제자백가의 정치사상이므로 서양의 정치사상과 비교해보면 재미있을 것이다. - '14 유교의 정치철학', '15 노장사상의 정치철학'.

상호승인의 변증법이란?

◎ **편견을 바탕으로 행동하는 사람과 이를 비판하는 사람**

자기와 타자의 관계를 일반적으로 인간관계라고 한다. 근대 이후, 다양한 철학이 이에 관한 견해를 밝혔다. 헤겔(➡ 98p)은 『정신현상학』에서 '**양심**'이란 개념을 설명하고자 했다. 여기서 말하는 '양심'이란 독선적인 편견이라는 의미다.

헤겔에 따르면 세상에는 자신이 옳음(절대 진리)을 확신하는 사람이 존재하는 법인데, 그 사람은 그 확신에 따라 행동한다. 이런 사람은 깊이 생각하고 신중하게 행동하는 것이 아니고, 자신의 신념을 바탕으로 자신에게 유리한 방식으로 행동을 선택한다. 이를 '**행동하는 양심**'이라 한다.

한편, '조금 더 전체를 보고 행동해야 한다'고 지적하는 사람도 있다. 이 사람들은 개별적인 것에 집착하지 않고, 보편적이고 거시적 차원에서 생각하고 '행동하는 양심'을 비판한다. 이를 '**비평하는 양심**'이라 한다. 그런데 이 '비평하는 양심'을 가진 사람은 개별적 신념을 가지지 않고, 행동하지 않는다. 그저 옆에서 이러쿵저러쿵 의견만 피력할 뿐이다.

편견을 바탕으로 독선적으로 행동하는 것도 나쁘지만, 그렇다고 거시적 시점에 선 채 행동하지 않고 비판만 하는 것도 옳지 않다. 이들은 서로 모순·대립으로 가득한 인간관계를 맺는다고 알려져 있다.

제 2 부 주제별 편

제 2 장 미래로 이어지는 사상

◎ **의견이 다름은 기뻐해야 할 일이다**

헤겔에 따르면 이들은 모순과 대립의 관계이나, 종국에는 **변증법**(➡ 100p)으로 해결할 수 있다고 한다. 변증법이란 '존재와 구체적인 현실의 운동과 변화를 지배하는 논리'다. 또 동시에 '모순·대립과 그 지양(止揚)을 통해 발전하는 행동·변화를 인식하는 사고'라 했다.

이 '행동하는 양심'과 '비평하는 양심'의 절대적 사실로 존재하는 '양심'을 떨쳐내고, 양쪽이 서로 '화해·협조'하고, 서로의 생각과 행동에 관해 응어리를 없앨 필요가 있다.

이 둘이 갖고 있는 편견이 마찬가지로 타자의 편견으로서의 '양심'과 충돌하면서, 객관적인 '양심'으로 **지양**(아우프헤벤)되어 간다. 여기서 비로소 **상호승인**이 실현된다. 헤겔에 따르면 상호승인은 각자 타인에게 상호의존하고, 타인과 서로 도우면서도 자립적인 상태를 유지하는 것을 말한다. 이는 각자가 타인 속에 자신을 발견하는 일이기도 하며, 공동체 안에서 자유가 실현된 상태라고 한다. 종국에는 서로 대립을 통해서 모든 것이 한 차원 더 높은 수준으로 나아간다.

나와 타자의 다양한 생각

◎ 대중화되어 가는 시스템

키르케고르(➡ 172p)는 일찍이 『**현대의 비판**』(1846)에서 대중화되어 가는 현대의 정신 상황을 통렬하게 비판했다. 현대인은 비평과 가십을 좋아하고, 도박에 빠져 있다고 주장했다. 가벼운 **호기심**을 외부로 향하게 해 삶에 대한 진지한 고찰 없이 주위 사람들의 말에 부화뇌동하는 자세를 취한다고 생각했다.

누군가가 진지하게 세상을 바라보고 성실하게 살고자 하면 바로, 세상의 눈을 신경 쓰는 의식이 이를 저지한다. 그럼에도 불구하고 앞으로 나아가고자 하면, 이번에는 세상이 발목을 붙잡고 방해한다. 세상은 질투가 많고, 뛰어난 사람을 싫어하며, 평범한 대중으로 편입시키려는 경향이 있다고 한다.

이는 딱히 일본인의 특성을 적은 글이 아니다. 19세기 중엽, **덴마크 코펜하겐**에서의 이야기다.

하이데거도 현존재(인간)는 일상에서 불특정 다수의 누군가, 대중 속의 누군가에 불과하다고 말했다. 이는 흔히 '**보통 사람**[다스 만(Das Man)]'이라 번역된다. 현존재는 '인간'으로서 평균적 인간, 대중 속에서 책임을 회피하면서 무리를 이루며 산다. '**루머**', '**가십**'(➡ 179p)을 즐기고, 호기심에 조종당하며, 모든 것을 가볍게 넘기며 살아간다고 보았다.

세상에서 다른 사람과 달라 보이지 않도록, 튀지 않으려 노력하며 살아간다. 이렇게 **신경 써야** 마음이 편한 것이다.

하이데거는 공공의 세계에서의 생활에 매몰되어, 오락거리를 찾고, 시간을 때우며 살아가는 현존재의 '비본래적'인 삶의 방식을 '**퇴락**'이라 불렀다.

◎ 자기와 타자의 구분을 넘어서

현상학자 후설(➡ 120p)은 만년의 저작 『데카르트적 성찰』(1931)에서 '**감정이입**' 으로 인한 타자 인식을 주장하고, 자기와 타자의 공동세계 기초를 확립하고자 했다. 현상학적 환원(➡ 121p)을 한 후의 세계는 나의 의식을 통해 판단하기 때문에 물체의 경우라면 몰라도, 그게 타자라면 문제가 된다.

후설에 따르면 타자가 나타났을 때 이를 타아(他我)로 받아들이기 위해, 우리는 먼저 그것이 나와 매우 비슷한 신체를 가진 것으로 받아들인다고 생각했다(유비적 통각). 의식에는 유사성을 바탕으로 하나의 그룹으로 인식하는 작용이 일어난다. 이 때문에 '의미의 전이'가 일어나고, 타자가 자신과 매우 닮은 신체에 속해서 나타나는 '심리적' 내실이 발현된다. −타인도 자신과 같은 감정을 가지고 있음을 깨닫는 것.− 그러나 이 '감정이입'적인 사고방식에서는 타자의 의식이 사라져 결국 타자가 '제2의 자아'가 될 수 있다는 비판이 대두되었다.

프랑스 철학자 모리스 메를로-퐁티(1908~1961)는 후설의 현상학을 발전시켜, 자기와 타자가 연속된 공통의 신체성(상호 신체성)을 살아간다고 생각했다. 자신의 오른손으로 자신의 왼손을 만질 때 반대로 왼손이 오른손에 닿아 이를 느끼는 것이라고도 할 수 있다. 이는 마찬가지로 타자의 손에 닿거나, 혹은 타자의 손을 보는 것만으로도 생생히 살아 있는 타자가 존재함을 의미한다.

이처럼 다양한 **타자에 관한 이론**이 존재하는데, 자기라는 폐쇄적인 세계와 타자라는 전혀 이질적이고, 감각을 공유할 수 없는 존재가 함께 아무렇지 않게 살아가야 한다는 사실은 매우 신기한 일이다. −예: 타인이 먹는 라면의 맛을 나는 알지 못한다.− 이러한 자기와 타자의 관계에 관한 철학적 고찰은, 타인의 아픔과 그런 타인에 대한 배려의 필요성을 이해하는 데 도움을 준다.

역사를 알면 삶에 도움이 된다

인간을 알면 세계가 보인다

◎ 해석학이란 무엇일까?

근대 철학의 인식론은 인간이 세계를 외부에서 바라보는 방식으로 인식하는 **'주관·객관 도식'**(➡ 84p)을 사용했다. 이에 반해 역사 인식의 경우, 해당 도식을 적용하기에는 약간의 문제가 발생한다.

주관·객관 도식으로 역사를 관찰할 경우, 관찰하는 주체(인식주관)가 이미 역사라는 대상 속에 존재한다. 즉, 이미 역사의 영향을 받고 있으므로 역사를 외부에서 객관적으로 관찰하기란 쉽지 않다.

가령, 일본사를 일본인이 객관적으로 분석한다 해도, 중국인이나 한국인의 입장에서는 객관적이어 보이지 않을 수도 있다.

독일의 철학자 빌헬름 딜타이(1833~1911)는 자연 인식의 설명 방식을 검토하는 인식론과는 다른 관점으로 역사 인식을 이해하는 방법에 관한 인식론을 주장했다. 이를 **'해석학'**이라 한다.

딜타이에 따르면 자연과학은 '외적지각'을 기초로 한다. 따라서 정신적인 '내적 경험'에서 유래된 것은 자연과학의 영역에서 밀려나거나, 혹은 자연과학적 인식으로 치환되었다.

즉, 인간이 자유의지를 가지고 주체적으로 삶을 형성하는 정신적 삶의 사실을 과학은 무시했다.

만약 이를 대상으로 삼을 때는 그것을 뇌의 전기적 반응으로 환원했다.

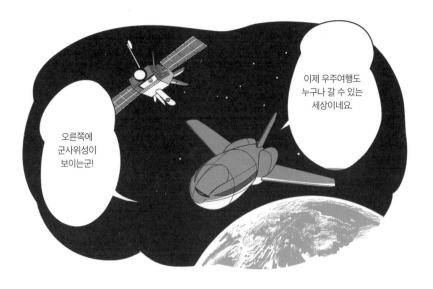

◎ 자연과학으로는 이해할 수 없는 인간상

자연과학과 정신과학은 애초에 그 방법부터 다르므로, 딜타이는 자연과학의 '설명'과 대비되는 개념으로 정신과학에서의 자기반성을 **이해**(Verstehen: 딜타이가 말하는 '이해'는 일반적인 이해보다 더 높은 차원의 이해로, 모든 사람에게 납득이 가는 느낌을 말한다)라는 개념으로 설명하려는 방법적 태도를 주장했다.

이리하여 딜타이는 만년에 인간이 정신과학의 대상이 될 때는 인간적 상태(생)가 '체험'되고, 그것이 삶의 외화(外化)에서 '표현'되어, 이들의 표현이 '이해'되었을 경우뿐이라고 주장했다. 딜타이는 **'생·체험'**, **'표현'**, **'이해'** 세 가지로 구성된 방법적 조작을 확립했다.

현대를 살아가는 우리는 고도로 발달한 과학적인 세상에 둘러싸여 살아가기 때문에, 물리적 자연의 존재로부터 정신은 덤으로 생겨난 것에 불과하다고 생각하기도 한다. 딜타이의 자기반성에 관한 생각은 발상의 전환을 가져온다. 딜타이는 정신과학이 '헤아릴 수 없을 정도로 확산하는 인간적·역사적·사회적 현실을 정신적 생명성으로 환원시킨다'고 주장했다.

앞으로 역사는 어떻게 쓰일까?

◎ 역사와 문화를 대하는 태도

딜타이에 따르면 역사란 '인간의 삶'의 표출이므로, 나와 타인 모두 삶을 영위한다는 것에 기반한 공감이라 할 수 있다. 역사에서 나타나는 현상을 이해하는 사람이 이미 역사에 몸을 내던진 상태인 사람이라면 주체적인 해석을 할 수밖에 없다.

이는 역사를 이해할 때, 이미 어떠한 **이해가 선행되었음**[전이해(前理解)가 있음]을 의미한다.

자연 인식에서는 역사적 선입견을 최대한 배제하는 태도가 요구되는데, 문화를 이해하는 이가 이미 해석의 대상이 되는 문화에 익숙해져 있는 상태인 것이다.

독일의 신약성서 학자 루돌프 불트만(1884~1976)은 이 전이해를 그 사람의 **'주제 관심'**이라고 생각했다.

이미 『성서』에 관심을 가지고 있다면, 『성서』에서 삶의 보람을 얻을 수 있고, 그 관심이 강하면 강할수록 해석의 폭이 커져 얻을 것이 많다는 것이다. 이때 『성서』는 신앙적 관심에 의한 **비신화화**(非神話化) 해석을 통해 읽힌다 할 수 있다.

이처럼 어떠한 작품을 이해할 때, 그 작품에 관한 전이해를 바탕으로 작품을 해석하고, 다시 새롭게 추가된 이해를 얻었다면, 전이해보다 풍부하고 깊은 추가이해를 얻을 수 있다.

즉, 재해석을 시도하면, 전과는 다른 지평이 펼쳐지고, 더욱 풍부하고 깊은 추가이해를 얻을 수 있다는 것이다.

텍스트를 이해할 때 부분에서 전체를 이해하고, 전체에서 부분을 정확하게 읽는 순환이 생기는 것도 이 때문이다.

◎ 역사를 공부하면 인류의 미래가 바뀐다

영국의 역사학자 아널드 조지프 토인비(1889~1975)는 기원전 6세기에 일어난 '정신사의 기초 구축 시대'에 바빌로니아, 중국, 그리스, 인도, 팔레스타인 등지에서 부처, 이사야, 공자, 피타고라스, 조로아스터 등이 출현해, '고차원의 종교'가 부흥했다고 주장한다.

이로써 현상세계를 초월한 신성이 수립되고, 인간은 자연과 인간을 초월한 '최고의 정신적 존재자'가 요구되는 시대를 맞이했다.

또 토인비는 현대의 '파괴적인 자기중심성'을 지적했다. 1960년대 이후, 세계는 원자력으로 인류파멸의 공포에 놓여 있다. 과거의 전쟁을 회고하며, '무의미' 혹은 '불완전'한 역사로부터 어떤 의미를 도출해야 하는지 묻고 있다.

토인비는 과거 몇몇 세계제국이 건설되었을 때 '모든 인간은 형제이며, 인류는 유일한 가족처럼 함께 살아가야 한다'라는 이념의 중요성을 발견한다. 영국의 산업혁명 이후 발생한 급격한 기술의 발달은 모두 최근 200년 사이에 일어난 일들이다. 핵무기 기술이 정치와 밀접하게 연관되어 있다는 사실은 이미 알고 있을 것이다. 그는 이대로라면 인류는 '대량 자살'의 위험에 노출될 것이라 우려했다.

토인비는 인간은 고대의 숭고한 정신에서 분리되어, 이윽고 자신을 숭배하게 되었고, '자기중심성'이 시작되었다고 했다.

'자기중심성'은 '집단적 형식'에 의해 **전체주의**로 치닫는다고 주장했다. 토인비에 따르면 '인간의 계속된 자기 찬미 경향이야말로 자기파괴 위험의 가장 큰 요인'이라고 한다.

역사를 공부하면 현대 사회에서의 평화 이념의 중요성과 평화를 유지하기 위해 필요한 자세인 이기주의에서 탈피하는 방법을 찾을 수 있다. 고대의 인류애 정신을 상실해가는 인류의 역사는 이제 언제 종말을 맞이해도 이상하지 않을 정도의 수준에 이르렀는지도 모른다.

역사의 법칙성을 생각하다

무질서해 보이는 역사에도 질서가 존재한다

◎ 세계사는 목적을 가지고 이성적으로 발전한다

누군가는 역사가 예측 불가능한 사건의 연속이라 생각할지도 모른다. 그러나 헤겔은 역사의 흐름에는 **일정한 법칙**이 존재한다고 생각했다.

헤겔은 『법철학』에서 "모든 사람은 자신이 사는 시대의 아들이다. 철학 또한 그 시대를 사상 속에서 포착한 것이다"라고 말했다.

헤겔에 따르면 역사의 발전 단계 과정을 보여주는 것이 **세계사**다. 세계사 속의 모든 '변화'는 '정신'의 '발전과 형성' 과정을 보여준다. 즉, 역사는 그 절대정신이 자기의 본질을 실현해가는 과정(자기전개)이라고 보았다.

'철학이 제공하는 유일한 사상은 이성이 세계를 지배한다는 것, 즉 세계사에서도 마찬가지로 모든 것이 **이성적**으로 이루어져왔다는 단순한 이성의 사상이다.'

'절대적인 궁극 목적임과 동시에 궁극적 목적의 실현이기도 하며, 그 자신이 궁극적 목적을 그 내면으로부터 …… 세계사 속에서 …… 자연계, 정신계의 현상 안에서 실현하는 일이기도 하다.'(『역사철학강의』)

헤겔은 그가 살던 시대를 절대정신이 현재 모습을 드러내고 있는 단계로 파악하고자 했다.

◎ 역사란 자유 실현의 과정

헤겔에 따르면 세계사란 이성적 자유가 시간적으로 현상 세계에 역사로 나타
나, 점차 **자유**가 실현되어가는 과정이다. 따라서 역사의 궁극목적은 자유다.

　실제로 세계사를 살펴보면 민중의 자유가 실현되어감을 알 수 있다. 이것이
우연의 산물이 아니라, 정확히 법칙에 따라 움직이고 있다는 것이다. 이는 후
에 마르크스가 유물사관으로 발전시킨다.

　역사란 '자유 의식의 진보'이며, 이를 헤겔은 다음 세 단계로 구분했다.

　① 군주만이 자유로운 고대의 단계, ② 공화국에서 일부 사람들이 자유를
누리는 단계, ③ 게르만 제국에서 인간의 자유가 실현되어가는 단계. 게르만
제국에서 자유가 실현되어가는 단계가 헤겔이 살던 시대다. 이 자유의 원리로
국가의 조직을 형성하는 것, 그것이 역사가 도달해야 할 목표다. 이 세계를 이
해할 수 있는 공식과 법칙이라 할 수 있는 것이 '**변증법**'이다.

왜 공산주의가 목표가 되었을까?

◎ **변증법의 3단계로 역사를 바라보면 이해하기 쉽다**

변증법이란 **인식과 존재**의 근본원리이므로 모든 존재는 예외 없이 변증법의 적용을 받고, 이 법칙에 따라 발전한다.

즉, 모든 것은 '**즉자**', '**대자**', '**즉자 대자**'라는 세 가지 단계를 거쳐 변증법적으로 발전해간다.

변증법은 아래 3단계의 형식으로 이루어져 있다.

① 어떤 대상을 규정하고, 고정화해 고집하는 단계(예: 식물이 그 전체를 표현한다), ② 규정된 명제가 일방적임을 깨닫는 단계(예: 식물이 양분과 물을 필요로 한다는 등의 새로운 사실을 알게 된다), ③ 대립하는 두 가지 규정을 종합해 대상의 이해가 깊어지는 단계(예: 식물의 전체적 움직임을 이해한다).

역사 또한 이 변증법에 따라 발전한다. 즉, ① 어떤 안정된 단계에서, ② 모순이 발생하고, ③ 다음 시대로 진입과 같은 3단계로 발전한다. ─예: 절대왕정에 모순이 발생해 혁명이 일어나고, 민주적 사상이 확산된다.

또 헤겔에 따르면 역사의 발전단계를 이끈 대표적인 위인도 역사의 목적을 실현하기 위한 수단(도구)으로 등장한다고 한다.

나폴레옹 같은 영웅은 일정한 역할을 끝내면 몰락한다. 즉, 전쟁이나 나라의 멸망 등 역사는 투쟁의 장이기 때문에 언뜻 각각의 사건에 별 의미가 없는 것처럼 보일 수도 있지만, 사실 전체적으로 보면 정확한 법칙성이 존재한다는 것이다.

'타격을 받는 것은 "이성이 아니라", 이 정열로 만들어내는 것 바로 그것이다. 이것을 우리는 **이성의 간계**라 부른다. 그러므로 개인은 희생되고 버려진다.'(『역사철학강의』)

◎ 자본주의 국가는 공산주의 국가의 입장에서 보면 '과도기 국가'일까?

마르크스는 인간사회에도 자연과 마찬가지로 객관적인 법칙이 존재한다는 **유물사관**을 주장했다.

인간은 자신의 '생활'을 위해 필요한 필수품을 사회적으로 생산할 때, 필연적으로 일정한 관계(생산관계) 속에 편입된다. 역사적으로는 왕과 노예, 영주와 농민, 그리고 자본가와 노동자 등의 관계를 말한다. **자본주의 단계**에서는 자본가와 노동자가 일정한 생산관계를 맺는다.

인간사회에서의 역사적 발전단계에 따라 그 사회의 '물질적 생산력'에 맞추어 일정한 관계가 형성된다. 이 '생산관계의 총체'가 '사회의 경제적 구조'라는 '현실적 토대'를 이룬다. 이 '토대' 위에 법률적·정치적 '상부구조'가 세워진다.

'토대'에 대해 '일정한 사회적 의식 형태'(이데올로기)가 **상부구조**로 대응하게 된다.

마르크스에 따르면 사회의 물질적 생산능력은 그 발전 단계에서 기존의 생산관계와 모순이 발생한다.

이 관계는 생산력의 발전에 족쇄가 된다. 그래서 사회적 혁명이 일어나고, 새로운 상부구조가 형성된다.

이는 물질적 생활의 모순(사회적 생산력과 생산관계)으로 설명할 수 있다. 역사에는 과학적 법칙성이 존재하는데, 이는 다음과 같은 5단계로 완결된다.

① **원시 공산제** 자연경제. 빈부 격차 없음.

② **고대 노예제** 생산경제. 부의 축적으로 계급이 발생. 노예·농노를 부림.

③ **봉건제** 지배계급은 농노로부터 생산물 지대를 징수. 상품유통이 발전하고, 공장제 수공업 출현. 자본의 축적이 발생.

④ **자본주의제** 산업자본의 자유경쟁. 공황으로 자본의 집중이 발생. 제국주의로 이행(← 마르크스·레닌주의라면, 지금은 여기?)

⑤ **사회주의제** 경제의 인민 관리. 계획적 운영(**공산주의제**로 이어짐).

자유주의 사상의 기원

존 스튜어트 밀의 자유에 관한 생각

◎ **리버럴리즘이란 무엇인가?**

1980년대부터 롤스(➡ 222p)의 『정의론』을 중심으로 **리버럴리즘**에 관한 논의가
이루어졌다. 그리고 리먼 사태 이후, 빈부격차 문제 등으로 더욱 많은 사람이
정치철학에 주목하기 시작했다.

리버럴리즘은 '자유주의'로 번역된다. 물론, 사상사의 시기에 따라 의미는
달라진다. 영국 경험론의 로크(➡ 140p)는 '고전적 자유주의'에 해당한다 할 수
있다. 로크는 **생명·자유·재산**과 같은 인간이 태어날 때부터 가지고 있는 자연
권에서 유래한 권리를 권력으로부터 지켜야 한다고 주장했다. 그 기본 정신은
19세기의 존 스튜어트 밀(➡ 156p)의 사상으로 이어졌다.

존 스튜어트 밀은 사상, 취미 등이 '오직 자신과 관련된 자유이며, 타인에
게 해를 끼치지 않는 한 절대적인 것'(『자유론』)이므로, 사회가 간섭해서는 안
된다고 주장했다. 설령 '이성적이지 못한 어리석은 행위'라 할지라도 자유라는
것이다. 개인이 어떤 위험한 사상을 갖는다고 해도 상관없으며, 또한 어떠한
악취미를 갖는다고 해도 괜찮다고 주장했다.

밀의 관점으로 보면 모든 행위에 있어 '사회에 대해 책임을 져야 하는 단
한 가지의 경우는 **타인과 관계된 일**'(『자유론』)뿐이다. 자신과 관련된 것은 절대적
으로 자유라는 것이다.

◎ 생명윤리와도 관련 있는 윤리론

밀은 인간 자유의 고유 영역으로, 인간의 생활과 행위 중 개개의 인간에게만 관련된 부분을 들었다.

구체적인 내용을 살펴보면, ① **사상과 양심**의 자유, ② **취향과 추구**의 자유, ③ **결사**의 자유다.

각 개인의 개성이 자발적으로 성장하는 것이 최종적으로 봤을 때, 인류 전체의 발전으로 이어진다는 생각을 바탕으로 한 사상이다. ―사익이 곧 공익.

밀에 따르면, 법률에는 '평등'이란 단어가 포함되어 있지만, 이는 모두가 동일한 생각을 강요하기 위한 '평등'이 아니다.

소수의 의견이라도 자유로운 토론의 장이 보장되는 것이 중요하며, 각자가 타자로부터의 비판이나 검증을 받아들일 수 있는 기회도 필요하다는 것이다.

또 밀의 자유론은 생명윤리에도 영향을 미쳤다. 말기 환자가 연명치료를 받지 않겠다는 의사를 나타내는 '**리빙 윌**(Living Will)'(➡ 327p)은 타인에게 위해를 주지 않는 한 생명에 있어 본인의 자기 결정권이 우선되어야 한다는 입장을 나타낸다.

이것이 세계 자유주의의 사고방식이다

◎ 다수의 오지랖이 만들어낸 강제력

밀에 따르면 **강제**라는 행위는 상대를 행복하게 하기 위한 수단으로 인정받을 수 없다. 강제가 용인되는 것은 오직 다른 사람의 안전을 지키기 위한 목적일 때뿐이다.

현대에도 권력의 근원인 사회 다수의 의지가 소수의 이익 또는 행복을 억압하는 경우가 있다. 세상이 혼란스러우면 다수가 권력을 쥐고, 소수에게 압박을 가한다. 아무리 소수가 바른말을 한다 해도 다수가 일부 여론에 의해 편향된 사고에 빠지면 소수의 의견은 묵살된다.

밀은 다수의 강제가 작용하는 두 가지 원인을 다음과 같이 설명했다.

① 부당한 **정치 권력**, ② **사회적 관습과 도덕률**, 특히 ②는 정치적 압력보다도 무섭다고 밀은 말한다. 주변에서 집단적으로 강요하는 도덕 등이 여기에 해당한다.

이 힘이 강해진 상태를 '다수자의 폭정'이라 한다. 최악의 경우, 자경단(自警團)이 출현하고, 정의라는 이름하에 일부 사람에게 압력을 가하기도 한다. 본인들이 옳다고 생각하므로 막을 방도가 없다.

밀은 여론이라는 형태의 권력을 배격하지 않으면, 인간은 노예화된다고 주장했다. 물론, 자유라고 해서 무제한으로 무엇을 해도 된다는 의미는 아니다. '**불쾌 원리**'에 따라 주변 사람들에게 고통을 주는 행위는 피해야 한다.

어찌 되었든, 철학으로 머리를 유연하게 만들지 않으면 편협한 사고에 사로잡혀, 정보조작에 쉽게 현혹되는 경우가 있으므로 주의해야 한다.

◎ 미국이 자유의 나라라 불리는 이유는 무엇일까?

영국의 사상가 **허버트 스펜서**(1820~1903)도 '모든 사람은 다른 이의 평등한 자유를 침해하지 않는 한 원하는 것은 무엇이든 누릴 자유가 있다'고 주장했으며, 평등한 자유야말로 '정의의 감정'이라 생각했다.

스펜서는 사회 그 자체가 생명을 지닌 하나의 유기체라는 '**사회유기체설**'을 주장했다. 인간사회도 생명을 유지하기 위해 균형을 잡고, 진화하므로 자연에 맡겨야 한다는 것이다.

따라서 국가는 사회에 쓸데없는 개입을 하지 말아야 한다고 주장했다. 이는 국가는 산업을 규제하거나 빈민을 구제하는 일은 하지 않아도 된다는 의미가 된다. 왜냐하면 구빈정책은 사회 발전을 저해하는 일이기 때문이다.

그는 고전적 리버럴리즘을 사회진화론으로 보강했는데, 그 사상은 후에 미국에 널리 퍼져 현재 미국의 자유주의로 이어졌다.

리버럴리즘으로 자유도가 더욱 올라가면, **리버타리아니즘**(libertarianism, 자유지상주의)이 된다. 미국의 철학자 로버트 노직(1938~2002)은 롤스(➡ 222p)의 복지국가적인 측면을 비판하고, 고전적 **야경국가**(기능을 안전보장과 치안 유지 등 최소한으로 한정한 국가)야 말로 정의에 합치한다고 생각했다.

노직은 복지국가의 정책을 **확장국가**라 이름 붙이고, 이는 '정의'에서 벗어난 것으로 생각했다. 확장국가가 사회복지 관점에서 부유층의 자산을 빈곤층으로 분배하는 것은 국가가 재산권을 침해할 뿐이라는 것이다.

따라서 리버타리아니즘에서는 고소득자에 대한 과세를 억제하는 것이 **정의**라 생각한다. 이는 현재의 지극히 혼란한 세계 상황과는 별로 맞지 않는 사상이라 생각할 수 있다. **마이클 샌델**은 이 리버타리아니즘을 비판한다.

13   공동체주의란 무엇일까?

샌델의 『정의란 무엇인가』

◎ 편승으로 인한 가격 인상은 선인가 악인가?

미국의 철학자 마이클 샌델은 『정의란 무엇인가』에서 정의에 관해 의문을 제기한다.

'2004년에 플로리다를 허리케인 찰리가 강타했다. 여기에 편승해 주유소에서는 한 봉지에 통상 2달러 하던 얼음이 10달러에 팔리고, 수리업자는 지붕에 떨어진 나무 두세 그루를 제거하는 데 2만 5천 달러를 청구하고, 숙박업자는 숙박료를 4배나 인상했다.'

원래 자유주의 경제에서는 수요가 증가하면 가격이 급등하므로, **편승 가격 인상**은 자연스러운 현상일지 모른다. 그러나 이런 식으로 폭리를 취한 업자에 대한 사람들의 분노를 샌델은 '**정의롭지 못한 것**'에 대한 분노라고 표현했다.

샌델은 이에 상반되는 주장도 함께 소개한다. 자유시장을 신봉하는 경제학자 토머스 소웰은 편승 가격 인상이 '사람들에게 익숙한 가격보다 훨씬 높은 경우'를 말하며, '사람들에게 익숙한 가격 수준'이 도덕적으로 불가침의 영역은 아니라고 주장한다. 그 가격은 그저 **시장의 조건**에 따라 형성된 것에 불과하다는 것이다.

이 외에도 다양한 입장을 다루고 있다는 점이 이 책의 흥미로운 부분이다.

◎ 리버럴리즘의 이모저모

미국의 리버럴리즘은 유럽에서 파생된 자유주의의 흐름을 띠고 있다. 그러나 유럽의 자유주의에는 존 로크나 존 스튜어트 밀처럼 종교적 철학에 기초를 둔 사상이 포함되어 있으므로 미국의 **정치철학**에서의 리버럴리즘과는 의미가 다르다.

미국의 리버럴리즘은 정치적으로는 복지를 옹호하는 등의 진보적인 사상을 의미하는데, 이는 **네오 리버럴리즘**과 **리버타리아니즘** 등으로 나뉜다.

네오 리버럴리즘은 시장의 효율을 최대화해 경제성장을 꾀하는 논의를 진행한다. 그런 점에서는 철학적으로 공리주의·귀결주의에 해당한다. 이에 반해 리버타리아니즘은 자유형 정의론 혹은 의무·권리론의 철학적 주장을 펼친다.

로널드 레이건 정권(1981~1989) 이후 미국에서 리버타리아니즘과 네오 리버럴리즘은 모두 **민영화·규제 완화**와 감세·복지삭감과 같은 정책을 지지하고, 이를 추진해왔다.

아리스토텔레스의 '정의'가 현대에 부활했다!

◎ 마이클 샌델, 존 롤스의 '무지의 베일'을 비판하다

리버타리아니즘은 자기소유에 기반한 정의를 실현하고자 한다. 이 사상이 극단적으로 치달으면 다양한 문제가 발생한다.

　궁극적으로는 자신의 신체는 자신의 소유물이며, 무슨 일을 해도 용서된다는 자유로 이어진다. 예를 들어, 대리모(➡ 324p) 문제부터 장기이식(➡ 327p)에 이르기까지 자유도가 확산되므로 신중하게 생각할 필요가 있다. 샌델은 **공동체주의**[커뮤니탈리아니즘(communitalianism)]의 입장에서 공동체 구성원이 공유하는 '**공동선**(common good)'의 관점으로 바라볼 때, '적극적 시정책' 등의 국가의 개입정책을 이해할 수 있다고 설명한다.

　샌델은 롤스의 『정의론』에 관해서도 견해를 밝혔다. '**무지의 베일**'(➡ 23p)을 씌운 결과의 선택이 평등주의로 귀결된다고 했으나, 여기서는 사람들이 가족이나 지역공동체로부터 일단 떨어진 곳에서 질서정연한 사회를 구상하는 절차에 들어가게 된다. 그러나 샌델에 따르면 애초부터 인간의 자아를 제대로 이해하기 위해서는 그 개인이 어떤 가족이나 지역공동체 속에 놓여 있는지 알아야 자아를 결정할 수 있다고 했다. 샌델은 롤스의 무지의 베일에 덮인 자아를 '**무연고적 자아**'라 비판했다.

　리버럴리즘에서의 정의는 주로 '배분'에 주목하는데, 샌델은 아리스토텔레스적인 '미덕'에 관해 생각해야 한다고 말한다. 샌델은 진정한 정의를 실현하기 위해서는 공동체 구성원이 공유하는 공동선을 전제로 해야 한다고 주장한다. 아리스토텔레스의 철학에서는 **목적**(텔로스)의 관점에서 **미덕**이라 할 수 있는 것을 갖추는 것이 명예이자 정의라 했다. 샌델은 이 관점에서 현대의 공동체에 관해 언급했다.

◎ 낡은 철학이 도움이 되는 이유

아리스토텔레스에 따르면 인간은 본래 **폴리스**(도시국가)적 존재이며, 언어능력을 활용해 동일선상의 시민들과 정치에 관해 토론하고, 정치에 관여해야 한다고 생각했다.

공리주의의 행복(➡ 154p)이란 고통을 억제하고 쾌락을 최대한으로 끌어 올리는 것이었다. 한편 아리스토텔레스의 행복(➡ 239p)은 미덕을 바탕으로 한 **영혼의 활동**이었다.

따라서 정치를 공부하는 모든 이는 영혼을 다루는 철학을 배워야 하는 것이다. 또 미덕을 몸에 익히기 위해서는 규칙이나 지침을 배우는 것이 아니라 여기에 익숙해지도록 '실천'해야 한다고 주장했다.

샌델은 아리스토텔레스의 **목적론**을 현대의 정치철학에 응용해 공동체가 지향해야 할 목적을 강조했다. 이처럼 고대 그리스의 철학이 현대 미국 철학에서 부활하기도 하므로 철학사를 복습하면 앞으로 세상을 살아가는 데 도움이 될 것이다.

아리스토텔레스의 정의론에는 '**목적**'과 '**명예**'라는 두 가지 요소가 존재하는데, '정의'는 사람들에게 적합한 역할을 수행하도록 하고 미덕에 부합하는 명예를 부여한다. 자유롭게 경제활동을 하고, 이를 분배하는 것이 '정의'라고 한다면, 경제활동의 질은 보장하기 힘들다. 그러나 샌델의 주장처럼 '미덕을 배양하는 사회'라는 관점에서 바라보면 우리가 더 좋은 사람이 되기 위한 사회를 지향하고, 이로써 공동체에 의한 '정의'가 실현된다.

자유와 분배를 중시할 것인지, **공동체와 목적·미덕**을 중시할 것인지에 관한 논의는 현대사회에서 다양하게 응용될 여지가 크다. 예를 들어, 앞서 언급한 편승 가격 인상은 자유주의 경제에서는 잘못된 것이 아니지만, 그 행위 자체가 '미덕은 아니므로 정의롭지 못하다'라는 관점에서 보면, 사람들의 분노에 수긍이 가기도 한다.

유교의 정치철학

널리 사랑하라, 그러면 사회는 안정되리라

◎ 사회질서를 바로 세우기 위한 윤리

고대 중국 사람들은 혈연관계를 매우 중시해, 조상 숭배에 정성을 다했다. 전란 시대에 시작된 유교는 주 왕조가 만들어낸 **예**(禮)의 세계를 이상적 사회로보고, 가족에 대한 사랑과 도덕을 사회의 보편적 규범으로까지 승화했다.

인간과 인간 사이의 관계(인륜)를 주장한 유교의 가르침은 중국을 중심으로일본, 한국, 동남아시아를 비롯해 동아시아 전반에 지대한 영향을 주었다.

중국에서는 기원전 11세기경, 은(殷)왕조를 대신해 주(周)왕조가 정권을 잡았다. 주왕조는 **천명**(하늘의 명령)을 받은 천자로서, 봉건적 사회질서를 확립했다.

그러나 춘추전국시대 말기에 들어서면 주왕조의 봉건적 질서가 무너지고,제후는 부국강병을 내세워 유능한 정치가와 사상가를 영입하기 시작했다. 이들이 제자백가라 불리는 사상가, 즉 정치 철학자들이었다. 특히, 후세에 지대한 영향을 남긴 사상이 공자에서 비롯된 유가와, 노자에서 비롯된 도가사상(노장사상)(➡ 292p)이다.

공자는 춘추전국시대의 노(魯)나라에서 태어났다. 주왕조의 봉건 질서가 붕괴하고 혼란한 사회에서 인간의 보편적 철학적 원리인 '**인륜의 도**(道)'를 모색하고, 사회질서를 재확립하고자 했다.

◎ 부모에 대한 사랑에서 사회를 사랑하는 마음이 나온다

유교의 대표적 교전으로 『논어』를 비롯한 『맹자』, 『대학』, 『중용』이라는 사서(四書)를 들 수 있다. 그밖에 『역경』·『서경』·『시경』·『예기』·『춘추』의 오경 혹은 유교 십삼경(十三經) 등이 있다.

유교의 가르침은 '인(仁)'으로 집약된다.

인(仁) 사상은 원래 육친 사이에 생기는 자연스러운 친애(親愛)를 의미한다. 공자는 자연적으로 생기는 **부모·형제에 대한 사랑을 중시**했다. 육친 간의 사랑보다 더한 것은 없다고 생각했기 때문이다. 동양에서는 부모를 봉양하는 효(孝)와 관련된 관습은 낯설지 않은 개념이다. '효는 백행의 근본이다'(『효경』)라는 말이 있을 정도로 중국에서는 이 덕목을 특히 중시했다. 공자의 제자인 맹자는 지위나 국가의 규범보다 **부모에 대한 효**가 중요하다고 주장할 정도였다.

'자유가 효에 대해 여쭙자 공자 말하길 "요즘은 부모에게 물질적으로 봉양하는 것을 효라고 생각한다. 그러니 그것뿐이라면 가축을 보살피는 것과 무엇이 다른가. 공경하는 마음이야말로 효의 근본이다"라 했다.'(『논어』「위정편」)

정치는 인민의 욕망을 통제한다

◎ 덕치주의 정치로

공자는 '인'(=사랑)이야말로 모든 인간관계에 보편적으로 적용되는 원리라 했으나, '인'을 육친 사이의 사랑으로만 한정하지 않았다. '인'은 **내면적**이면서 **주관적**인 측면이며 출발점이다.

유자가 말하길 '부모에게 효도하고 어른을 공경하는 사람은 윗사람을 거스르지 않는다. 윗사람을 거스르지 않는 사람이라면 집단의 질서를 어지럽히는 일도 없다.'(『논어』「학이편」)

나아가 타인에 대한 '인'은 **극기**(克己)·**충**(忠)·**서**(恕)·**신**(信)의 마음으로 나타난다. 극기란 자신의 이기심을 억누르는 것, 충은 자신을 기만하지 않는 진심, 서는 타인에 대해 배려하는 마음이다. 서는 '자기가 바라지 않는 것은 남에게도 해서는 안 된다'로 표현된다. 신은 남을 속이지 않는 것이다.

인을 실천하기 위해서는 **예**(禮)라는 객관적인 형식에 부합해야 한다. 이에 대해 공자는 "예에서 벗어나려고 하는 자신을 이기고, 예로 돌아가는 것[극기복례(克己復禮)]을 인이라 한다"고 말했다. 이는 자신의 욕망을 억제하고, 사회규범으로서의 예에 합치시키는 일이다.

공자는 원래 일상생활에서의 교훈을 설파할 목적으로 나온 인물은 아니었다. **정치개혁**이라는 장대한 목표를 가지고 세상에 나선 인물이다. 특히, **덕치주의**라는 가르침으로도 잘 알려져 있다. 형벌로 인간을 다스리면 인간은 법률의 허술한 틈새를 노려 부정을 저지르지만, 마음속에 덕이 있으면 스스로 선한 행동을 한다는 것이다.

따라서 정치가 스스로 덕을 몸에 익혀야 한다고 주장했다. 이는 후에 일본 에도시대의 **문치정치**에 영향을 주었다.

◎ 사회적 규범을 재점검하는 성선설과 성악설

공자의 인 사상을 이어받아 이를 발전시킨 인물이 맹자다. 맹자는 인간이 태어날 때부터 선한 마음을 가지고 태어난다고 생각했다(성선설).

맹자는 인간이라면 누구나 다른 사람의 아픔에 동정하는 마음을 가지고 있다고 생각했다. 만약, 아이가 우물에 빠지려는 것을 발견한다면 인간은 누구나 놀라고 마음 아픈 감정을 느낀다는 것이다. 그리고 아이를 도우려 할 것이다. 이는 돕는 행동을 통해 아이의 부모로부터 감사를 받거나, 인명을 구조했다는 명예로운 평판을 얻고자 하는 동기에서 비롯된 행위가 아니다.

'측은지심(惻隱之心)'이란 '사람의 불행을 보고 그냥 지나치지 못하는 마음'을 말한다. 이것이 확장된 개념이 '인' 사상이다. '수오지심(羞惡之心)'이란 '옳지 못한 행동을 보고 그냥 지나치지 못하는 마음'을 말하며, 이것이 확장된 개념이 '의(義)'의 덕이다. '사양지심(辭讓之心)'은 '예(禮)', '시비지심(是非之心)'은 '지(智)'의 덕이란 개념으로 확충되었다.

한편, 인의의 정치란 왕도를 의미했다. 왕도란 덕의 정치, 즉 인정(仁政)을 의미했으며 민중을 풍요롭게 하고 평안하게 하는 정치를 말한다. 정치가는 민중에게 일정한 수입이나 재산이 돌아갈 수 있도록 적극적인 정책을 펼쳐야 '의(義)'를 이룰 수 있다는 것이다. 이를 행하지 못한 위정자는 곧바로 천명에 의해 축출된다고 생각했다[역성혁명(易姓革命)].

한편 순자는 맹자와 대립하는 개념인 성악설을 주장했다. 인간의 본성은 태어날 때부터 악하다는 것이다.

'인간의 본성은 악하며, 선은 인위적이고 작위적인 힘으로 길러진다.'(『순자』「성악설」)

순자는 무제한적인 욕망을 방치하면 세상은 혼란스러워지기 때문에 욕망을 억제하는 '예'를 잘 지켜야 한다고 강조했다. 순자는 고대의 현인들이 정한 예의범절에 따라 필시 인민은 교화되고 천하는 바로잡힌다고 주장했다[예치주의(禮治主義)]. 유가의 사상은 고대 중국의 정치철학이었으나, 현대 정치의 모습을 바라보는 데도 많은 도움이 된다.

노장사상의 정치철학

정부가 일절 개입하지 않아야 바람직한 사회다

◎ 세상 만물이 형성되는 원리

유가 사상은 **수기치인**(修己治人)을 목표로 정치 과제 해결에 나섰다. 한편 **노자**와 **장자**의 사상은 인의예지와 같은 인위적인 것을 배제하고, 있는 그대로의 자연스러운 삶의 방식을 추구하는, 즉 유가를 비판하는 사상이었다. —**노장사상**·도가사상이라고도 한다.

『노자(도덕경)』에는 '도라고 할 수 있는 도는 도가 아니다. 이름 지을 수 있는 이름은 **영원한 이름이 아니다**. 이름 없는 것은 천지의 시작이며 이름 있는 것은 만물의 어머니다'라고 했다. 우선 '도'는 말로 표현할 수 없는 것이라 했으며, 말로 표현할 수 없어도 도는 항상 불변하고, 영원한 것이라고 주장했다. 이는 이름을 붙일 수도 없고, 그 이름을 붙이기 어려운 것이 바로 천지의 원천이라는 의미다. 살짝 의미가 난해하나 이는 우주의 원리로서의 '**도**'에 관해 설명하는 부분이다.

'도'란 하늘과 땅보다 앞서 존재한 무언가다. 이 '도'는 만물의 모태이며, 그 이름은 알 수 없으나, 임시로 '도'라 부르기로 한 것이다. 이는 '크다(大)'는 의미로, 어떠한 존재보다 커서 만물을 다 감싼다고 한다.

이는 유가가 주장하는 '도'와 다르다. 우주의 근본원리인 '도'의 경우 참된 '도'(형이상학적 원리)는 절대적으로 아무것도 하지 않는 존재라고 한다.

아….

이 길은
아니야.

생각보다
득도의
경지일지도.

◎ **우주의 원리에서 벗어나면 걸출한 인물이 나타난다**

'도'에 관해 논할 수도 없고, 이름 붙일 수도 없으므로 임시로 '도'라 할 수밖에 없었다. 이 '도'가 존재하기에 비로소 만물이 존재하게 되었다. 노자에 따르면 '도'는 **완전한 존재**이므로 만물 또한 완전하다. 더할 것도 뺄 것도 없다.

노자는 인간이 우주의 원리에서 벗어나 있기 때문에 인이나 의와 같은 인위적인 덕을 중시했다고 보았다. 유가의 효행이 칭송받는 이유는 불효를 범하는 자가 존재하기 때문이며, 애초에 모든 이가 효를 행했다면 굳이 '효'를 말하지 않아도 된다는 발상이다.

또 『노자』 역시 정치 철학적 요소가 존재하는데, 사람들이 다투지 않기 위해서는 교활한 잔꾀를 버리고, 편리한 도구를 만들지 않아야 한다고 주장했다. 소박한 생활로 돌아가면 세상은 평화로워진다. 이런 세상에서는 선박이나 자동차도 필요 없으며, 문자도 사용할 필요가 없다. '닭의 울음소리가 들릴 정도로 가까운 이웃 나라조차 사람들은 가려고 하지 않는다'(『노자』)는 **소국과민**(小國寡民)'을 주장했다. 매우 극단적인 주장처럼 보일지 모르나, 반대로 지나치게 복잡한 현대사회에서는 『노자』와 조화를 추구하면 균형이 잘 맞을지도 모르겠다.

보이지 않는 파도에 올라 유유자적 살아가다

◎ 모든 것은 상대적이다

노자의 사상을 이어받은 장자(기원전 369~286)는 세상 사람들은 원래부터 하나인 것(도)을 지혜로 구별한다고 주장했다.

인간은 본인 주변의 옳고 그름, 선과 악, 아름다움과 추함, 생과 사 등의 다양한 대립을 발견하는데, 장자에 따르면 이러한 것들은 인간과 떨어져 독립해 존재할 수 있는 것이 아니다(모든 것이 상대적).

예를 들어, '여기'와 '저기'라는 장소의 대립에 관해서도 자신의 몸이 조금만 움직이면 '여기'와 '저기'가 바뀐다. 장자는 **가치판단**도 이와 마찬가지로 '절세미인이라 불리는 사람일지라도 가까이 얼굴을 대면 연못 속 물고기들은 그 모습에 놀라 물속 깊이 도망가고, 새들은 놀라 하늘로 날아가며, 사슴 무리는 혼비백산하며 도망간다'고 말했다. 미인이라는 것은 인간의 상대적 가치관이라는 것이다.

이처럼 인간의 정의도 인간의 편의에 맞추어 정한 것이므로, 모든 가치 판단이 편향되어 있다. 모두 인간이 정한 상대적인 판단에 지나지 않으므로 인간의 지위에 위아래는 없으며, 모든 차별도 존재하지 않는다. 이와 같은 생각을 **만물제동**(萬物齊同)이라 한다.

장자는 무위자연, 즉 인위로 인한 차별에서 벗어나 있는 그대로의 세상을 바라보았다. 있는 그대로의 인간의 모습은 생과 사, 풍요와 빈곤, 치욕과 명성, 추위와 더위 등 모든 것은 우주의 원리로부터 지배받고 있다고 주장했다.

'그곳에 **진재**(眞宰: 조물주)가 존재한다고 생각하면서도 그 조짐조차 구할 수 없다. 우리를 움직이는 힘이 존재함은 의심할 수 없는 사실임에도 그 모습을 눈으로 볼 수 없다'(『장자』「제물론편」)라고 주장했다. 이는 자연 그 자체를 말하는 것이다.

◎ 구별하지 않고 있는 그대로의 경지로 살아가다

장자는 인위가 개입하지 않는 모습을 **운명**이라 불렀다. 이는 딱히 결정론(➡ 87p)을 의미하는 것이 아니라, 인지를 초월한 존재를 따르라는 의미다.

'죽음과 삶은 운명이다. 밤과 낮이 일정하듯이 하늘의 이치일 뿐이다(「대종사편」).

장자는 사람의 힘으로 어찌할 수 없는 일을 **운명에 맡기는** 것이야말로 지상의 덕이라 생각했다. 또 모든 일이 흘러가는 대로 따르고, 마음을 여유롭고 자유롭게 두고, 무리하게 좋은 결과를 얻으려 하지 말며, 하늘의 뜻에 따라 사는 것이 바람직한 삶의 방식이라고 주장했다.

'만물제동'의 관점으로 삶을 살아가면, 어떠한 것에도 속박되지 않은 절대적으로 자유로운 **소요유**(逍遙遊)의 경지에 이른다고 말했다. 이 경지에 오른 사람을 진인(眞人: 득도한 사람)이라 불렀다.

'설령 실패하더라도 후회하지 않으며, 성공하더라도 자만하지 않는다.'

'삶을 기뻐할 줄도 모르고, 죽음을 싫어할 줄도 모른다. 이 세상에 태어났음을 기뻐하지 아니하며, 죽음의 세계에 들어가기를 거부하지 않는다. 그저 홀가분하게 떠나고, 홀가분하게 태어날 뿐이다.'(「대종사편」)

또 소요유의 경지에 이르면 마음을 쓸 필요도 없고, 혼자 간소하게 생활하면 삶이 수월해진다고도 했다.

'천지자연은 나를 대지 위에 놓기 위해 육체를 주었고, 나를 수고롭게 하기 위해 삶을 주어 …… 나의 노역인 삶을 좋다고 한다면 당연히 나의 **휴식인 죽음** 또한 좋다고 하리라.'(「대종사편」)

이처럼 복잡한 세상에서 번뇌로부터 해방되는 방법은 있는 그대로의 자연과 하나 되어 분별을 버리는 경지에 올라야 함을 알 수 있다.

장자의 경우, 후기의 사상에 접어들면서 사회로부터 분리되지 말고 사회 안에서 무위자연의 법칙에 따라 행동하라고 주장했다.

지역·세계·미래

우리는 매일 정보의 홍수 속에서 다양한 불안을 안고 살아간다. 이럴 때는 오히려 객관적으로 여러 위기에 관해 생각하다 보면 인류가 수많은 역경을 어떻게 극복했는지 알 수 있어 기분이 한결 여유롭고 담대해질 것이다.

3장에서는 가족 문제, 저출산과 고령화, 격차사회, 세계의 경제문제, 재해, 지역분쟁 등의 주제에 관해 다룬다.

이러한 문제들은 사회 교과서에서나 볼법한 내용이다. 또 뉴스를 볼 때마다 한 번씩 눈여겨보면 좋을 내용이다. 입시면접, 논문, 취업시험 등에서도 도움이 되는 내용이므로 알아두면 유용할 것이다.

우선 가족 붕괴 문제, 저출산 고령사회 등 우리 생활과 가까운 기본적인 문제부터 살펴보도록 하자.

가족의 기능이 축소되는 가운데 바람직한 가정의 모습을 모색하는 현대사회의 상황을 생각해보면서, 개인의 구체적인 가정생활에 관해 고찰해보는 것도 좋을 것이다.

고령화 사회의 문제는 고령자와 그 가족의 힘만으로 해결할 수 없는 경우가 많아 지역사회의 새로운 과제로 부상하고 있다.

또 경제적으로 빈부격차 문제가 세계적으로 날로 심각해지고 있으나, 이 문제에 개인적인 차원에서 대처하기 위해서는 능력계발이나 업종 형태 변경 등이 필요한 경우가 있다. 이러한 내용은 5장 '철학과 자기계발'에서 자세하게 다루므로, 이를 참고하면 좋을 것이다.

이 밖에도 세계화되어가는 사회에서 인종차별 등 편견을 없애기 위한 철학

글로벌 이슈를 기본적으로 이해해
이를 바탕으로 사회 문제에 대입해보자

적 관점에 관해 다룬다. 일본의 경우 다민족·다언어 사회는 아니다. 그러나 한편으로 자민족 중심주의에 빠질 위험도 있으므로, 다각도로 세계를 이해하려는 자세가 필요하다.

환경문제와 재해도 중요한 이슈다. 평소에 재해에 대비하고, 식량과 구호 물품을 준비해두는 자세, 대피 장소 확보, 정전 대책에 관해 생각해두면 도움이 될 것이다.

오랜 냉전을 거쳐 1989년 12월 열린 몰타 회담에서 미국과 소련의 대통령이 '냉전 종결'을 선언했다. 그러나 이후 다극화 시대가 우리를 찾아오고, 지역 분쟁이 늘어났다. 빈곤과 경제 격차는 확대되고 문제는 날로 심각해졌다.

본 장의 말미에서는 세계 각지에서 발생하는 지역분쟁 중에서도 특히 중동 정세에 관해 다룬다. 제1부에서 다루었던 '성서' 항목과 대조해가며 생각할 거리를 찾을 수 있을 것이다

지면의 제한으로 다루지 못한 주제를 아래에 적어둔다.

① 일본 헌법의 성립과정, 헌법개정, 집단 자위권, 미·일 지위협정, 여러 정당의 헌법관, ② 인권 문제, 성적소수자의 권리, 인종·민족차별, 아이누 민족의 역사, ③ 사생활권, 개인정보의 확보, 저작권 문제, 알 권리와 정보공개법.

가족과 저출산 문제

가족이 붕괴된다?

◎ **가족의 역할이 축소하는 이유**

헤겔의 『법철학』에는 '**가족-시민사회-국가**'의 인륜(➡ 101p)에 관한 내용이 나와 있다. 여기서 가족은 '신체와 성'을 바탕으로 한 '애정'으로 맺어진 관계라설명하고 있다.

이처럼 가족은 자연적인 출발점이 되는 **공동체**이지만, 현대사회의 문제로 가족의 붕괴가 대두되고 있다.

과학기술의 발전과 자본주의의 발달과 함께 가족의 역할은 시장 산업에 의존하게 되었다. 오락은 레저산업에, 식사는 외식산업에 의존하고, 가정생활은 서비스 산업과 정보산업에 의존하는 경우가 많아진 것이다.

사회집단은 크게 **기초집단**과 **기능집단**으로 구별된다. 가족은 구성원의 생활과 자녀의 성장토대가 되는 기초집단인데, 경제적 기능은 기업, 교육적 기능은 학교처럼 각각의 역할을 외부의 기능집단에 맡긴다.

이러한 상황과 더불어 가족이 함께 행동을 하거나, 같이 밥을 먹고 대화할 기회가 점점 줄어들고 있다. 또 각자 행동하고, 스마트폰이나 TV에만 눈이 가니 서로 교류할 일이 점차 사라지고 있다.

그러나 철학은 편중된 생각을 경계하기 때문에 오늘날 가족이 붕괴되었다고 단정짓지는 않는다. 어쩌면 이것은 미래에 더 좋은 가족형태로 가는 과도기적 현상일지도 모른다는 것이다.

◎ 점점 변해가는 결혼생활

결혼해서도 떨어져 살며 각자의 라이프를 즐기는 **온디맨드** 결혼 형태가 증가하고 있다. 이는 서로의 일이나 라이프스타일 등을 존중하고, 필요할 때 함께하면 된다는 새로운 결혼 형태를 말한다. 결혼 전부터 적극적으로 별거를 선택한다는 특징이 있다. ―업무상 서로 떨어져 사는 경우와는 다르다.

일과 육아를 병행하기 위해 별거를 선택하는 경우도 있다. 이들은 '육아와 일을 병행하기 위해 바쁜 남편과 지내기보다 친정 부모님과 함께 사는 것이 더 도움이 된다', '결혼해서 함께 살아도 출장이나 야근으로 어차피 집에서 마주치지도 않는데 각자 생활하는 게 더 편하다' 등을 이유로 들었다.

또 **여성이 일하기 좋은 사회**를 만들기 위해서는 쿼터제(여성 할당제)를 시행해 여성 고용 비율에 일정 목표를 설정하고, 이를 달성하게 하는 **적극적 차별시정 조치**(positive action)가 필요하다는 의견이 나오고 있다.

사르트르는 철학적 관점에서 결혼은 자유를 구속하는 것으로 계약 결혼(➡ 183p)이 바람직하다고 주장했다. 앞으로도 결혼 형태는 더욱 다양해질 것으로 보인다.

저출산으로 인구가 줄면 미래는 어떻게 될까?

◎ 저출산과 고령사회에서의 노동력 부족

여성의 사회진출과 기타 다양한 요인과 함께 만혼 혹은 비혼이 증가하고, 여성 한 명이 출산하는 아이의 수가 줄어들고 있다. 일과 가정의 양립과 경제적 이유로 출산하는 자녀 수를 줄이거나 아이를 낳지 않는 부부도 증가하고 있다.

불안정한 생활로 결혼을 망설이는 경우, 또 결혼관이 다양해지면서 평생 결혼을 하지 않는 자발적 비혼도 늘어났다. 또한 의료기술의 발전으로 평균수명이 늘어났다. 분명 반겨야 할 일이지만 이로 인해 고령화가 급속하게 진행되고 있다.

전체 인구에서 차지하는 65세 이상의 인구 비율(고령인구 비율)이 7%를 넘은 사회를 '고령화 사회'라 하며, 14%를 넘는 사회를 '고령 사회'라 한다. 일본은 1970년에 이미 고령화 사회에 진입했으며, 1994년에 고령 사회에 돌입했다. 세계 전체가 고령화되고 있으나, 일본의 경우 이례적으로 그 속도가 빠르다.

또 2005년에는 태어나는 아이 수가 사망자 수를 밑돌고, 인구감소 시대에 진입했다. 저출산 고령화와 인구감소로 인해 다양한 미래에 대한 예측이 나오고 있고, 경제, 재정, 교육, 사회제도에 지대한 영향을 줄 것으로 보인다.

경제적으로는 노동인구의 감소가 예상되며, 청년, 여성, 고령자의 취업 지원이 이루어지지 않을 경우 2030년에는 노동자가 767만 명 감소할 것이라는 통계가 있다. ─취업 지원이 이루어질 경우 171만 명 감소.

이는 전문지식과 숙련기술자의 부족으로 이어진다. 당연히 국제경쟁에서 기술개발에 뒤처지고, 지금까지 기술 강국이라 불리던 일본의 위상이 크게 흔들릴 것으로 예측된다.

◎ 많은 부정적 요인이 있지만 그래도 희망은 있다

저출산 고령화와 인구감소가 진행되면 저축률이 줄어들기 때문에 투자가 억제되어 자본주의 시장에서는 경제발전이 이루어지지 않는다. 시장규모는 축소하고, 소비는 위축되어 경쟁력이 저하된다. 즉, 경제성장은 절망적인 상황에 놓이게 된다.

재정적 측면에서는 인구감소로 세수가 감소하기 때문에 재정적자 증가가 예상된다. 국채에 관해서는 의견이 조금씩 다르지만 1인당 국가채무가 증가할 것이라는 게 일반적인 의견이다. ―이는 세수를 늘리기 위한 눈속임이라고 주장하는 사람도 있다.

사회보장 관련 비용은 인구감소와 고령화가 겹치면서 부족해질 가능성이 크다. 인구가 줄어들면 보험료를 납부하는 사람이 줄어들어, 지급액은 줄어들고 보험료는 늘어나게 된다. 또 인구감소와 고령화로 젊은 층의 부양 부담이 증가한다.

교육 측면에서는 저출산으로 학교의 통폐합이 진행되고, 수치상 대학수험생 전원이 대학에 입학할 수 있는 전원입학 시대에 이미 진입했다. 입시 관련 산업도 시장경제 안에 존재하므로 학생을 유치하기 위한 경쟁이 격화되어 새로운 수업 형태를 모색해야 하는 상황에 처했다.

사회 전체적으로는 핵가족화·저출산, 아이가 사회성과 규범을 익히는 장소였던 가정의 교육 기능 저하로 아이의 성격 형성에 문제가 나타나고 있다.

한편, 주택 사정은 완화되겠지만 지방에서는 과소화가 진행되어 주택 공동화(빈집 문제)가 심각해질 것으로 보인다. 또 물론 취업난도 완화되겠지만, 이는 노동력 부족이라는 문제와 맞물려 있다.

도심의 주택은 가치가 떨어진다는 주장도 있고, 여전히 높은 가격을 유지할 것이라는 주장도 있다. ―보드리야르의 명품 소비 심리 참고.(➡ 227p)

이렇게 보면 일본의 미래는 암담해 보이는데, 인구수에 의존하지 않는 노동 형태가 발달하고 있으므로 아직은 기우일지 모른다.

고령화 사회의 삶의 방식

고령자의 삶과 '죽음'의 극복

◎ 나이 드는 것에 대해 생각해두기

일본은 1994년부터 **고령사회**(고령인구 비율이 14%를 초과한 상태)가 되었고, 가정의 힘만으로는 노인 간병을 감당할 수 없는 상황이 도래했다. 이를 바탕으로 2000년부터 일본에서는 **간병 보험 제도**가 시행되었다. 간병 보험 제도는 지금까지 가족이 부담해온 간병을 사회 전체가 부담하는 제도다.

일본에서는 2006년에 간병 보험법이 개정·시행되면서, 고령자의 낙상 방지를 위한 근력 운동과 고령자 자립을 지원하는 방문 간병 등 예방에 중점을 둔 간병에 관한 내용이 추가되었다.

같은 해 개정 고령자 고용 안정법이 시행되었다. 기업에서는 정년퇴직 제도의 폐지 혹은 **정년퇴직 연령의 상향조정**, 또 정년 후의 계속 고용 중 하나를 택해 65세까지 고용을 보장하는 제도를 의무화했다. 퇴직한 고령자의 전문 지식과 숙련된 기술을 다음 세대에게 전수하기 위해 이들을 재고용하는 기업도 늘어나고 있다.

고령자는 신체적으로나, 경우에 따라서는 정신적으로 문제를 겪는 경우가 많다.

자본주의 사회에서는 생산성이 높은 서비스를 제공하는 사람에게 높은 가치가 부여된다. 나이를 먹으면 일반적으로 생산성이 저하되므로, 사회에서 자기 효용을 찾기가 힘들다. 사회에 보탬이 되지 않으면 불안을 느끼는 사람도 많은 것 같다.

◎ '죽음의 철학'을 미리 공부해두자

사람은 자신의 죽음을 미리 알 수 없다. 하이데거(➡ 257p)는 죽음의 특징으로 ① 자신의 죽음은 누구와도 교환할 수 없다(교환 불가능성), ② 고독하다(몰교섭성), ③ 반드시 죽는다(확실성), ④ 언제 죽을지 모른다(무규정성), ⑤ 마지막에 온다(추월 불가능성), 이 다섯 가지를 들었다.

우리는 이렇게 죽음을 이해하고 있기 때문에 '죽음'은 현존재가 존재하자마자 좋든 싫든 떠맡아야 하는 궁극의 가능성이다.

소크라테스는 철학은 **죽음의 연습**(➡ 254p)이라 생각했다. 철학으로 덕을 쌓고 죽음에 임하는 태도를 의미한다. 그리스의 에피쿠로스는 죽음은 원자의 해체이므로 죽음을 두려워할 필요가 없다고 주장했다. 불교에서도 '생로병사'(➡ 68p)로 인해 모든 것이 고통이라고 주장한다.

있는 그대로 욕심내지 않고 자연스럽게 인생을 받아들이라는 철학이 필요하다 할 수 있을 것이다. ―다만, 과학기술의 발전으로 **불로불사**(➡ 342p)가 실현되면 또 다른 삶의 방식이 등장하겠지만 말이다.

키케로의 『노년에 관하여』

◎ 기원전에도 노후에 관해 생각한 철학자가 있었다!

로마의 스토아학파(➡ 36p)의 철학자 마르쿠스 툴리우스 키케로(기원전 106~43)는 일찍이 『노년에 관하여』라는 책을 저술했다. 기원전부터 고령 문제를 다룬 것을 보면, 나이를 먹는다는 것은 인간에게 매우 심오한 문제였음을 알 수 있다.

키케로에 따르면 세상 사람들은 **노년기**에 들어서면 즐거움을 잃지 않을까, 다른 사람들이 상대해주지 않는 게 아닐까 두려워하지만, 전혀 그렇지 않다고 한다.

먼저, 키케로에 따르면 노인은 고도의 숙련된 기술을 구사할 수 있다. 세상에서는 노인이 젊은 사람들이 하는 일은 할 수 없다는 오해가 팽배하다. ─이건 현대사회도 마찬가지다.─ 그러나 어떠한 일을 할 때 중요한 것은 육체의 활력이나 기동력이 아니라 배려·관록·식견이다. 즉, 사회에서 노인은 정신적 지주로서의 의미가 있는 것이다. 키케로는 노인은 젊은 사람이 절대 따라 할 수 없는 일을 할 수 있다고 주장한다.

한편 노년에 접어들면 체력이 약해진다고 흔히 말한다. 그러나 열정과 활동이 지속되는 한 건강한 신체를 유지할 수 있다고 한다. 그리고 키케로는 나이를 먹으면 지력(知力)도 늘어 **기억력**이 떨어지지 않는다고 주장한다.

최근의 뇌과학에서도 나이에 비례해 능력이 향상되는 부위가 있다는 사실이 밝혀지기도 했다. 전두엽의 창조적인 분야는 더 활성화된다는 것이다.

또 키케로는 노인은 **다른 사람들이 자신을 싫어할까** 두려워하지 않아도 된다고 말한다. 노인들을 싫어하기는커녕 오히려 더 좋아한다는 것이다. 어쩌면 노인 스스로 생각하는 것만큼 젊은 사람들은 노인이 나이 먹었음을 별로 신경 쓰지 않는 것인지도 모르겠다.

◎ 노후에는 즐거울 일만 남았다

키케로는 젊은 사람도 노인의 다양한 지혜를 좋아한다고 주장했다. 현대사회는 인터넷을 통해 무엇이든 찾아볼 수 있는 시대가 되었다. 하지만 예를 들어, 제2차 세계대전 참전 경험담이나 전후 개혁 시대 등의 이야기에는 그 시대를 직접 겪은 사람만이 전달할 수 있는 역사적 무게가 있다.

키케로는 '지식을 연마하고, **정신 훈련**에 땀을 흘리면, 육체적인 힘의 결핍은 느껴지지 않는다. 쉬지 않고 일하는 사람은 노년이 다가오고 있음을 느끼지 못하는 법이다'라고 설명한다.

노년의 좋은 점은 그뿐만이 아니다. 노년기에 접어들면 욕심을 많이 내려놓게 되고, 생각이 유연해진다.

키케로는 '육욕과 야망에서 자유로운 노년에는 하루하루를 즐겁게 보낼 수 있다. 적당한 식사, 즐거운 대화, 자연에 둘러싸여 노년을 보내는 것만큼 행복한 것은 없다'며 노년의 장점을 강조한다.

또 노인들은 성질이 급하고, 예민하며, 화를 잘 내고, 고집이 세다고 말하기도 한다.

이는 예나 지금이나 마찬가지인 듯하다. 하지만 젊은 사람 중에도 이런 사람이 많지 않느냐고 되묻는다. 반대로 여유롭고 온화한 노인들도 많다고 주장한다.

키케로 또한 '**죽음**'에 관해 이야기했다. 죽음은 모든 연령이 공통으로 안고 있는 문제이며 청년 또한 마찬가지다.

인간은 모두 자신이 언제 죽을지 모른다. 물론 죽음은 두려운 것일지 모른다. 그러나 만약 죽음으로 인간의 **영혼이 사라지는 것**이라면 죽음은 전혀 신경 쓸 필요가 없다고 키케로는 말한다.

한편, '만약 죽어도 **영혼이 소멸하지 않고** 다른 세상으로 가는 것이라면 죽음은 환영할 만한 것'이라고도 말했다. 키케로는 죽음을 두려워할 필요는 없으므로 여유롭게 자신의 삶을 살아가면 된다고 생각했다.

18 격차사회와 세계

왜 임금은 오르지 않을까?

◎ 앞으로 세계 경제는 어떻게 될까?

프랑스의 경제학자 토마 피케티(1971~)는 그의 저서 『21세기 자본』으로 세상에 충격을 던졌다. 피케티에 따르면, 선진국의 GDP 성장률은 정점을 찍었고, 21세기 말에는 계속해서 하향곡선을 그린다고 한다. 여기에는 **인구감소**라는 요인도 한몫했다. 경제성장이 전체적으로 둔화하면 빈곤층이 증가한다. 경제 강국인 미국, 독일, 영국, 캐나다, 일본, 프랑스, 이탈리아, 호주의 자본소득 추이를 보면 국민소득에서 차지하는 자본소득의 비율이 증가하고 있다.

그런데 『21세기 자본』에서는 방대한 데이터를 분석한 결과 '**자본수익률(r)**은 이미 **경제성장률(g)**보다 크다는 부등식이 성립한다'라고 주장한다(r>g).

피케티에 따르면 지금까지는 경제성장으로 격차 문제가 해결된다고 보았다. 그러나 현대사회에서는 경제성장을 위해 자본주의를 방치하면 점점 격차가 벌어진다는 것이다.

우리는 열심히 일하면 월급이 오른다고 생각한다. 이는 과거의 이야기라고 피케티는 말한다. 피케티에 따르면, 장기적으로 보면 '자본수익률(r)은 경제성장률(g)보다 크다'고 한다. 이는 노동으로 얻는 소득보다 땅이나 주식 등에 투자해서 불로소득을 얻는 것이 더 이득인 세상이 되었음을 의미한다.

나는 돈에게도 일을 시켜.

◎ **그래도 성실하게 일해야 한다?**

기존의 자유주의 경제의 이론으로는 고소득자나 대기업이 부를 축적하면 저소득층에도 부가 돌아가고, 사회 전체가 윤택해진다는 주장이 주를 이루었다. ─시장의 메커니즘을 방임하면 r = g의 균형이 생긴다는 가설.

그러나 현대사회에서는 자본으로 얻은 수익률이 경제성장률을 웃돌면 그만큼 부는 **자본가**에게 축적된다. 자본을 가진 사람은 경제가 성장하는 속도보다 빠르게 자신의 부를 축적할 수 있다. 그러나 소득에 따른 **저축률**이 낮은 현대사회에서는 대부분의 사람이 투자에 자본을 투입할 여유가 없다. 부자는 다양한 **금융상품**에 투자하고, 유리하게 자본을 운용할 수 있다. 인플레이션 대책으로 자산을 땅, 주식, 귀금속 등으로 분산해서 투자할 수도 있다.

그러나 『21세기 자본』에서는 일하지 말고 금융자산이나 땅에 투자하라고 조언하는 것은 아니다.

반대로 피케티는 이 세상의 빈부격차를 시정하기 위해서 '**누진적 부유세**'를 세계적으로 도입하고, 재산을 재분배해야 한다고 주장한다.

세계는 누군가에게 지배당하고 있다

◎ '제국'은 세계로 뻗어간다

이탈리아의 정치철학자 안토니오 네그리와 미국의 철학자 마이클 하트는 2000년에 『제국』을 저술했다. 안토니오 네그리는 이탈리아의 마르크스주의사상가다. 따라서 『제국』을 통해 좌익의 관점에서 세상을 설명하려 했다.

1980년대에 사회주의가 붕괴하고, 미국이 세력을 강화했는데 2001년에 9·11테러가 발생했다.

이 책은 이 사건을 예고한 책이라는 점에서 많은 사람의 관심을 받았다. 제목에 사용된 '제국'은 지금까지의 제국주의와는 의미가 다르다. '제국주의'란 자본주의의 발전 형태로 식민지 지배를 특징으로 하나, 이와는 전혀 다른 자본주의가 출현하고 있다는 것이다.

그렇다면 이 '**제국**'은 어디에 존재하는 것일까? 네그리와 하트는 '미국이 제국이다'라고 주장하는 것이 아니다. 그러나 대부분의 사람들이 그렇게 해석한다. 틀렸다고는 할 수 없지만 '제국'은 미국을 포함한 좀 더 큰 범위를 의미하기 때문에 '이것이 제국이다'라고 지칭할 수는 없는 것이다.

'제국은 권력의 영토적 중심을 만들지도 않거니와 탈 중심적이며 탈 영토적인 지배 총체다. 이는 끊임없이 팽창하는 열린 내부로 지구적인 영역 전체를 점진적으로 통합해가는 것이다. 제국은 그 지령의 네트워크를 조절하면서 이종혼교적(하이브리드)인 아이덴티티와 유연한 계층 질서, 그리고 동시에 복수의 교환을 관리하고 운영하는 것이다.'(『제국』)

◎ 싸우는 멀티튜드

확실히 미국의 일극집중형 권력은 '제국주의'라 할 수 있을 만하다. 그러나 '제국'은 더 전 세계적 차원의 이야기다. 이는 미국처럼 영토 위에 존재하는 것이 아니다. 고정된 경계도 장벽도 없다. 세계 전체로 퍼져 있다. 이것이 '제국'이 '탈 중심적'이며 '탈 영토적'인 지배 장치라 불리는 이유다. 또 이는 정형화된 형태를 보이지 않기 때문에 점점 팽창해간다.

'다국적 기업은 노동력을 여러 시장에 직접적으로 할당하고, 자원을 기능적으로 분배해 글로벌 생산의 다양한 분야에 계층적으로 조직화된다. 투자를 선택하고 금융과 통화에 관한 작전행동을 지시하는 복합적 기구가 세계시장의 새로운 지형, 좀 더 실정에 맞게 말하자면 세계의 새로운 정치적 구조화를 결정하는 것이다.'(『제국』)

원래 제국주의에서는 그 중심에 있는 국민국가가 다른 나라로 영역을 확대했다. 이에 반해 '제국'에는 이러한 중심이 되는 국가가 없고, 국가를 초월한 제도와 세계로 확산되는 다국적기업을 주축으로 네트워크 구조의 권력이 형성된다.

'제국'에는 권력의 장소가 없으므로, 권력은 구석구석에 존재함과 동시에 어디에도 존재하지 않는 형태를 취한다. 따라서 '제국'의 지배에는 한계도 없고, 세계 전체를 실제로 지배하는 형태를 취한다.

이 '제국'에 맞서는 혁명적 주체를 기존의 '프롤레타리아'(노동자 계급)가 아닌, **멀티튜드**(Multitude: 다중)라 부른다. '멀티튜드'란 국경을 초월한 네트워크상의 사람들이 세계화를 통해 연결된 대항 세력이다. '멀티튜드'를 구성하는 것은 학생, 여성, 외국인 노동자, 이민자 등 누구라도 좋다. 인터넷 세계에서는 '멀티튜드' VS '제국'의 시대가 이미 도래했는지도 모른다.

19

환경문제와 타문화

지구 차원의 환경문제가 산더미

◎ **동물을 보호하자**

지금 시대를 살아가는 인류가 환경문제 해결에 있어 미래 세대를 위해 현재 상황을 미루지 않고, 책임감을 갖고 행동하는 윤리를 '**세대 간 윤리**'라 부른다.

지구의 생태계라는 유한한 공간에서 환경을 파괴하고 자원을 고갈시키는 행위는, 우리 세대가 가해자가 되어 미래 세대를 피해자로 만드는 구조라고 알려져 있다.

인간뿐 아니라 생물에게도 **생존의 권리**가 있다는 주장도 나오고 있다. 호주 멜버른 출신의 철학자이자 윤리학자, 채식주의자인 피터 싱어(1946~)는 『동물해방』(1975)에서 동물실험과 공장형 축산을 비판했다.

또 환경윤리에 관한 생각은 인간중심주의의 관점에서 미래에 이용하기 위해 자연환경을 보호해야 한다는 입장으로 이동했다. 그러나 자연환경 그 자체의 가치를 위해 보호해야 한다는 발상으로 전환해야 한다는 의견이 대두되고 있다.

지구 유한주의란 앞으로 지구의 자원이 유한하다는 전제하에 다양한 시스템을 근본적으로 재고해야 한다는 생각이다.

한편 여기에 극단적으로 치우치면 자유주의에 저촉되는 경우 '**에코 파시즘**'에 빠질 위험이 있다는 지적도 나오고 있다.

◎ 지구 환경문제의 상호관계와 개도국의 자원 문제

환경문제의 주요 원인으로 개도국의 인구증가와 선진국의 **대량생산**, **대량소비**, **대량폐기**를 지적한다. 선진국이 개발을 원조한 경우, 개도국의 경제활동 수준이 상승하고, 공해 문제가 발생한다.

선진국의 환경에 대한 배려가 부족한 경우에도 환경문제가 발생한다. 또 선진국의 유해 폐기물이 개도국으로 이동하면서 개도국의 공해 문제는 더욱 가속화된다.

고도의 경제활동은 화학물질의 사용을 증가시켜, 해양오염도 발생시킨다. 선진국과 개도국 사이에 현저한 에너지 소비격차가 발생해 개도국 중에는 에너지 소비가 전 세계 평균의 10분의 1에 미치지 않는 지역도 있다.

지구온난화에도 영향을 주고, 사막화, 해양오염, 화학물질 사용으로 인한 프레온가스 발생, 오존층 파괴, **야생 생물종의 감소** 등이 일어난다.

개도국의 인구 급증, 화전(燒畑)·경작, 목재생산으로 인한 열대화 현상이 일어나고, 이로 인해 야생 생물이 감소한다고 알려져 있다.

타문화 세계로 향하는 시선

◎ 선진국과 개도국의 변명

1971년(석유 위기가 발생하기 직전)에 에너지 수요는 선진국과 개도국에서 100:15
라는 경이로운 격차를 기록했다. 그런데 그 후발 개도국의 **에너지 소비량**이 점
점 더 크게 증가해 선진국의 증가율을 크게 웃도는 국가도 나오기 시작했다.

그 이유로 인구 증가율이 지적되었다. 2009~2010년의 인구 증가율은 개도
국이 많은 아프리카 대륙이 2.32%, 중남미 1.12%, 아시아 1.05%였다. 즉, 인구
증가율이 높아지면 에너지 수요가 증가한다는 것이다.

또 2008년 리먼 사태 때 선진국 경제가 마이너스 성장을 기록하자 개도국
의 경제도 이에 영향을 받았는데, 개도국 중에는 반대로 경제성장률이 5%를
넘은 나라도 있었다. –에너지 수요의 증가가 한 요인으로 지적되었다.

나아가 개도국의 경우 에너지 절약 기술이 뒤처져 있어 '에너지 절약형 경
제'로 이행하지 않은 만큼 에너지 소비량이 증가했다. 가까운 미래에 이러한
경향이 지속되면, 개도국의 에너지 소비량은 선진국에 가까워질 것으로 보이
며, 이로 인해 전 세계의 에너지 소비는 2배 가까이 증가할 것으로 예상한다.

그렇게 되면, 장기적으로는 **자원의 측면과 지구 환경적 측면**에서 경제적 위기
가 발생하는 요인으로 작용할 가능성이 있다. 선진국 입장에서 보면 개도국의
에너지 소비 증가는 자원문제와 환경문제의 악화로 이어진다.

그러나 선진국이 마음대로 에너지를 소비해 환경을 파괴해온 전례가 있으
므로, 개도국 측은 정당한 경제활동을 하는 것이라고 주장한다.

◎ 다민족에 대한 편견을 없애는 사고법

인간에게는 자신이 소속되어 있는 그룹에 반하는 행동양식이나 의견을 배제하고 부정하려는 경향이 있다.

관습과 문화가 다른 나라의 사람과 만나면 자민족이나 자국의 문화를 우월하게 생각하고, 다른 문화를 낮게 보려는 경향이 있다는 것이다.(➡ 119p)

팔레스타인계 미국인 문학연구가 에드워드 와디 사이드(1935~2003)는 **에스노센트리즘(자민족중심주의)**과 서양 중심의 **오리엔탈리즘** 등의 개념을 제국주의적이라고 비판했다.

'동양인은 후진적, 퇴행적, 비문명적, 정체적 등 다양한 호칭으로 불리는 다른 민족과 함께 생물학적 결정론과 윤리적·정치적 교훈으로 구성된 틀 속에서 평가되었다. 동양인은 종속인종의 일원이었기 때문에 종속되어야만 했다.'(『오리엔탈리즘』)

사이드에 따르면 어떤 민족이나 문화에서 다른 민족이나 문화의 존재가 자신의 존립을 위협하고 공존이 불가능한 절대적 타자로 인식될 때, 그것은 '적'으로 간주되었다.

그리고 그 민족은 다른 민족을 말살하는 '루머'를 만들어내기 시작한다. 자민족이나 자문화 외의 타문화나 타자에 대해 잘못된 **공동 환상**을 만들어내는 경우도 있다.

그 환상의 토대가 되는 것 중 하나는 소수가, 그것도 불과 몇 시간 정도만 타문화를 접한 소수가 자기 멋대로 환상을 품고 이를 퍼트리는 것이다.

자민족중심주의는 한두 명의 사람에게서 기인한 공포감이나 위기의식이 대중으로 확대되어 전체주의화된다는 무시무시한 특징이 있다.

현대의 인종차별도 사소한 오해에서 비롯된 것이 아니라, 극심한 편견과 환상 수준에서 자행되고 있으므로 아직도 해결할 길이 먼 듯 보인다.

다양한 위기를 생각하다

다양한 전염병을 조사해보자

◎ **인플루엔자를 가볍게 봐서는 안 된다**

스페인 독감은 1918년~1919년에 세계 각지에서 많은 사망자를 낸 인플루엔자 **팬데믹**이다. 제1차 세계대전 당시 참전하지 않았던 스페인에서는 정보조작이 이루어지지 않았는데, 이 때문에 인플루엔자 유행을 언론에서 중점적으로 다루었다. 이 때문에 스페인이 발원지라고 퍼지기 시작해 스페인 독감이라 부르게 된 것이다.

2009년에는 신형 인플루엔자(A/H1N1)가 대유행했다. 전 세계 214개국에서 감염이 확인되었고, 1만 8449명이 사망(WHO 통계, 2010년 8월 1일 시점)했다.

일본 후생노동성에 따르면 매년 일본에서 WHO가 권고한 바이러스 균주를 기본으로, 지금까지 일본의 유행 상황을 고려하고 유행할 균주를 예측해 백신을 만들고 있다. 최근 약 10년 동안 백신 균주와 실제 유행한 바이러스 균주가 거의 일치하고 있다고 한다.

그러나 일본에서는 다른 선진국에 비해 백신의 자발적 **접종률이 낮아서** **(50%)**, 인플루엔자로 사망하거나 병원에 입원 치료를 받는 사례가 많아 유행 억제가 과제로 부상하고 있다.

인플루엔자로 인한 사망자 수는 일본에서 2018년에 약 3000명으로 집계되고 있다. 여타 다른 대표적 감염증으로는 에이즈(후천성 면역결핍증)가 있고, 세계에서 6500만 명이 에이즈에 감염, 2500만 명이 사망했다. 2018년 기준 일본의 에이즈 환자는 377명이다.

◎ 끝나지 않은 전염병과의 싸움

일본에서 간염(바이러스성 간염)의 만성 감염자는 B형 간염의 경우 110~140만 명, C형 간염은 190~230만 명으로 추정된다. 감염 시기가 명확하지 않거나 자각 증상이 없는 경우가 많기 때문에 자기도 모르는 사이에 간경화나 간암으로 발전해 사망에 이르는 경우가 있다.

레지오넬라증은 레지오넬라 균종에 의한 세균 감염증이다. 최근 검사법의 발달·보급과 함께 보고 건수가 증가하고 있어, 2017년에는 약 1700명의 환자가 보고되었다. 고령자와 신생아는 폐렴으로 이어질 위험이 다른 연령대보다 높으므로 주의가 필요하다. 현시점에서 예방할 수 있는 백신은 없다(일본 후생노동성).

또 HTLV-1(인간 T세포 백혈병 바이러스)는 일본에 약 108만 명, 전 세계적으로 3000만 명 이상의 감염자가 있을 것으로 추정되고 있다. 감염되어도 대다수는 무증상이기 때문에 알아차리기 힘들다. HIV바이러스와 마찬가지로 한 번 감염되면 바이러스는 체내에서 사라지지 않는다. 체내에 자리 잡은 바이러스 중 일부는 성인 T세포 백혈병 림프종(ATL) 등을 유발한다(일본 후생노동성).

다각도로 리스크에 대비하자

◎ 아직 끝나지 않은 다양한 환경문제

• 원자력발전소 문제

2011년 3월 11일에 발생한 동일본 대지진으로 도쿄전력 후쿠시마 제1원자력발전소에서 방사성물질이 발전소 외부로 유출되었고, 동일본을 중심으로 광범위하게 막대한 피해가 발생했다.

후쿠시마 제1원전사고로 대기 중에 방출된 방사성 물질의 양은 일본 원자력 안전·보안원에 따르면 37만 테라 베크렐(TBq)에 달할 것으로 추정하고 있다. 사고의 여파가 계속되고 있는 만큼 앞으로도 방출될 가능성이 있다. 방사성 물질의 내부피폭이 사고 당시부터 우려되었다. 요오드131(→ 갑상샘), 세슘137(→ 전신), 스트론튬90(→ 뼈), 플루토늄239(→ 뼈, 간장) [(→)은 침착 부위]

• 정전과 기타 문제

2006년 8월 14일 오후 7시 반경, 일본 수도권의 약 140만 가옥이 정전되었다. 교통신호가 마비되고, 지하철과 철도 대부분이 운행에 차질을 겪었으며, 엘리베이터에 사람이 갇히는 등 일본은 큰 충격에 휩싸였다. 원인은 도쿄와 지바 사이를 흐르는 구 에도강에 걸쳐 있는 송전선에 크레인선 한 척이 걸렸기 때문이었다.

완전히 복구되기까지 약 3시간이 걸렸다고 한다. 당시 수도권 전력은 니가타 현 원자력발전소와 도쿄만 내의 화력발전소에서 공급받고 있었다.

일본은 지진 발생 빈도가 높기 때문에 향후 전력공급의 안정화를 위한 다각도의 대책이 필요해 보이는 대목이다. 가정마다 자가 발전기를 설치하는 움직임도 앞으로 더욱 증가할 것으로 보인다.

◎ 여러 가지 위험요소를 고려하자

• 최근 발생한 지진으로 인한 사망자 수

전 세계 지진의 20%는 일본 주변에서 발생한다고 해도 과언이 아닐 정도로 일본은 대표적인 지진 발생국이다. 1995년 1월 17일 **한신·아와지 대지진**의 사망자 수는 6434명, 2004년 10월 23일 니가타현 주에쓰 지진의 사망자 수는 68명이었다. 2011년 3월 11일 **동일본 대지진**에서의 사망자와 행방불명자 수는 약 1만 8000명이었으며, 2016년 4월 14일과 16일에 발생한 구마모토 지진의 사망자 수는 273명, 2018년 9월 6일 홋카이도 이부리 동부 지진의 사망자 수는 42명이었다.

관동지방의 지진에 관한 역사를 살펴보면 1703년 겐로쿠 관동 대지진, 1855년 안세이 에도 지진, 1894년 도쿄 지진, 1923년 다이세이 관동 대지진, 1924년 단자와 지진이 있다. 겐로쿠 관동 대지진이 발생한 지 200년이 지난 후 다이세이 관동 대지진을 거쳐, 그 후 200~300년 안에 다시 M7 규모의 지진이 발생할 것으로 알려져 있다(일본 내각부 홈페이지 참고).

• 하루 일본의 사망자수

일본 후생노동성이 2018년 일본의 사망자 수에 관한 통계를 발표했다. 1위가 암으로 37만 3547명, 2위 심장질환 20만 8210명, 3위 노환 10만 9606명, 4위 뇌혈관질환 10만 8165명, 5위 폐렴 9만 4654명으로 집계되었다. 후생노동성이 발행하는 통계 자료 '일본의 하루'에서는 2005~2010년 사이에 **하루 평균 사망자 수가 3280명**으로 집계되었다.

내용을 살펴보면 암 968명, 심장질환 518명, 뇌혈관질환 338명, 사고 111명, 업무상 재해 3명, 노환 124명, 자살 87명이었다.

인간은 태어난 순간 위기에 직면하며 살아간다. 철학수첩(➡ 361p)을 만들어, 리스크 요인들을 적어보자. 틈날 때마다 위기에 어떻게 대처해야 할지 생각하면 위기에 직면했을 때 자연스럽게 대처하는 힘이 생길 것이다.

중동 분쟁

팔레스타인 문제는 『구약성서』 시대부터?

◎ 성서의 이스라엘인과 아랍인의 시초

『구약성서』의 「창세기」에는 아브람(후에 **아브라함**이라 불림)과 아내 사라는 나이가 들어도 아이를 갖지 못해 이집트 출신의 여종 하갈을 아브람의 첩으로 삼았다는 기록이 있다.

아브람의 아들 **이스마엘**을 가진 하갈은 사라를 무시하기 시작했다. 그 후 사라는 기적적으로 아브람의 아들을 낳았는데, 아들의 이름을 **이삭**이라 지었다. 아브람은 "이스마엘도 한 나라를 이루게 할 것이다"라는 신의 말에 따라 물과 빵이 든 보따리를 주고 하갈과 이스마엘을 집에서 내보낸다.

하갈이 가죽 주머니에 든 물이 다 떨어져 자신의 아이를 버리려하자 신은 "저 아이를 일으켜 그 손을 잡아라. 내가 그 아이의 자손으로 큰 나라를 이루게 하겠다"라며 하갈의 눈을 밝게 해 샘을 발견하게 했다.

이스마엘은 성장해 광야에 살았고, 어머니의 고향인 이집트에서 아내를 얻었다. 이리해서 이스마엘의 자손은 **아랍인**이 된 것이다.

한편 이스라엘인은 기원전 1500년경 **가나안**(팔레스타인)으로 이주한 것으로 기록되어 있다. 출애굽(➡ 49p) 후에 신으로부터 십계를 비롯한 율법을 받아 신앙공동체를 형성하고, 기원전 1000년경에 다윗왕은 이스라엘 왕국을 통일했다.

◎ 유대인과 아랍인의 숙명

이스라엘 왕국은 다윗왕과 솔로몬왕 시대에 번영을 이루었으나, 북이스라엘과 남유다로 분열되었고 북이스라엘은 기원전 722년에 아시리아의 침략으로 멸망했다. 남유다는 기원전 586년에 신바빌로니아 제국의 공격을 받아 **바빌론 포로**가 되었다.

시대는 바뀌어 **예수**(➡ 53p)가 이스라엘(팔레스타인)의 베들레헴에서 태어났고, 그 제자들에 의해 기독교가 탄생했다. 610년에는 무함마드가 이슬람교를 창시했다. 1516년에는 오스만 제국(이슬람교)이 팔레스타인을 정복했으나, 1897년에는 독립건국을 갈망하는 **유대민족주의(시오니즘)**의 기세가 강해지며 제1회 시온주의자 대회가 개최되었다.

시오니즘이란 이스라엘의 영토(팔레스타인)에 고향을 재건하려는 근대 유대인 운동이다. ─‘그러나 다윗은 요새인 **시온** 성을 점령했다.(『구약성서』「사무엘기」하 5:7)─ 그러나 1915년 **후세인＝맥마흔 협정**으로 영국이 오스만 제국의 지배하에 있던 아랍지역의 독립과 아랍인의 팔레스타인 거주를 인정했다.

복잡한 중동정세

◎ 중동전쟁의 촉발

1917년에는 **밸푸어 선언**으로 영국정부는 시오니즘에 대한 지지를 표명했다. 이 선언으로 영국은 전쟁에서 유대인의 협력을 얻기 위해 유대인 국가 수립을 지지했다.

1920년 산레모 회의로 위임통치령 팔레스타인과 위임통치령 메소포타미아는 영국이 차지했다. 1932년에는 위임통치령 메소포타미아는 **이라크 왕국**으로 독립을 이루었다.

1933년 독일에 나치 정권이 탄생하고 **유대인을 박해**했다. 1939년에는 독일의 폴란드 침공으로 제2차 세계대전이 발발했다. 전후 1947년 UN은 팔레스타인 분할결의를 채택하고, 1948년 5월 14일에 **이스라엘은 독립을 선언**한다.

그러나 UN의 팔레스타인 분할결의가 유대인에게 유리하다며 아랍이 이에 반발했고, 제1차 중동전쟁이 일어났다(1948년 5월~1949년 4월). 이스라엘이 팔레스타인의 대부분을 획득하고, 국경선(그린 라인)이 확정되었다. 경제적·군사적 요충지인 수에즈운하를 이집트가 국유화해 영국 등과 대립하면서 제2차 중동전쟁이 발발했다(1956년 10월~11월). 이스라엘이 참전해 시나이반도를 침공했다. 기능이 마비된 안보리를 대신해 UN총회가 평화를 위한 단결 결의를 단행하고, 정전 후 이스라엘군은 철수했다.

1964년에는 **팔레스타인 해방기구**(PLO)가 설립되었다. 유대교, 기독교, 이슬람교의 성지인 예루살렘의 아랍 지배에 대해 이스라엘의 불만이 고개를 들었다. 시리아에 친(親) 팔레스타인 정권이 탄생하고, 제3차 중동전쟁(1967년 6월)이 일어났다. 이 전쟁으로 이스라엘은 단기간에 요르단강 서안지구, **가자지구**, 시나이반도 등을 점령하게 되었다.

◎ 중동평화에서 현대까지

1969년 아라파트가 PLO 의장으로 취임했다. 이집트가 시나이반도를 되찾기 위해 아랍 국가들의 협력 아래 이스라엘을 기습하면서, **제4차 중동전쟁**(1973년 10월)이 일어났다. 아랍 국가들이 이스라엘 지원국에 원유 수출을 제한해 석유 파동이 발생하고, 일본에서는 다나카 가쿠에이 내각 중에 물가 폭등이 일어났다. 화장지가 품귀현상을 빚어 사재기가 발생한 것이 바로 이 시기다.

제4차 중동전쟁 정전 후인 1978년, **캠프 데이비드**(미합중국 대통령 별장)에서 이집트와 이스라엘이 평화 협상을 체결하고, 시나이반도는 이집트에 반환되었다.

그러나 1987년 점령지구에서 팔레스타인인들의 인티파다(반이스라엘 민중봉기)가 일어난다. 1991년에는 **걸프전**이 발발했다. 이는 페르시아만 주변 국가에서 일어난 이라크의 **사담 후세인** 정권과 미국을 중심으로 한 다국적군의 전쟁이었다. 중동평화회의를 거쳐 1993년 이스라엘과 PLO가 상호승인에 합의했고, 팔레스타인 잠정 자치협정에 서명했다. 1994년에는 팔레스타인이 자치를 시작했다. 1995년 이스라엘과 PLO는 팔레스타인 자치 확대에 최종적으로 합의했으나, 이스라엘의 이츠하크 라빈 총리가 1995년 11월 4일 텔아비브에서 개최된 평화집회에 참석했다는 이유로 평화반대파인 유대인 청년의 총격을 받고 사망했다.

1996년 아라파트 PLO 의장이 팔레스타인 자치정부 의장으로 선출되었고, 2001년 샤론정권이 들어섰다. 이스라엘은 점령지역에 입식지를 확대해 분리 장벽을 건설했다. 같은 해 9월에 **미국에서 동시다발로 테러** 사건이 발생했다. 2006년에는 팔레스타인 총선거에서 반(反) 이스라엘 강경파인 '**하마스**'가 승리를 거두었다. 하마스는 자폭테러나 로켓탄을 이용해 이스라엘 국방군과 시민에 대한 공격을 개시했다. 2008년 12월 27일, 가자지구를 실효 지배하는 하마스와 이스라엘 사이에 전쟁이 발발했다.

4 철학과 자연과학

만학의 아버지라 불리는 고대 그리스의 아리스토텔레스는 학문을 분류하고 정리했다. 특히 자연과학은 원래 철학의 일부였으나, 이때부터 세분화되기 시작했다.

4장에서는 과학사를 주제로 여기서부터 미래 인류의 바람직한 모습을 다각도로 생각해보고자 한다. 일반적으로 학문의 분야를 나눌 때 문과와 이과로 나누는데, 이는 편의상 전문 분야를 나눈 것일 뿐, 모든 사람은 문과와 이과를 교차하는 사고를 한다.

세계는 '기호' 정보의 집합인데, 이를 수학이라는 '기호'로 표현하면 이과, 언어라는 '기호'로 표현하면 문과라 편의상 분류할 뿐이다. 철학에서는 모든 것을 '기호' 정보의 관점에서 다루므로 동일한 개념이 표현만 다름을 전제로 생각한다.

문과 출신인 컴퓨터의 프로그래머도 많다. 원래 언어가 기호이며, 0과 1도 기호이기 때문이다.

앞으로는 학문 간 융합이 진행될 것으로 보이므로 문학, 어학, 예술, 역사, 정치, 경제, 지리, 과학, 의학, 약학, 공학 등 다양한 분야의 '전문적'이고 '개념적 지식'을 종횡무진 넘나들며 이를 융합해 새로운 각도에서의 '지식'을 창출하거나 비즈니스에서 이를 활용하는 융합 지식에 대한 수요가 늘어날 것으로 보인다.

인류의 철학사와 여러 학문의 사고방식의 차이를 공부해야 어려움 없이 이를 종합적으로 받아들일 수 있다.

세상이 기호의 집합임을 기억하며
다양한 분야를 종합적으로 생각하자

일부러 '전문 분야가 다른' 정보를 접목해 생각하지 못한 새로운 지식의 연쇄작용을 유도하기도 한다.

과학적 정보는 일주일 단위로 업데이트되기 때문에 이 장에서는 현재 알려진 과학기술의 발전단계에 더해 이보다 훨씬 앞선, 마치 SF영화에서 볼 법한 미래, 그러나 일어날 법한 미래에 관해 소개하고자 한다.

'22 안락사와 존엄사란?'에서는 미래에 자신의 세포에서 장기를 만들어 이를 교체하는 세상을 생각해보고, 이와 관련된 윤리적 문제를 살펴본다.

복제인간이나 유전자 조작에는 다양한 법률적 제한이 따른다. 그러나 법률이 이를 따라잡기 전에 과학적 성과가 실현되는 경우가 많아, 머지않아 어떤 일이 일어날지 알 수 없다. 여기서도 윤리적인 문제가 발생할 것으로 예상된다.

컴퓨터의 역사는 철학과 무관한 듯 보이지만, 인간의 사고를 기호화해 계산하는 철학 분야가 있다. 향후 컴퓨터 과학과 사고의 기호화는 점점 더 깊은 연관성을 갖게 될 것이다. 철학과 과학의 역사에 관해서는 제1부의 공간과 시간의 개념과 관련된 장으로, 양자컴퓨터를 발명하는 계기가 된 양자의 양면성에 관해 살펴보고자 한다.

IT 사회가 지향하는 것 또한 기호 정보의 종합이므로 머지않아 놀랄 만한 사회시스템이 탄생할 것으로 보이는데, 이를 예측할 수 있으면 비즈니스에도 큰 도움이 될 것이다.

안락사와 존엄사란?

생명윤리와 관련한 다양한 문제

◎ 생명을 조작한다는 것의 의미

첨단 의료기술의 발전은 의학의 영역에만 머물지 않고 철학적 문제를 야기한다. 인간의 생식과 출생은 고대, 중세, 근대 사회에서 신비로운 일(➡ 38p)로 생각되거나 기계론적으로 설명되기도 했다.

체외수정이란 여성의 체외에서 정자와 난자를 수정시켜 수정란을 만드는 것을 말한다. 1978년에 영국에서 '시험관 아기'라 불리는 체외수정 아기가 탄생했다.

아내가 임신을 하지 못하는 경우, 제3자인 여성이 임신과 출산을 대신하는 것을 **대리출산**이라 한다. 부부의 수정란을 제3자인 여성에게 이식해 대리출산을 하는 경우와 여성이 난자를 제공할 수 없는 경우 남자의 정자를 이용해 제3자인 여성에게 대리출산을 하게 하는 경우가 있다. 이에 관해서는 종교적, 문화적으로 의견이 분분하다.

한편, 대리모가 아이를 낳고 주지 않는 사건이 발생하기도 한다(미국의 베이비 M사건 등). 대리출산의 경우 법률상 부모·자식 관계를 확인하는 방법에 다양한 문제가 발생한다. 또 유전적으로만 부모·자식 관계가 성립하므로 이 문제 또한 간단하지 않다.

생명에 관한 과학기술은 복제인간 문제와도 연관된다. 복제인간의 **자아**나 **자아동일성**에 관해서는 철학적 문제가 종종 발생한다.

◎ **의료의 생명윤리란 무엇인가?**

중증 환자에게는 자신의 병명을 알 권리나 어떻게 치료를 해야 하고 요양을 해
야 하는지 선택할 권리(자기 결정권)가 있다. 자신의 '죽음을 선택하는 방법' 또
한 본인이 의사결정을 할 수 있다는 전제하에 이를 존중한다.

삶의 질(QOL)을 중시하는 경우, 가령 자신이 말기 질환에 걸렸을 때 생명유
지 장치 사용을 거부할 수도 있다. 이처럼 존엄을 지키며 자연스럽게 죽음을
맞이하는 것을 '**존엄사**'라 한다.

또 의사는 진단과 치료에 관한 정보를 환자에게 충분히 제공할 의무가 있
다. 환자의 이해를 바탕으로 **사전동의**(Informed consent)를 받아 치료가 이루어
질 때 우리는 이를 이상적 의료행위라 부른다.

사전동의란 환자가 의사로부터 충분한 설명을 듣고 이에 동의하는 것을 말
한다. 환자는 의사에게 병명, 병의 경위, 치료법, 약과 부작용, 대체 요법, 수술
성공률 등에 관해 충분한 설명을 요구할 권리가 있다. 이러한 가운데 말기 환
자의 케어를 담당하는 **호스피스**의 역할이 점점 중요해지고 있다.

말기 의료와 철학의 밀접한 관계

◎ 로스 박사의 『죽음과 죽어감』

의사인 엘리자베스 퀴블러 로스의 저서 『죽음과 죽어감』은 1969년에 세상에 나왔다. 여기에는 200명의 죽음을 앞둔 환자와 나눈 대화를 조사해 분석한 죽음을 수용하는 과정이 나와 있다.

① **부정** 환자가 큰 충격을 받고 이를 부정하는 단계. '전면적인 부정'과 치료법으로 나아질 수 있지 않을까 하는 '부분적 부정'이 발생하는 경우도 있다.

② **분노** 왜 자신이 이런 일을 당해야 하는지, 왜 죽어야 하는지 주변인에게 분노를 표출하는 단계.

③ **협상** 신처럼 초월적인 존재와 연명을 협상하는 단계. 지난 삶을 회개하거나 몇 개월 더 살게 해달라고 기도하는 등 죽지 않게 해달라고 신과 협상을 시도한다.

　　'신은 나를 이 세상에서 거두어가기로 결정했다. 그리고 나의 분노에 찬 더 살게 해달라는 기도에 응답하지 않았다. 그렇다면 더 간절히 기도해 보면 조금은 편의를 봐주지 않을까'라고 생각한다.

④ **우울** 협상이 무의미함을 깨닫고, 운명 앞에서 인간의 무력함에 실망해 심한 우울증과 절망에 빠지는 단계.

　　'사회복지사, 의사, 혹은 목사가 환자의 고민을 가족과 이야기하고, 환자가 자존심을 지킬 수 있도록 가족들의 협조를 구할 수도 있다.

⑤ **수용** 죽음을 수용하는 최종 단계. 최종적으로 자신이 죽어가고 있음을 받아들이는 단계다. 경우에 따라서는 해탈의 경지에 도달해 평온하게 죽음을 받아들이는 경우가 보고되기도 한다.

◎ 뇌사와 장기기증

인간의 죽음은 원래는 심정지로 인한 사망을 의미했다. 그러나 인공호흡기 등 의료기술의 발달로 뇌 기능은 완전히 정지되었으나 심장의 기능은 유지되는 새로운 죽음의 형태인 '뇌사'가 등장했다. 뇌사 환자의 장기는 머지않아 멈춘다. ─식물인간 상태는 뇌간의 기능이 잔존한 채로 의식이 없는 상태다.

이 때문에 **리빙 윌**(생전유언)에 따라 자신이 말기에 이르렀을 때 생명 연장 조치를 하지 않고 '존엄사'를 희망한다는 유언을 생전에 밝혀두기도 한다.

본인의 의사로 생명유지 장치를 거부하고, 자연스럽게 죽음을 맞이하는 것이 '존엄사'라면, 약물 투입 등으로 인위적으로 죽음에 이르게 하는 행위를 **'안락사'**라 한다.

또 이는 장기이식과 관련된 문제를 낳는다.

영국과 미국에서는 철학적으로 자신의 신체는 자신의 소유물(➡ 140p)이므로 이를 어떻게 처분할 것인지는 자기 스스로 자유롭게 결정할 수 있다고 생각했다. 데카르트 철학 이후 정신과 신체는 각각 독립된 실체라는 전통적 관념도 이어지고 있었다.

심신이원론(➡ 84p)을 신체와 뇌라는 장기로 본다고 하더라도 뇌가 죽으면 의식(정신)도 죽는 것이므로 의식이 없는 신체는 물체와 같다고 해석할 수도 있다.

이렇게 생각하면 장기이식에 윤리적 문제는 생기지 않는다. 한편 일본에서는 심신이원론적 혹은 기독교적 사상이 약해 육체와 영성을 준별한다는 개념 자체를 낯설어하고, 뇌 기능은 멈추었지만 몸은 아직 살아 있는 것처럼 보이는 뇌사나 식물인간 상태를 죽음이라 단정 짓기를 주저하는 경향이 나타난다.

과학적·합리적 기술이 종국에는 인간의 '죽음'이라는 철학적 문제와 연관되면 참 난해해지는 측면이 있다.

복제인간과 유전자 조작

복제인간은 제조 금지

◎ **영화를 보면 복제인간의 마음을 이해할 수 있을까?**

복제인간을 주제로 한 다양한 영화들이 있다. 아널드 슈워제네거 주연의 〈6번째 날〉(2000)은 미래의 이야기다. ─미래라 해도 2010년이다.─ 창세기에서 신이 인간을 창조한 날에서 유래한 법률 '6d 법'을 바탕으로 **복제인간**을 만드는 행위가 금지되었다.

어느 날, 주인공 아담이 자신의 생일 밤에 일을 끝내고 집으로 돌아왔는데, 복제인간인 듯한 자신과 똑같은 모습을 한 사람이 가족과 생일파티를 하고 있었다. 자신의 가정과 일상을 되찾기 위해 아담은 진실을 밝히려 고군분투한다.

영화 〈**아일랜드**〉(2005)는 복제인간 남녀 한 쌍이 정부의 무자비한 요원과 사투를 벌이는 모습을 그린 SF 스릴러다. 방사능으로 오염된 세상과 차단된 미래의 거대시설에서 생활하는 사람들, 그들의 꿈은 지상 낙원 '아일랜드'에 갈 수 있는 권리를 얻는 것이다.

그러나 주인공(이완 맥그리거)은 지구가 오염되지 않았으며, 거대시설의 주민들이 복제인간이었다는 것, 그리고 아일랜드에 간다는 것은 자신의 주인을 위해 장기를 제공하는 것임을 알게 된다. 그는 연인(스칼렛 요한슨)과 함께 시설에서 탈출을 시도한다. 복제인간들의 고뇌가 잘 표현된 작품이다.

◎ 세포를 되돌릴 수 있음을 발견하다

〈6번째 날〉 앞부분에서도 나오지만, 1996년 영국에서 **복제 양 '돌리'**가 탄생했다. 각국에서는 규제의 방향성을 내놓았고, 일본에서도 2001년에 **인간복제 규제법**이 시행되었다. 현시점에서는 인간의 존엄을 지키면서 생식보조 의료와 장기이식 혹은 재생의료에 기술을 적용하는 방향으로 진행되고 있다.

1950년대 발생학자인 워딩턴은 '일단 분화한 세포는 되돌릴 수 없다'고 주장했다.

그런데 2012년에 교토대 야마나카 신야 교수와 함께 노벨상을 받은 영국의 생물학자 존 거든(1933~)은 이 상식을 최초로 뒤집었다.

거든은 세포에서 핵을 추출해 핵을 제거한 다른 수정란에 이식했다. 그리고 핵을 이식한 난자에서 정상적인 유생과 성체를 얻을 수 있다는 가능성을 제시했다.

이리하여 일단 분화한 세포도 특정 조작으로 수정란과 같은 상태로 되돌릴 수 있다는 사실이 밝혀진 것이다.

만능 세포는 우리에게 장밋빛 미래를 가져올까?

◎ 배아줄기세포와 유도만능줄기세포

배아줄기세포는 1981년에 영국의 에번스 박사(2007년 노벨상 수상)가 만들었다. 1998년에는 미국의 톰슨 교수가 드디어 인간의 배아줄기세포 제작에 성공했다.

수정란은 태반을 포함한 모든 세포가 될 수 있는데, 이를 전능성(totipotency)라 한다. 이에 반해 배아줄기세포가 가진, 태반은 될 수 없지만 몸을 만드는 모든 세포가 될 수 있는 능력을 만능성(pluripotency)이라 한다.

배아줄기세포는 전능성은 없지만 재생의료 등에 응용하기에는 충분할 것으로 보였다. 이 때문인지 기사에서는 '**만능 세포**'라는 단어를 쓰게 되었다.

현재는 배아줄기세포에는 불임치료 등으로 체외수정된 배아를 사용한다고 한다. 그러나 이러한 배아를 자궁에 착상시키면 인간이 되므로 윤리적 문제가 발생한다는 의견도 있다.

2006년에 교토대 야마나카 신야 교수의 연구팀이 세계에서 최초로 쥐의 피부세포에서, 이어 2007년에는 세계에서 최초로 인간의 피부세포에서 **유도만능줄기세포**를 만드는 데 성공했다.

2011년에는 교토대 연구팀이 유도만능줄기세포로 쥐를 만드는 데 성공하기도 했다.

유도만능줄기세포는 신경, 근육, 혈액 등 다양한 조직과 장기의 세포가 될 수 있는 능력을 가진 신형 만능 세포를 의미한다. 수정란을 파괴해서 만드는 '**배아줄기세포**'에 비해 윤리적 문제가 없고, 환자의 체세포로 만들기 때문에 거부반응 문제에서도 자유로울 수 있다.

◎ 복제 기술로 얻는 장점

복제 기술은 육질 좋은 소고기, 우유량이 많은 소 등 식료품으로서 우수한 동물을 만들 수 있다는 장점이 있다고 알려져 있다. 또 동일한 유전자를 지닌 동물을 생산할 수 있으므로 동일한 유전적 조건을 바탕으로 한 실험 연구를 할 수도 있다. 의료기술의 발전을 위해서는 인간과 동일한 질환을 가진 모델 동물 실험이 필요하다. 복제 기술로 질환 모델 동물을 안정적이면서, 동시에 대량으로 제공할 수 있다고도 한다.

또 희귀동물의 보호와 재생의 가능성도 열린다. 하나의 개체에서 여러 개의 개체를 생산해 멸종위기에 처한 동물의 멸종을 막을 수 있다는 것이다.

영화 〈쥬라기 공원〉에서는 멸종된 동물을 복원해 공룡 테마파크를 만든다. 이런 일이 가능해질지도 모른다. 다만, 네안데르탈인을 복원할 수 있다 하더라도 이는 인간이므로 윤리적 문제로부터 자유롭지 못할 가능성이 여전히 존재한다.

나아가 **유전자 변형 기술**로 인체의 조직과 적합성을 높인 동물의 장기를 이식할 수 있게 되고, 만약 그 동물을 복제 기술을 사용해 대량으로 생산한다면 이식용 장기로 전용할 수도 있다.

유전자 조작 기술로 질병치료에 필요한 단백질을 분비하는 동물을 생산할 수 있으면, 복제 기술로 그 동물을 대량 생산해, 질병 치료에 활용할 수 있다. 동물에서 분비된 단백질을 이용해 의약품을 효율적으로 제조할 수도 있을 것으로 보인다.

이러한 일들은 동물 복제가 윤리적으로 허용되기에 가능하다. 우리는 동물을 식량으로 생각하기 때문에 이에 대한 거부감이 적다.

그러나 호주 멜버른 출신 철학자 피터 싱어(➡ 310p)는 동물실험과 공장형 축산을 비판하며 본인은 채식을 고수하고 있다.

컴퓨터의 역사

철학자가 꿈꾸는 기계

◎ **수학과 철학, 그리고 컴퓨터**

이번에는 컴퓨터의 역사를 살펴보자. 특히, 1980년대의 일본 최초의 컴퓨터에서부터 최근에 이르기까지의 발전 양상을 살펴보면, 향후 어떤 기술이 실현될지 미래를 예측하는 단서가 될 것이다.

기원전 150~100년에 고대 그리스인이 **톱니바퀴식 아날로그 계산기**를 발명했다. 1642년에는 프랑스의 사상가이자 자연철학자이며 수학자인 블레즈 파스칼이 **톱니바퀴 모양의 기계식 계산기 파스칼린**을 개발했다. 1690년대에는 독일의 라이프니츠(➡ 88p)가 계산기를 개발했다. 또 라이프니츠는 **이진법**을 주장했다.

19세기 이후에 접어들자 1865년에 **만국전신연합**(현 국제 전기통신 연합)이 설립되었다. 일본은 메이지유신에 기술 도입이 추진되었고, 1877년에 만국우편연합에 가입했다(세이난 전쟁이 일어난 해).

그리고 1890년에는 본격적으로 **천공카드**가 도입되기 시작했다. 천공카드란 0과 1 이진수 정보를 카드에 구멍을 뚫어 기록하는 것으로 이를 기계에 넣어 자동계산기 등을 제어한다. ─이는 1980년대에 들어서 전기공사(현 NTT)에 보급되었다.

영국의 수학자이며, 계산기 과학자이자 철학자인 앨런 튜링(1912~1954)은 나치의 암호를 해독한 것으로 잘 알려져 있다. 이는 영화 〈이미테이션 게임〉의 소재가 되기도 했다.

◎ 컴퓨터의 여명기

20세기 이후에 들어서면서 진공관이 발명되었다. 1945년, 헝가리 출신 미국 수학자 폰 노이만(1903~1957)은 유명한 '노이만 형' 컴퓨터를 고안했다. 후에 진공관을 이용한 세계 최초의 컴퓨터가 발명되었고, 트랜지스터의 발명으로 컴퓨터는 비약적인 발전을 이루었다. ─지금의 컴퓨터도 기본적으로 '노이만 형'이다.

그리고 드디어 1952년 IBM이 **프로그램 내장식** 상용 컴퓨터를 발표한다. 1974년에는 인텔이 8비트 마이크로프로세서 i8080을 발표하고, 때맞추어 빌 게이츠가 **마이크로소프트**를 설립했다. 일본에서는 1981년에 판매된 NEC의 PC-8801이 일본 컴퓨터 시대의 여명기를 연 것으로 알려져 있다. 이는 마이크로소프트의 BASIC으로 스스로 프로그래밍을 하거나 카세트테이프에 신호가 입력된 소프트웨어를 읽어내는 형식으로 게임 등을 할 수 있었다. ─내장 메모리는 스위치를 내리면 꺼지는 타입.

컴퓨터로 우리의 미래는 밝을 것이다?

◎ 컴퓨터의 현주소

애플은 1977년에 퍼스널 컴퓨터 AppleⅡ를 발표했다. 1981년에는 IBM이 PC-DOS를 탑재한 퍼스널 컴퓨터 IBM PC를 발표했다. 이후, 마이크로소프트에서 각 회사에 MS-DOS를 공급했고, 1982년 NEC가 PC-9801을 발표했다. 최초의 **GUI**(그래픽 사용자 인터페이스)는 1973년에 캘리포니아에 있는 제록스 연구소에서 시험 작동된 Alto라는 컴퓨터였다. 이 컴퓨터는 애플에 영향을 주었고, 1984년 애플은 맥킨토시를 발표하게 된다.

일본에서는 1987년 이후에 하드디스크가 보급되었다. ─이때의 용량은 약 20MB로, 가격은 약 300만 원 정도였다.─ 여기에는 **MS-DOS**가 탑재되어 있었는데, 마이크로소프트가 최초의 Windows 제품인 Windows1.0을 발표했다(1985년). 이때는 하드디스크와 플로피디스크가 매체였으므로 Windows의 플로피디스크가 수십 장이나 되었고, 이를 하드디스크에 인스톨하는 작업을 하던 시대였다. 1990년 마이크로소프트가 Windows3.0을 발표하고, 나아가 1995년에는 마이크로소프트가 **Windows95**를 발표하며 Windows의 시장 확대에 결정타를 날렸다.

2001년 3월 애플이 **Mac OS X**를 발표하고, 10월에는 아이팟을 발표했다. 2007년에는 애플이 아이폰을 발표했다. 같은 해 안드로이드가 세상에 소개되고, 2008년 9월에 드디어 최초의 안드로이드 단말기가 탄생했다. 2010년 1월 샌프란시스코에서 열린 제품 발표회에서 아이패드 제1세대가 대중 앞에 모습을 드러냈다. 앞으로도 컴퓨터, 태블릿에 이어 새로운 스타일의 가젯을 모색하려는 움직임은 계속될 것이다.

◎ 양자컴퓨터

지금의 컴퓨터로는 수백 년 수천 년이 걸리는 계산이 **양자컴퓨터**를 사용하면 현실적인 시간 내에 해결 가능하다고 한다. 최근에는 양자컴퓨터의 실용화와 상용화를 위한 도전이 속속 엿보이고 있어, 만약 실현되면 세상은 몰라보게 달라질 것이다.

현대의 컴퓨터는 동일한 시간으로 실행할 수 있는 계산 횟수를 늘려 속도를 향상함으로써 고속화를 실현한다. 또 칩에 들어 있는 트랜지스터 회로로 정보를 처리하므로 정보량이 많아지면 많아질수록 칩의 밀도를 올려야 한다. 그래서 마이크로 칩, 나노 칩과 같은 초소형 집적기술이 발달했다.

그런데 이미 '**무어의 법칙**'이 종언을 맞이하고 있다는 의견이 일각에서 나오고 있다. ―1965년 인텔 창업자 중 한 명인 고든 무어(1929~)는 '집적회로상의 트랜지스터수는 18개월마다 두 배로 증가한다'고 예측했다.― 회로를 병렬로 여러 개를 설치하고 계산처리 속도를 높여도 전력소비가 증대되는 문제는 해결할 수 없다는 것이다.

그런데 양자컴퓨터의 경우 내부에서 대량의 데이터가 서로 **중첩되는 상태**를 만들어낼 수 있다(양자의 중첩).

하나의 양자로 동시에 두 가지 상태를, 두 개의 양자로 네 가지, 네 개의 양자로 열여섯 가지를 동시에 계산할 수 있다. 또 복수의 양자는 관측된 단계에서 한쪽이 1이면 다른 쪽도 1, 한쪽이 0이면 다른 쪽도 0 하는 식으로 원격지에서도 일치한다(양자 텔레포테이션). 멀리 떨어져 있어도 순식간에 각각의 상태가 결정되므로 상상을 초월하는 초고속통신을 실현할 수 있을 것으로 보인다.

양자컴퓨터는 다양한 신소재의 분자구조를 시뮬레이션할 수 있어 지금까지 수십 년이나 걸렸던 조합을 현실적으로 도출할 수도 있을 것이다. 상상하자면 끝도 없는데, 만약 물체의 분자구조를 순식간에 분석해서 이를 **3D 프린터**로 복제하는 것도 가능하다면 인간 복제도 가능할 것으로 보인다. ―또 윤리적 문제가 거론되겠지만.

IT회사의 발전과 문제점

정보화 사회에서 우리가 주의해야 할 문제

◎ **인터넷 중독 문제**

후생노동성이 2012년도 전국 중·고등학교 264곳의 약 10만 명을 대상으로 **인터넷 중독** 위험도를 조사했다.

☐ 인터넷에 푹 빠져 있다고 느낀다.

☐ 인터넷 **사용시간**을 더 늘리고 싶다.

☐ **제한**하거나 **중단**하려고 노력해봤으나 자주 실패했다.

☐ 사용시간을 줄이면 **우울하거나 초조**하다.

☐ 계획보다 항상 더 많은 시간 동안 인터넷을 한다.

☐ 인터넷 때문에 **인간관계**에 문제가 생긴 적이 있다.

☐ 인터넷을 많이 하는 것을 숨기기 위해 가족에게 거짓말을 한 적이 있다.

☐ 고민이나 좌절, 불안감으로부터 **도피**하기 위해 인터넷을 한다.

위의 질문 중 5개 이상에 해당하면 '인터넷 중독 고위험군'이라 할 수 있다. 신체와 정신 건강에 악영향을 미치고 있는 것이 아닌지 돌아봐야 한다. 본인은 병이라고 인지하지 못하는 케이스도 많기 때문에 더욱 주의가 필요하다.

만약 아이가 일상생활에서 밤낮이 뒤바뀌기 시작했다면 인터넷 중독이 아닌지 의심해볼 필요가 있다는 것이 의사들의 의견이다. 무심코 넘겼던 문제가 '중독'으로 이어질 수 있으므로 주의 깊게 아이의 변화를 살펴봐야 할 것이다.

◎ 정보가 많아질수록 이를 선별하기 어렵다

인터넷상에서는 몇 년 전부터 축적된 정보뿐 아니라 실시간으로 새로운 정보가 계속 추가된다. 인터넷의 경우 정보가 흘러넘치기 때문에 어떤 것이 진짜 정보인지 구별해내기 힘들다.

특히, 누구나 사용하는 검색엔진을 통한 정보 수집은 자신의 편견이란 필터를 거쳐 '**내가 보고 싶은 정보**'만 받아들이는 태도를 양산해 편협한 사고에 빠질 위험도 있다. 따라서 무수한 정보 속에서 미디어의 정보를 올바르게 활용하는 능력(정보 리터러시)을 향상해야 한다.

TV, 신문, 잡지, 책 다음에 인터넷 뉴스 검색으로 전체를 파악하고, 그 후에 유튜브나 SNS 등에서 정보를 습득한 후 종합적으로 판단하는 것이 바람직하다고 한다. 또 해외 뉴스 등을 통해서도 골고루 정보를 얻어, 국내 뉴스와 비교해보는 활동도 필요하다.

정보화 사회의 문제로는 정보에 접근할 수 있는 능력이나 기기를 가진 사람과 그렇지 않은 사람 사이의 격차, 즉 **디지털 디바이드**(정보 격차)가 발생할 위험이 지적되고 있다.

빅데이터가 관리하는 사회

◎ 편리함이 지나친 미래

유비쿼터스(Ubiquitous) **사회**가 도래해 '언제 어디서나 무엇이든 누구와도' 네트워크에 접속할 수 있고, 정보를 자유자재로 주고받을 수 있게 되었다. 유비쿼터스란 라틴어에서 온 말로 '(신은) 어디에나 있다'라는 의미다.

또 현대는 **IoT**(Internet of Things) **사회**에 진입했다.

'IoT'를 '사물 인터넷'이라고도 한다. 컴퓨터나 스마트폰뿐 아니라, 문, 냉장고, 세탁기, 에어컨, 화장실, 욕실, 창문, 커튼 등 다양한 사물이 인터넷에 연결되어 쓰임새가 다양해지고 편리해지고 있다. 예를 들어, 세탁기나 에어컨 등의 가전제품을 집 밖에서 음성으로 조작할 수도 있다. 냉장고에 식자재가 부족하면 자동으로 배달해주는 시스템도 나온다고 한다. 체중계, 혈압계, 체온계 데이터를 스마트폰에 전송해 건강관리나 운동에 관한 조언을 받을 수도 있다.

'IoT'의 발표회(2015년, 미국) 등에서는 스노보드 등에 장착해 자신의 활강 방식을 스마트폰으로 확인할 수 있는 기구나 우유의 양을 측정해주는 젖병 등이 소개되었다. 옷이나 구두와 같은 제품도 컴퓨터 칩이 자동으로 사이즈를 조절해 편안한 착용감을 선사한다.

개나 고양이 등 반려동물에게 마이크로 칩을 심어 **ID로 관리**하는 시스템은 이미 우리 생활에서 익숙하게 사용되고 있다. 이와 마찬가지로 개인정보 일체를 기록한 마이크로 칩을 사람의 손에 이식하려는 움직임이 나타나고 있다. 건강보험증, 면허증, 정기권, 은행 계좌 정보, 여권, 주민등록, 가족관계, 취업 상태, 건강 상태, 면역 관련 등의 정보가 엄지손가락 밑에 내장된 칩으로 한 번에 조회가 가능한 시대가 도래할지도 모르겠다.

◎ 대용량 데이터가 미래에 변화를 일으킨다

기업은 거대한 데이터[테라바이트, 페타바이트(1,024테라바이트), 엑사바이트(1,000페타바이트) 등]를 격납해 조작하고 관리하는데, 이러한 데이터를 **빅데이터**(big data)라 부른다. 트위터나 페이스북과 같은 소셜 미디어(SNS)에 올린 글이나 편의점 포인트 카드, 신용카드의 이용 내역 모두 빅데이터에 포함된다.

'Google(구글)' 'Apple(애플)' 'Facebook(페이스북)' 'Amazon(아마존)'은 상품과 서비스, 정보를 전 세계에 제공하는 기반이 되는 기업이다. 이 4개 사의 머리글자를 따서 **GAFA**(가파)라 부른다. 서비스 이용과 함께 고객은 이름과 주소, 신용카드 번호, 구매 이력 등 개인정보를 제공하게 된다.

제공된 빅데이터와 개인에게 심어진 마이크로 칩의 정보를 통해 모두 연결된다면 인류 전체의 행동이 데이터로 만들어져 필요한 서비스를 제공하고, 긴급 상황에 신속한 의료 대응을 하거나 범죄를 방지하는 효과가 있을 것으로 보인다. **24시간 건강관리 시스템**이 구축되면 영양소 균형 관리, 건강 상태 체크, 긴급 상황 대처 등을 할 수 있어 개인의 건강과 생명 연장의 꿈을 이룰 수도 있을 것이다.

마이크로 칩은 소형화되고, 현재는 먼지 크기의 칩도 개발되고 있다. 이 먼지 크기의 칩을 공기 중에 뿌려두면 이를 흡입한 개인의 동향을 추적하고 관리할 수 있으므로 바이러스 확산 방지, 범죄 방지 등의 효과를 얻을 수 있다고 한다.

유전자 정보가 기록되면 질병 예측과 생식의 보조정보를 쉽게 관리할 수 있다. 이러한 기술로 뇌 속의 데이터에 접속할 수 있게 되면 인류 전체가 일체화된 빅데이터로 새로운 의식이 발생할지도 모른다.

인공지능과 싱귤래리티

미래 세계에서 살아가는 시대

◎ **컴퓨터가 인간의 뇌를 초월하는 순간**

미국의 미래 학자이자 사상가인 레이 커즈와일 박사(1948~)는 그의 저서 『21세기 호모 사피엔스』(1999)에서 **기술적 특이점**(Technological Singularity)에 관해 언급한다.

이 밖에도 그는 『특이점이 온다: 기술이 인간을 초월하는 순간』(2005)라는 책을 썼다.

커즈와일 박사에 따르면 이 기술적 특이점이란 '100조 개의 극단적으로 느린 결합(시냅스)밖에 없는 인간 뇌의 한계를 인간과 기계를 결합한 문명이 초월하는 순간'을 의미한다.

커즈와일 박사의 예언은 10여 년이 흐른 2020년 시점에서 봐도 상당 부분 적중했다.

그는 2019년에 컴퓨터가 가구와 장식품에 접목되거나 3D 기술에 의한 가상현실, 지적인 시뮬레이션 소프트웨어가 교사를 대신해 공부를 가르치는 시대를 이미 예측했다.

가상현실(버추얼 리얼리티)은 진짜 현실과 구별하기 힘들 정도로 품질이 향상될 것으로 보이기 때문에 미래의 일자리와 교육에 큰 변화가 찾아올 것으로 예상할 수 있다.

◎ 수십 년 안에 놀랄 만한 세계가 찾아온다

커즈와일 박사에 따르면 2029년까지는 1000달러(1999년 기준)짜리 컴퓨터가 1000명의 뇌와 경쟁할 수 있을 것이라 한다. 커즈와일 박사는 인간 사용자와 세계규모의 컴퓨팅 네트워크가 상호소통하기 위해 눈과 귀에 이식수술이 이루어질 것이라 예언했다.

시각장애인은 리딩 내비게이션 시스템을 탑재한 안경을 사용하고, 청각장애인은 렌즈의 디스플레이를 통해 다른 사람이 하는 말을 시각적으로 읽는다. 팔다리가 마비된 사람은 컴퓨터가 제어하는 신경 시뮬레이션과 외골격 로봇 장치로 보행, 계단 오르내리기도 가능할 것이라고 했다. 자율주행 시스템, **가상 아티스트, 자동 퍼스널리티**(예: 하쓰네 미쿠의 발전형, 로봇 등)가 일상생활에 보편적으로 자리 잡는다는 것이다.(하쓰네 미쿠: 일본 크립톤 퓨처 미디어에서 개발한 보컬로이드 캐릭터.-옮긴이)

2099년 이후에는 드디어 인간과 컴퓨터의 차이가 거의 없어지고, 뇌가 더 이상 탄소 기반의 세포 프로세스가 아니라 전자나 광자를 기반으로 하게 될 것이라 한다. 인간지능의 확장으로 탄생한 인공지능(AI)이 인간이라 주장하게 될 날이 올지도 모른다.

지성이 우주로 확대되어 '신'이 출현한다

◎ 기계가 기계를 창조하다

패러다임 전환이 일어날 확률은 갈수록 빨라져, 현시점에서는 10년마다 2배로 증가할 것이라고 한다. IT의 능력은 더욱 빠른 속도로 급격히 성장하고 있고, 나아가 인간의 뇌를 스캔하는 기술도 기하급수적으로 향상되고 있다고 한다. '뇌 스캔의 시간적 해상도, 공간적 해상도, 대역폭은 매년 2배로 증가하고 있다. 인간은 이제 인간의 뇌가 작동하는 원리를 본격적으로 **리버스 엔지니어링**(해독해서 이를 AI 등의 기술에 응용하는 것)하기 위한 충분한 도구를 갖추었다.'(『특이점이 온다』)

그 밖에 커즈와일 박사는 바이오테크놀로지로 자신의 신체 조직이나 장기를 젊게 되돌릴 수 있게 되고, 인간의 평균수명이 연장되며 근본적으로 병이나 노화로부터 자유로워질 것이라 생각했다. ─인간은 **불로불사**의 존재가 될 것이다.

'기계가 인간이 가진 계산기술능력을 갖게 되면 속도와 용량이 인간보다 훨씬 뛰어나 기계 스스로 설계(소스 코드) 프로그램에 접속해 스스로 조작하는 능력을 획득할 것이다.'(『특이점이 온다』)

'두개골의 용적으로는 100조 개의 뉴런 간 결합이 고작이다. …… 기계는 자신의 설계를 재조합해 성능을 무제한으로 끌어올릴 수 있다. 나노 기술로 설계를 한다면 크기나 에너지 소비의 증가 없이 생물의 뇌보다 훨씬 능력을 향상시킬 수 있다.'(『특이점이 온다』)

또 **정신 전송**(마인드 업로딩)으로 인간이 소프트웨어 베이스가 될 것이며, 머지않아 뇌를 백업해두는 것이 상식이 되는 시대가 온다고 한다.

◎ 싱귤래리티의 종착점은 인간이 '신'이 되는 것일까?

나노머신은 뇌 속에 직접 삽입할 수 있어, 뇌세포와 상호작용할 수 있다. 뇌와 내부 컴퓨터가 직접 연계되므로 외부기기가 필요 없는 가상현실을 실현할 수 있다.

뇌를 스캔할 때에도 외부에서가 아니라 **나노봇**을 투입해서 내부에서 스캔하면 정확도는 더욱 높아진다. 나노봇은 인간의 혈구 정도의 크기(7~8미크론)이거나 더 작다고 한다. 수십억 개의 나노봇이 특정 방법으로 혈액과 뇌관문을 통과해 뇌의 모든 모세혈관을 돌아다니며 무선 LAN으로 정보를 송신한다. 이렇게 얻은 정보로 뇌의 모델을 구축하고, 생물적 특징을 가진 머신을 만든다. 또 뇌와 머신을 접속시켜 둘의 경계가 모호한 단계에 진입하면 지성이 비약적으로 확대될 것이다.

'싱귤래리티가 도래한 후 인간의 뇌라는 생물학적 기원을 지닌 지성과 인간이 발명한 테크놀로지라는 기원을 지닌 지성이, 우주에 존재하는 물질과 에너지와 조화를 이룰 것이다.'(『특이점이 온다』)

커즈와일 박사에 따르면 지능은 물질과 에너지를 재구성하고, 최적의 컴퓨팅 수준을 실현해 우주로 향해간다고 한다. '현시점에서는 빛의 속도가 정보 전달의 한계를 규정하는 요인이라 알려져 있다. 이 제한을 뛰어넘는 것은 확실히 아직은 현실적이지 않지만 어떠한 방법으로 이를 극복할 수 있을지도 모른다는 가능성을 제시하는 단서가 있다. 혹시 아주 미세하게라도 **광속의 한계**로부터 자유로울 수 있다면 궁극적으로는 초광속의 능력을 구사할 수 있게 될 것이다.'(『특이점이 온다』)(➡ 349p)

인류의 지성이 광속의 제한을 뛰어넘으면 우주의 구석구석에까지 정보를 전달할 수 있으므로, 우주 자체가 지성체가 된다는 것이다. 커즈와일 박사는 무신론자인데 신이라는 경지에 도달하지는 못하더라도 **'신이라는 개념'**에 다가갈 수는 있을 것이라 주장한다.

철학과 과학의 역사

르네상스의 과학에서 근대과학으로

◎ **르네상스 시대는 미신과 화학이 복잡하게 얽혀 있던 시대**

르네상스 시대에는 헤르메스 트리스메기스투스라는 가공의 인물이 남긴 것으로 알려진 『헤르메티카』를 바탕으로 우주와 인간을 해석하려는 움직임이 부활했다. 『헤르메티카』는 철학, 종교, 점성술, 연금술, 마술 등 다양한 분야를 다루고 있다.

휴머니스트였던 마르실리오 피치노(1433~1499)의 번역으로 헤르메스주의와 신플라톤주의(➡ 38p)가 동시에 유행했다. 미신, 주술과 마술, 신비주의와 과학이 혼합된 사상 속에서 근대의 과학으로 향하는 길이 열렸던 것이다.

만능 천재라 불리던 레오나르도 다빈치(➡ 78p)는 화가로도 잘 알려져 있으나, 공성기(攻城機: 성을 공격하는 기계.-옮긴이)나 전차, 비행기, 기관총 설계 등, 이공학 분야에서도 뛰어난 재능을 보였다.

그는 '일반법칙을 세우기 전에 실험을 통해 동일한 결과를 도출하는지를 시험해봐야 한다'라고 생각했다. 이는 **과학의 실증성**을 중시하는 입장이다.

이슬람 세계에서는 연금술을 통해 화학이 발전했다.

또 1400년경에 독일 마인츠의 귀족가문에서 태어난 것으로 알려진 구텐베르크가 이슬람 세계에서 전해진 활자 인쇄기술을 응용해 인쇄기를 개발했다.(➡ 208p)

◎ **우주와 에테르 문제**

폴란드 출신 코페르니쿠스(1473~1543)는 이탈리아 볼로냐 대학에서 공부를 하면서, 고대 그리스의 철학자 아리스타르코스의 지동설을 접하게 된다. 그리고 천문학 연구에 매진하며 **태양중심설**(지동설)을 완성시킨다.

영국의 철학자이자 법학자인 프랜시스 베이컨(1561~1626)은 다양한 실험결과를 종합해 원리를 도출하는 **귀납법**을 주장했다.

크리스티안 하위헌스(1629~1695)는 네덜란드의 물리학자이자 천문학자다. 데카르트의 친구이기도 한 하위헌스는 15세에 데카르트의 『**철학의 원리**』(방법적 회의에서 관성의 법칙 등으로 발전함)를 독파하고, 천문학과 물리학에 지대한 관심을 보였다.

하위헌스는 빛은 **파동**이며 **에테르**를 매질로 하는 세로 방향의 진동이라고 생각했다. -데카르트도 에테르설을 주장했다.

파스칼(➡ 262p)은 진공의 존재를 확증하는 다양한 실험을 진행하고, '파스칼의 원리'를 확립했다.

19~20세기에 괄목상대할 만한 발전을 이룬 과학

◎ 기계론적 세계관과 라플라스의 도깨비

뉴턴이 체계화한 역학의 기본 법칙 세 가지는 관성의 법칙, 가속도의 법칙, 작용 반작용의 법칙이다. 이 세 법칙을 토대로 '**만유인력의 법칙**'이 도출되었다. 정밀한 수학으로 자연법칙을 기술함으로써 뉴턴의 역학은 아리스토텔레스(➡ 250p)의 역학을 대체했다.

또 평면 유리판 위에 렌즈를 고정하고, 이를 위에서 바라보면 동심원상의 고리가 생기는데, 이를 '**뉴턴 환**'이라 부른다. 뉴턴이 발견한 이 현상은 빛의 입자성으로 인한 것이었다. 영국의 물리학자 토머스 영(1773~1829)은 **빛은 파동**이며, 그 파동이 서로 간섭한 결과가 뉴턴 환이라고 주장했다.

뉴턴은 빛만큼 빠른 속도를 전달하기 위해서는 상당히 단단한 매질이 있어야 한다고 보고, **빛의 입자설**을 주장했다.

뉴턴 역학의 세계에서는 우주에 작용하는 모든 힘은 역학으로 설명 가능하다. 따라서 특정 시각에 우주의 특정 장소에 힘이 작용하는 공간이 있다면, 미래의 삼라만상의 모든 것을 명확하게 확정된 상태로 예측할 수 있다고 했다.

1812년에 프랑스의 수학자 피에르 시몽 라플라스(1749~1827)는 '자연계의 모든 힘과 물질의 상태를 완전히 파악하고 있는 지적존재가 존재한다면, 그 지적 존재에게는 우주에서 무엇 하나 불확실한 것은 없으며, 미래를 정확히 예측할 수 있다'고 주장했다. 이 지적존재를 '**라플라스의 도깨비**'(➡ 87p)라 부른다.

◎ 자본주의와 과학의 관계

18세기 후반에 들어서면 식민지 확대와 군함의 성능 강화를 위해 정확한 나침반이 필요하게 되었다. 샤를 드 쿨롱(1738~1808)은 정전기 측정 장치를 고안해, 정전기력은 만유인력과 마찬가지로 두 대전체가 갖는 전기량의 곱에 비례하고 두 대전체 사이의 거리 제곱에 반비례한다는 법칙(**쿨롱의 법칙**, 거리가 배가 되면 힘은 4분의 1이 된다)을 발견했다.

영국의 물리학자 제임스 프레스콧 줄(1818~1889)은 '**줄의 법칙**'을 발견하고, 발생 열의 정량적인 표현을 가능하게 하는 등 열역학 발전에 기여했다.

18세기까지는 절대왕정의 계몽군주에 의한 궁정 살롱이 과학자들의 활동 무대였다. 그러나 19세기에 들어서자 '과학자'는 독립된 직업으로 수학과 물리학 등의 전문분야를 연구하기 시작했다.

산업혁명으로 자본주의 사회가 도래하고, 19세기 말부터 자본집중으로 대자본의 독점단계에 진입한다.

1895년 독일의 빌헬름 뢴트겐(1845~1923)은 **X선**을 발견했고, 프랑스의 앙리 베크렐(1852~1908)은 우라늄 광석에서 방사선을 발견하고 **베크렐선**이라 이름 붙였다. 1897년 영국의 조지프 존 톰슨은 수제 진공관으로 **전자의 존재**를 증명했다. 베크렐에게 자극을 받은 마리 퀴리는 1898년에 우라늄이나 폴로늄보다 강한 방사선이 방출되는 라듐을 발견하고, 이들 원소가 방사선을 방사하는 능력을 '**방사능**'이라 이름 붙였다.

1902년 퀴리 부부는 염화라듐에서 강한 방사선을 확인하고, 염화라듐의 일부를 영국에서 활약한 물리학자이자 화학자인 어니스트 러더퍼드(1871~1937)에게 보낸다. 러더퍼드는 여기서 방출되는 방사선에 α선·β선이라 이름 붙였다.

1903년에는 톰슨이 원자 모형을 발표하고, 1905년에는 아인슈타인이 '광양자 가설'을 발표했다.

물리학의 역사와 미래

머릿속의 수식과 현상이 일치한다는 것의 경이로움

◎ 물체가 줄어드는 것이 아니라 공간이 수축한다

빛의 매질이라는 에테르의 존재는 19세기부터 정설로 자리 잡았다. 그래서 1887년에 미국의 물리학자인 앨버트 마이컬슨과 에드워드 몰리가 실험에 나섰으나, 에테르의 존재를 검증할 수 없었다(마이컬슨-몰리 실험).

만약 에테르가 존재한다면, 우주 속을 이동하고 있는 지구는 그 방향으로 에테르의 맞바람을 맞고 있을 터다. 그렇다면 광속은 가속될 것이므로, 지구가 향하는 방향과 수직 방향에서 발생하는 광속의 차이를 검출하려고 한 것이다.

그러나 실제 실험에서 두 방향의 빛의 속도는 아무런 차이가 없었으며 '어떤 경우라도 빛의 속도는 일정하다'라는 결론을 도출했다. 이 결과에 억지로 끼워맞추기 위해 '에테르 속에서 움직이는 물체는 **진행 방향으로 길이가 수축한다**'(예: 지구가 움직이는 방향으로 지구 전체가 수축한다)라는 기묘한 가설도 등장했다. 아일랜드의 물리학자 조지 피츠제럴드(1851~1901)와 네덜란드의 물리학자 헨드릭 로렌츠(1853~1928) 연구팀은 움직이는 물체가 수축한다면 빛이 진행하는 거리도 수축되므로, 진행 방향이나 수직 방향 모두 동일한 속도로 전달된다고 주장했다.

일반적으로는 허무맹랑한 헛소리로 치부했겠지만, 과학의 세계에서는 패러다임의 전환이 일어났다. 바로 아인슈타인이 **특수상대성이론**으로 공간 그 자체가 수축된다는 사실을 증명한 것이다.

악몽이야…

크하하하

◎ 패러다임 전환의 구체적 사례

특수상대성이론은 에테르의 존재를 부정하고, 빛의 속도는 움직이고 있는 사람이 보든 정지해 있는 사람이 보든 변하지 않는다는 것(빛의 속도는 가속되지 않는다), 그리고 빛의 속도보다 빠른 것은 존재하지 않는다는 사실을 증명했다 (광속도불변의 원리).

빛의 속도가 항상 일정한 값을 지닌다면 시간과 공간이 변한다는 말이 된다. 뉴턴 이후 시간은 어디서나 누구에게나 균일하게 흐르는 것이며, 공간은 좌표계로 표시되는 '**절대시공**'인데, 이것이 상대적이라는 것이다. '관측자에 따라 시간은 달라진다' '빛의 속도에 가까워질수록 시간은 느리게 흐른다' 등 지금까지의 상식을 뒤집는 결과를 도출했다.

또 아인슈타인은 가속도운동(동력을 포함한 운동)을 포괄한 **일반상대성원리**를 완성했다. 이로써 '중력으로 인해 공간이 휘어지기 때문에 빛의 경로도 휘어진다'고 주장했다. 이미 태양에 가려져 지구에서는 보이지 않는 곳에 위치한 항성의 빛이 지구에 도달한다는 관측이 있었는데, 이는 태양의 중력으로 공간이 휘는 현상(중력 렌즈 효과) 때문에 발생한다는 사실이 증명되었다.

상대성원리와 양자역학의 영향은 실로 대단했다

◎ 물질의 에너지를 개방하는 방법

아인슈타인은 '물체의 질량은 빛의 속도에 가까울수록 커진다'라는 가설을 바탕으로, '물질(m)' '빛의 속도(c)' '에너지(E)' 사이의 일정한 관계를 밝힌 $E=mc^2$ 공식을 발표했다.

퀴리 부인이나 러더퍼드 연구팀 이후 방사성원소는 방사선을 방출하고, 다른 원소로 바뀐다는 설(**방사성 붕괴**)이 제기되었고, 원소는 변하지 않는다는 상식을 뒤집었다.

또 중성자를 우라늄에 충돌시켜, 우라늄보다 원자량이 큰 원소를 만들어 내려고 했으나, 가벼운 바륨이 생성되었다.

여기서 가벼워진 만큼 소실된 질량은 에너지로 환원된 값임을 알게 되었고, '**질량과 에너지의 등가성**$(E=mc^2)$'이 실제 현상으로 증명되었다. 이 핵분열반응에 관해 덴마크의 물리학자 닐스 보어(1885~1962)는 천연 원소인 우라늄235이 가장 분열되기 쉽다는 것을 발견했다.

독일에서 히틀러의 나치가 정권을 잡고 유대인에 대한 박해가 격화되고 있었기 때문에 유대인 출신인 아인슈타인은 미국으로 이주했다. 1939년 제2차 세계대전이 발발하고, 아인슈타인은 미국 대통령 프랭클린 루스벨트에게 편지를 보낸다. 편지의 내용은 원자력으로 매우 강력한 신형 폭탄을 제조할 수 있다는 내용이었다. 루스벨트 대통령 지휘하에 원자폭탄 개발계획(맨해튼 계획)이 시작되었다. -아인슈타인은 참여하지 않았다.- **로버트 오펜하이머**(1904~1967)는 뛰어난 물리학자로 맨해튼 계획을 지휘했는데, 후에 이 경력 때문에 '원자폭탄의 아버지'라 불리게 되었다.

◎ 현대의 물리학 이론의 토대가 된 상대성원리와 양자역학

1945년 원자폭탄이 완성되고, 뉴멕시코주에서 **플루토늄 원자폭탄** 실험이 성공을 거둔다. 8월 6일, 일본 히로시마에 **우라늄형** 원자폭탄이, 9일에는 나가사키에 플루토늄형 원자폭탄이 투하되었다. 이 보고를 받고 아인슈타인은 자신의 행동을 후회했고, 전후에는 핵무기 폐지에 앞장섰다.

시간을 거슬러 올라가 1924년에 오스트리아 출신의 스위스 물리학자 볼프강 파울리(1900~1958)는 원자는 각각 가질 수 있는 전자의 수가 정해져 있고, 전자는 하나의 궤도에 최대 두 개까지만 존재할 수 있다고 주장했다.

같은 해, 독일의 이론물리학자 베르너 카를 하이젠베르크(1901~1976)는 특정 입자의 위치를 더 정확하게 측정할수록 그 운동량 측정의 오차가 증가해 정확하게 측정할 수 없으며, 반대도 마찬가지라는 **불확정성원리**를 주장했다. 이 원자나 전자 등 미시적인 물리현상을 기술한 역학이 바로 **양자역학**이다.

그런데 아인슈타인은 '신은 주사위를 던지지 않는다'라는 말로 양자역학의 불완전함을 지적했고, 보어·아인슈타인 사이에 논쟁이 일어났다. 닐스 보어의 **코펜하겐 해석**(덴마크의 코펜하겐에서 주장했기 때문에 붙은 이름)에 따르면 양자는 **서로 다른 상태의 중첩**으로, 입자와 파동 중 어느 상태라 명확히 정의할 수 없으며, 관측하면 관측 값에 대응하는 상태로 변한다(파속이 수축한다)는 것이다. 예를 들어, 전자는 원자 주위에 파동으로 희미하게 존재하나 이를 관찰하는 순간 입자가 되어 관측된다는 것이다.

코펜하겐 해석 외에도 **다세계 해석**(병행 세계적 해석) 등이 존재하는데, 아직도 확실하게 밝혀지지 않았다. 현재, 양자역학적 현상을 이용해 기존의 컴퓨터보다 빠르게 데이터를 처리할 수 있는 **양자컴퓨터**에 이목이 집중되고 있다. 지금까지 해결하지 못했던 문제가 해결되는 꿈같은 세상이 우리를 기다리고 있을지도 모른다.

철학과 자기계발

마지막 장에서는 철학과 자기계발과의 관계를 살펴본다.

이미 다수의 자기계발서를 읽었거나, 세미나 등에 참가해본 적이 있는 사람이라도 서양의 사상, 인도의 사상을 바탕으로 자기계발이란 대체 무엇인지를 다시 생각해보면서 지식을 좀 더 심화하는 데 도움이 되는 장이다.

자기계발은 표면적으로 단순히 낙천주의나 자기만족, 마음을 다잡기 위한 테크닉 정도라고 생각하기 쉽다.

일반적으로 자기계발이 주장하는 내용은 '긍정적 사고(positive thinking)', '목표설정', '어퍼메이션(자기 선언)', '잠재의식 활용하기', '시각화(visualization)', '감정 조절', '결단력과 의지력 강화' 등을 들 수 있다.

긍정적 사고는 보편적으로 정착된 개념이지만, 말처럼 실행으로 옮기기는 힘들다. 자신의 생각을 어떻게 긍정적으로 컨트롤해야 하는지 구체적인 방법을 잘 모르는 것이다. 이 경지에 이를 수 있는 자세한 심리학·철학적 방법이 있는데, 결국엔 이런 태도를 습관으로 만들어야 하므로 상당한 훈련이 뒷받침되어야 한다.

'목표설정'도 절대 이룰 수 없을 것 같은 장대한 목표를 세워야 한다는 주장과 실현 가능한 수준의 소소한 목표를 세워야 한다는 주장이 엇갈린다. ─최근에는 실행 불가능한 장대한 목표를 설정하는 것이 뇌과학적 측면에서는 효과가 있다는 주장도 나오고 있다.

'잠재의식'에 반복해서 '어퍼메이션'을 해줌으로써 긍정적 자기 이미지를 각인시키는 방법이 있다. 이럴 때 어떤 '긍정적인 말'을 하면 좋을지, 그리고 몇

철학·심리학·종교 지식으로
자기계발까지!

번이나 반복하면 되는지, 또 그 기간은 얼마인지 등을 궁금해하는 사람도 있을 것이다.

'시각화'의 경우, 하루 몇 번 하면 되고, 어떤 상태에서 이미지를 떠올려야 하며, 어떤 명상법이 효과가 있는지 등 꼽자면 궁금증은 끝이 없다.

이러한 궁금증을 해결하기 위해서는 자기계발서를 읽거나 세미나에 참석하는 등 자신에게 잘 맞는 방법을 찾는 것이 좋다.

또 가끔 미국 자기계발서의 경우, 내용을 이해하기 어려운 경우가 있는데, 이는 배경이 되는 철학이나 사상, 종교 등이 미국에서는 일반상식으로 통용되는 부분이라 이에 대한 설명이 부족하기 때문이라는 의견도 있다.

일반적으로 칼뱅계 개신교 사상가 랄프 왈도 에머슨(1803~1882)의 사상[신사상(New Thought)과 관련], 벤자민 프랭클린(1705~1790)의 사상 등에 대한 이해가 암묵적으로 전제되어 있을 때가 있다.

반대로 동양인 중에는 동양의 불교 사상을 바탕으로 한 자기계발서는 이해하기 쉽다는 사람도 많다. 자기계발에도 여러 유파가 있으므로, 이것저것 골고루 읽어보면 몰랐던 사실을 발견할 수도 있을 것이다.

또 철학사 그 자체가 거대한 자기계발이라 할 수 있으므로 다양한 철학서를 읽는 것도 도움이 될 것이다.

팀워크와 아이디어

어째서 함께 머리를 맞대면 아이디어가 떠오르는 걸까?

◎ 인간은 혼자서 아무것도 할 수 없다

목표를 달성하기 위해 필요한 일을 전부 혼자 짊어져서는 안 된다는 철칙이 있다. 일반적으로 파트너라는 최고의 지원군 없이 의미 있는 업적을 남긴 이는 거의 없다고 한다.

나폴레온 힐이 쓴 『놓치고 싶지 않은 나의 꿈 나의 인생』(➡ 375p)에서도 종종 등장하는 헨리 포드의 이야기를 예로 들어보자. 포드는 포드 자동차의 V8 엔진을 만들 때 많은 기술자들의 힘을 빌렸다.

또 스티브 잡스(1955~2011)는 애플 공동 창립자 중 한 명인 스티브 워즈니악 외에도 수많은 뛰어난 기술자들과 함께 차고에서 맥킨토시를 개발했다. 아이폰이나 아이패드의 화려한 성공 뒤에도 셀 수 없을 만큼 수많은 기술자들의 협력이 이를 뒷받침하고 있었다.

스티브 잡스의 전기 『스티브 잡스』에는 잡스가 전문 분야는 전문가에게 일임했다는 내용이 종종 등장한다. 두 명 혹은 그 이상의 사람이 각자 가진 경험과 지식, 또 새로운 아이디어를 주고받으며 하나의 **목표를 향해 달려가는 팀플레이**가 필요한 것이다. 여기서 팀은 내가 잘 모르는 분야를 채워줄 수 있는 관계이지 그렇다고 서로 의존하라는 소극적인 의미는 아니다.

◎ **대화에서 철학의 시초가 꽃 피웠다**

공통의 이익을 향해 일정한 규칙을 바탕으로 행동할 때, 팀은 놀라운 성과를 거둘 수 있다고 한다.

팀워크의 장점은 고대 그리스의 철학자 소크라테스가 사용한 대화(➡ 24p)에 잘 나타나 있다. 대화를 하면 상대가 의문을 제시하고 여기에 대답하면서 자연스럽게 자신이 지금까지는 생각하지 못했던 아이디어가 자신의 잠재의식 속에서 발현된다.

또 상대에게 지식을 묻거나, 상대의 의견에 반론을 제기하면서 상대방 또한 잠재의식 속에 있던 지혜를 외재화한다.

"터치스크린 기능이 있는 태블릿을 만들면 어떨까?"

"PC와 비슷한 태블릿이 될 것 같은 걸? 인터넷도 할 수 있는 건가?"

"가상 키보드도 만들면 좋겠는데?"

"그러면 작게 만들어서 전화 기능과 태블릿을 결합하면 어떨까?"

이처럼 적극적인 **브레인스토밍**이 이루어지면 혁명적인 신제품이 탄생할 수 있다는 것이다.

대화를 통해 사고의 화학반응을 일으켜라

◎ 대화로 서로를 깊게 알아갈 수 있다

사람과 사람이 대화를 통해 새로운 앎에 도달하는 **문답법**(➡ 24p)을 주장한 사람은 소크라테스다. 이는 긴 토론을 짧게 짧게 끊어서 서로 번갈아 가며 발언함으로써 그 찬반 여부를 확인해가며 상대와 함께 토론을 진행하는 방법이다.

이 문답법을 사용하면 일방적으로 이야기를 듣는 것이 아니라 토론이 진행되는 동안 서로 적극적으로 관여하고, 상대와 함께 생각하게 된다.

이를 회사에서 응용할 경우 회의록을 정리하면서 논의 과정에 '예'와 '아니요'를 확인하고 질문을 이어나갈 수 있다. 일반적으로는 회의록은 마지막에 정리해서 제출하게 되는데, 문답법의 경우 혹시 논의에 성과가 없을 때, 따로 회의록을 만들어 대화의 흐름을 앞으로 거슬러 올라가 살펴보며 다시 대화를 재개할 수 있다.

플라톤의 대화편 『고르기아스』에서 소크라테스가 왜 문답형식으로 논의를 진행했는지에 관해 다음과 같이 설명한다.

'이는 당신을 비난하거나 이래라 저래라 하기 위함이 아니라, 로고스(담론)를 위함이다. 이리함으로써 논의 내용을 우리가 할 수 있는 한 최대로 명백히 할 수 있기 때문이다.'

상대가 질문 공격을 해올 때 대답하기 어렵다면 질문자와 답변자를 바꾼다. 답변을 하는 방법은 '예'와 '아니요'로 대답하면 되므로, 차츰 질문자도 질문을 하면서 사고의 깊이가 확장된다.

◎ 팀워크를 지탱하는 시스템이란?

상대의 생각을 무조건 일방적으로 비판하는 것이 아니라 대화 속에서 더 높은 차원의 아이디어를 만들어간다. 이를 팀워크라 하며, 이 팀워크는 팀의 아이디어 창출에 기여한다.

자기계발의 바이블이라 할 수 있는 『놓치고 싶지 않은 나의 꿈 나의 인생』에서는 마스터 마인드(Master Mind)를 '명확한 목적을 달성하기 위해 2명 이상의 사람들이 화합하려는 정신으로, 지식과 노력을 조정하는 것'이라고 언급하고 있다.

이는 분명한 목적을 달성하기 위해 두 명 혹은 그 이상의 사람들 간에 정신이 조화를 이루는 가운데 지식과 노력의 협력관계가 발생한다는 원리다.

일반적으로 브레인스토밍을 하면 생각지도 못한 아이디어가 떠오르기 마련이다. 이는 서로의 발언이 뇌를 자극하면서 새로운 발상이 떠오르기 때문이라고 한다.

그러나 자기계발 세계에서는 여기서 정신적 요소에 특히 주목한다. 모든 물질은 신의 피조물이므로 정신적 요소를 띠는 철학의 전통(셸링의 동일철학 등)이 기독교적으로 이어져온 것이라 할 수 있다.

많은 사람들을 관리하는 매니저 등은 그의 '마스터 마인드'를 작동시켜야 한다. 사람들의 정신적 조화를 추구한다면 '무한 지성(Infinit Intelligence)(➡ 373p)에 도달할 수 있다. 즉, 정신적 하모니가 고양되면 잠재의식 깊은 곳에 잠들어 있는 정보원에서 생각지 못한 아이디어가 샘솟기도 한다는 것이다.

이는 철학사상에서도 '계시', '암호' 등 다양한 명칭으로 불리는데, 결코 비과학적이지도 비현실적이지도 않으며, 고도의 정보 네트워크로부터 정보를 추출하는 방법을 설명하는 것으로 볼 수 있다.

긍정적 사고

긍정적으로 생각하면 좋은 일이 생긴다

◎ 자신의 기분을 좋게 하는 무언가를 생각하면 그게 '정답'!

적극적 태도를 갖는 것, 즉 긍정적 사고라는 것은 진부한 감이 있지만, 자기계발에서는 결코 빼 놓을 수 없는 필수 항목이다.

긍정적 사고는 무엇이든 무조건 낙천적으로 받아들이라는 의미가 아니다. 불합리한 상황에 놓이더라도 좌절하지 않는 마음을 갖자는 의미이며, 나아가 **문제를 해결**하기 위한 준비자세를 취하자는 태도다.

이 적극적 태도, 긍정적 의식을 유지한다는 것은 한편으로는 미국의 **실용주의 철학**에 기원을 두고 있다.

심리학자이자 철학자인 윌리엄 제임스는 적극적 사고에 관해 설명했다.

만약 인생을 살다 문제에 직면했을 때, '좌절할 만한 상황'이라고 생각하느냐, 아니면 '극복해야 하는 시련'이라고 생각하느냐는 그 사람의 판단 하나로 결정된다.

현대의 사상에서는 사건의 본질은 중립이라는 사고방식을 취한다. 선하지도 악하지도 않다는 것이다. 어떤 불쾌한 일이 일어나면 그 일 자체가 선인지 악인지는 일단 보류한다. 그리고 결과적으로 자신이 '마음이 평온한 상태' 아니면 '초조하고 화가 난 상태' 어느 쪽인지 생각한다. **효과**가 있는(쾌락이 증대되는) 쪽은 물론 '마음이 평온한 상태'다.

◎ 긍정적 태도는 지상명제다

프랑스의 철학자 알랭(➡ 190p)도 사고를 긍정적이고 적극적으로 전환하는 작업은 '하면 좋은 일'이 아니라 '반드시 해야만 하는 일'이라고 설명한다.

왜냐하면 인간의 마음은 그대로 두면 반드시 최악의 상황을 생각하는 습성이 있는데, 이는 인간에게는 항상 **방어 본능**이 작동하고 있기 때문이다.

뉴스 등에서 정보를 얻어 주의하는 것도 중요하지만, 그전에 우울한 기분으로 멘탈이 흔들리고 면역력이 떨어져 병에 걸린다면 주객전도일 뿐이다.

따라서 어떻게 하면 자신의 기분이 좋아질 수 있을지에 최대한 집중하고, 어떻게 해서든 긍정적인 마음으로 기분을 끌어올려야 한다.

일단, 안 좋은 상황이 자신에게 닥치면 '이 또한 경험이다'라는 마음으로 받아들여야 한다. 독일의 철학자 헤겔은 '**모순**에 의해 정신이 발전해간다'는 변증법(➡ 237p)을 주장했다.

자기계발의 세계에서는 '이 일을 통해 내가 어떤 이익을 얻을 것인지'를 자문하는 방법을 추천한다.

문제가 생기면 숨겨진 이익을 찾아라

◎ 위기가 닥치면 기회를 모색하자

긍정적 사고에서는 일단 현실적 상황은 제쳐두고, '반드시 잘 해결될 것이다' 라고 생각하라고 한다. 생각만 하는 것이라면 그렇게 어렵지도 않고, 해서 나쁠 것도 없다. 근거 없는 자신감은 오히려 독이 된다고 생각하는 사람도 있을지 모르지만, 이 또한 철학사에서 많은 이들이 추천하는 사고법이다.

실용주의의 철학자 듀이에 따르면 사고는 도구다. 문제가 발생하면 사고를 **문제를 해결하기 위한 도구**로 사용하라고 한다. 즉, 사용하지 않는 사고는 버리고, 새로운 사고로 전환하라는 것이다.

어떤 위기는 궤도를 수정하라는 신호라 할 수 있다. 대부분의 사람은 너무 부정적인 면만 신경 쓰다가 원래는 회피할 수 있었던 일을 회피하지 못하는, 안타까운 결과를 초래한다. 듀이의 도구주의(instrumentalism)를 바탕으로 **문제를 해결 방법을 학습**해보자.

일설에 따르면 인간은 공포나 불안을 느끼면 사고능력이 일시적으로 저하되고, 평소에는 전혀 하지 않던 실수를 하기도 한다고 한다. 이를 막기 위해서는 공포나 불안을 억지로라도 떨쳐내고, 긍정적인 사고로 전환해야 한다는 것이다.

긍정적으로 생각함으로써 그 안에 숨어 있던 지혜를 발견하기도 하므로 이로써 단번에 위기를 극복한다. -철학의 기본원칙에서는 모든 존재에 **대립물**이 존재한다. 즉, 모든 것이 나쁘기만 한 것은 있을 수 없다.

어떤 상황이라도 가능성이 있는데 무조건 부정적인 생각을 하면 뇌가 나쁜 상황만 선택하므로 악순환에 빠지는 것이다. 항상 마음을 다잡고 사고를 긍정적으로 전환해야 할 필요가 있다.

◎ 철학수첩을 만들자!

제임스는 그의 논문 「정서란 무엇인가?(What is an emotion)」(1884)에서 감정은 인간이 자신의 신체운동, 즉 동작에 대한 반응이라고 주장했다. 예를 들어, 무서우면 도망가는 동작으로 반응하고, 도망가는 동작으로 인해 공포심은 더욱 커진다고 설명한다. 즉, 공포는 **스스로 가속**하는 것이다

한편 듀이(➡ 111p)는 의식의 형성에는 신체운동, 즉 동작 외에도 동작의 금지라는 과정을 고려해야 한다고 지적한다. 공포는 우리가 전력을 다해 도망칠 수 있는 상황에서는 사라진다. 그러나 도망가는 동작이 방해받을 때에는 공포심이 증대된다.

우리는 바쁠 때는 그 일에 집중하느라 정신이 없지만, 시간이 생기면 이런 저런 일을 고민하기 시작하는 것이다. 따라서 자기계발에서 고민을 해결하는 방법 중 하나로 추천하는 것이 '**일단 몸을 바쁘게 움직이기**'다.

자기계발에서는 수첩 사용을 특히 강조한다. 이를 자기계발 수첩이라 하는데, 일반적으로 생각하는 일정을 적는 수첩이 아니다. 달력뿐 아니라, 월 단위, 주 단위, 하루 단위로 된 구성은 언뜻 보면 일반적인 수첩과 비슷하다. 스마트폰의 일정관리 앱과 함께 사용하면 좋다.

자기계발 수첩은 목표설정 페이지가 있다는 것이 특징이다. 전체적인 **목표**를 정하고, 월 단위로 목표를 나누고, 주별로 세분화한다. 그리고 하루 단위로 계획을 세운다. –지나치게 세분화하면 오히려 여기에 너무 얽매이므로 상황에 맞추어 조금씩 변화를 주는 것이 좋다.

큰 목표를 설정하면 뇌가 이를 실현하기 위해 자동으로 데이터를 수집하기 시작하므로 이를 항상 메모하며 행동한다.

여기에 더해 '철학코너'를 만들어 이 책에 나오는 철학자의 사고법을 그림이나 도식으로 시각화하는 것을 추천한다. 그렇게 하면 동서고금의 사고법 전집이 하나 완성되는 것이므로 이를 바탕으로 새로운 행동계획을 수립할 수 있다. 꼭 '**철학 수첩**'을 만들어보길 추천한다.

동기부여를 고쳐하자

의욕이 없을 때는 일단 행동하자

◎ 일단 시작하면 의욕이 생길 수 있다

'동기부여하기' 이는 참으로 어려운 일이다. 종종 "의욕 좀 내"라는 말을 하는데, 도대체 뭘 어떻게 해야 좋을지 알려주는 사람은 없다. "의욕적으로 해보자!"라는 말도 '의욕'이 없으면 불가능하기 때문이다.

확실한 것은 '자신이 좋아하는 일을 할 때'에는 의욕이 생기지만, '자신이 싫어하는 일을 할 때'는 의욕이 생기지 않는다는 것이다.

그렇다면 좋아하는 공부나 일만 하면 되는 것 아니냐고 할 수 있지만, 이런 저런 사정상 힘들다는 것을 우리는 안다. 흔히 '가슴 뛰는 일을 해라'라는 조언을 듣고, 바로 가슴 뛰게 하는 직장으로 이직에 성공하는 사람도 있지만, 거기서 또 설렘이 멈추면 어떻게 해야 할까? 흔히 좋아하는 일을 하면 된다고 하지만, 좋아하는 일을 하면서 먹고 살 수 있는 사람이 얼마나 될까 싶다. 그렇다면 어떻게 하면 좋을까?

현재 상태에서 고통스러운 일을 즐거운 일로 바꾸면 된다. 그러면 굳이 이직을 고려할 필요도 없다. 그렇다면 어떻게 고통을 즐거움으로 바꿀 수 있는 것일까?

이와 관련된 철학이 **공리주의**다. 공리주의 철학에서는 공리의 원리를 주장한다. 공리의 원리란 '인간은 쾌락을 추구하고, 고통은 피한다'는 것이다. (➡154p) 이를 응용하면 놀랄 만한 심리적 변화가 일어남을 깨닫게 될 것이다.

◎ 쾌락과 중요도가 높은 일을 연상시켜라

인생에서 '쾌락이 증가하면 선, 고통이 증가하면 악'임을 확인했다. 그리고 쾌락을 최대한 높이기 위한 목표를 향해 나가면, '의욕'이 생긴다. 반대로 고통이 생기는 상황을 피하는 것을 목표로 삼으면 이 또한 '의욕'이 생긴다.

나아가 벤담이 주장한 공리의 원리 '쾌락을 추구하고 고통은 피하라', '효용을 극대화하는 것이 선이다'라는 주장을 수정한 존 스튜어트 밀의 질적 공리주의에서는 질적으로 높은 쾌락을 추구한다.(➡ 156p)

현대의 자기계발에서는 여기서 한발 더 나아가 '쾌락'과 결부시킨 '연상', '고통'과 결부시킨 '연상'을 재정립해서 다시 조합하는 방법을 사용한다.

먼저 '이 빵은 맛있다(쾌락)', '이 빵은 맛없다(고통)' 등 객관적 사상(빵)은 같은데, 여기에 주관적인 상대성(저마다의 기호)이 발생하는 이유를 생각한다.

이는 대상에 '진실이 존재'하는 것이 아니라 주관에 진실이 존재하기 때문이다.

빵 자체는 '맛있다'와 '맛없다'도 아닌 중립적 물질이다.

고통과 쾌락의 패턴을 바꾸는 습관

◎ 고통과 쾌락은 스스로 바꿀 수 있다

어째서 '이 빵은 맛있다(쾌락)', '이 빵은 맛없다(고통)' 등의 **주관의 상대성**(저마다의 판단기준)이 발생하는 것일까?

실제로 싫어하는 음식의 이미지를 바꾸면 갑자기 그 음식이 맛있어 보이기도 한다. - 싫어하는 빵일 경우 생크림을 얹어 먹기 등.

비단 음식의 예만 봐도 알 수 있듯이 사람이 무언가에 대해 쾌락을 느끼는지 고통을 느끼는지는 절대적인 것이 아니다. 절대적인 것이 아니기에 바꿀 수도 있다.

미국의 자기계발 코치인 앤서니 라빈스(1960~)는 『네 안에 잠든 거인을 깨워라』에서 **고통과 쾌락**(pain and pleasure)의 관점에 관해 언급한다. 현 상태로 있으면 '고통'이 이어지고, 어떤 변화를 주었을 때 '쾌락'이 발생한다면 반드시 변하고자 하는 **의지**와 **결단**이 생긴다.

그리고 자신이 지혜를 갖기 위해 공부를 하는 일에 큰 '쾌락'을 느끼고, 능력 향상을 할 때도 큰 '쾌락'이 발생하며, 일을 생각만 해도 엄청난 '쾌락'을 느낄 수 있다면 어떨까? 성공은 저절로 따라올 것이다.

반대로 영양가 없는 영상을 보며 시간을 때우면 큰 '고통'을 느끼고, 친구와 하는 일 없이 시간을 보내거나 SNS를 괜히 들락날락하기도 하고, 쓸데없이 장시간 전화기를 붙잡고 시간을 낭비하는 행동에 '고통'을 느낀다고 하자. 이런 사람 또한 고도의 생산성을 발휘할 수 있을 것이다.

앤서니 라빈스에 따르면 이는 **조건화**된 것이므로, 낡은 조건화는 차단하고 새로운 습관을 통한 새로운 조건화와 연결시키는 행동을 하면 된다고 한다.

◎ **싫어하는 음식에 도전하고, 싫어하는 일을 해보자**

이러한 고정관념을 타파하기 위해서는 시시각각 변화하는 포스터모던 사상 (➡ 210p) 등을 참고로 해봐도 좋을 것이다.

심리학에서는 일반적으로 '작업 → **보상**' 습관을 들이면 좋다고 말한다. '게임을 하며 기분을 전환하고 일을 한다.' 이 경우, 먼저 보상이 주어지기 때문에 좋지 않다. '일을 하고 ~을 한다'로 바꾸는 것이 훨씬 효율적이다.

단순한 예지만 사탕을 회사 책상에 두고 '여기까지 서류작업이 끝나면 사탕 하나를 먹을 수 있다'와 같은 방법도 효과가 있다고 한다. ―뇌는 당을 좋아하기 때문에 쉽게 조건화할 수 있다고 한다.

업무 중에 인터넷에 자꾸 한눈을 파는 사람은 '여기까지만 하고 인터넷을 해야지'처럼 '작업 → 보상'을 습관화하면 좋을 것이다.

또 싫은 일을 할 때에도 적극적으로 도전하고, 어느 정도 진척되면 '이 일을 이렇게 해내다니 정말 대단할 걸!' 하며 스스로를 칭찬하는 방법도 있다.

그러면 뇌는 일을 하면(고통) 칭찬받는다(쾌락)는 이미지를 결합하기 시작하고, 어느샌가 **'일은 쾌락'**이라는 조건화가 성립한다.

어떤 일을 '뒤로 미루는 습관'도 이 방법을 사용하면 해결할 수 있다고 한다. 만약 뒤로 미루었을 때 생길 수 있는 '불이익' '장기적 부작용' '비용 발생과 치러야 할 희생'을 생각하고 그 고통을 '뒤로 미루는 것'과 조건화한다. 반대로 미루지 않으면 무엇을 얻을 수 있는지를 생각하고, 그것을 쾌락 이미지와 조건화한다.

이처럼 원래는 고통이었을 일을 쾌락으로 바꾸고, 일반적으로 쾌락이라고 생각하는 일을 **고통으로 전환**하는, '낡은 사고의 연결'을 파괴하고 '새로운 사고의 연결'을 만드는 훈련을 추천한다.

제임스 스키너의 『당신의 꿈을 실현해 줄 성공의 9단계』를 참고하면 많은 도움을 받을 수 있을 것이다.

주체적인 삶이란 무엇일까?

욕구에 현혹되지 않고 이성에 따라 사는 삶이 자유롭다?

◎ **자신을 컨트롤하기는 힘들다**

요즘은 자기계발서에서는 '**주체성**'이라는 키워드를 강조한다. 자기계발에서의 주체성이란 어떤 일이 생겼을 때 여기에 휩쓸리지 않고 자신의 의지와 판단에 근거해 자유로이 결정하는 것을 말한다.

우리는 살아가며 다양한 유혹을 이겨내기 위해 무언가를 차단하거나 적극적으로 지속하는 등의 **자기 통제**를 요구받는다.

예를 들어, 편의점에서 '커스터드 휘핑크림'이라는 문구가 붙은 슈크림을 보는 순간 반사적으로 이를 구입하고, 나중에 다이어트나 건강관리에 실패하고 후회하기도 한다.

매일 튀김과 탄수화물이 든 음식을 대량으로 섭취하고, 건강검진에서 좋지 않은 결과가 나오면 실망하기도 한다. 인터넷에서 아무 생각 없이 클릭 한 번으로 쇼핑을 하다 다음 달 카드 명세서를 보고 암울해진 적도 있을 것이다. 또 헬스장에서 근력 운동을 시작한 건 좋은데 갈수록 싫증이 나서 발길이 뜸해지다가 어느 날 기간이 만료된 사실을 깨닫기도 한다.

자신을 통제하지 못하고, 의지가 지배당했다는 패배감! 이를 극복하기 위해서는 어떻게 해야 할까?

의지력을 강화하는 것은 자기계발의 과제다.

◎ **칸트의 철학을 활용해 자기개조에 도전하자!**

칸트의 철학은 '도덕적인지 아닌지'에 관한 판정 기준(공식)으로 자기 행동을 결정한다는 것이다. '무조건 ~하라'라는 **정언명령**(➡ 244p)에 합치하는지를 행동의 기준으로 삼았다.

인간은 **감정적 존재**이며 욕망에 흔들리는 것은 당연한 일이다. 그러나 이때 이성적 존재이기도 한 인간에게는 **이성**(실천이성)의 명령이 발동한다.

가령 이런 것이다. '너는 휘핑크림이 올라간 달콤한 푸딩을 무조건 욕망에 휩쓸려 사지 마라.'

칸트의 철학에 따르면 이 경우, '네가 만약 달콤한 것을 많이 먹으면 살이 찔지도 모르고, 건강이 나빠질 수 있으니 사지 마라'가 아니다.

이는 '너는 만약 ○○이라면 ~하라'는 조건부 **가언명령**이다. 칸트에 따르면 조건부 가언명령은 도덕적이지 않다. 따라서 '너는 무조건 욕망에 휩쓸리지 마라'는 이성적 명령에 따라 구매욕을 자제하는 태도가 바람직한 것이다.

주체성을 갖는다는 것은 주변 상황에 좌우되지 않는다는 것

◎ **자유의지로 몇 킬로그램의 아령을 들 수 있을까?**

'네가 만약 식스팩을 가지고 싶다면 아령을 들고 운동하라'라는 마음의 명령도 '만약 ××이라면 ○○하라'라는 보상이 따르는 명령의 경우 효과가 있겠지만, 사람에 따라 좌절하는 경우도 있다. −뇌과학적인 보상형(➡ 365p)이 자신에게 잘 맞는 경우 이를 따르면 된다.

이 경우에는 '고통을 위한 고통'이라는 그 자체를 **목적**으로 하는 정신력을 단련하고, 그 순간마다 동기부여를 고취시키는 방법이 있다. 즉, 자신이 스스로를 컨트롤할 수 있다는 자체에 기쁨을 느끼는 것이다.

'무조건 ~하라'라는 마음속 세계의 명령에 따르면, 그것이 시작점이 된다. 즉, **'자율**'(➡ 244p)이야말로 주체성을 갖는다는 것의 가장 큰 묘미다.

'오늘은 운동하러 가기 싫은데'라는 감성적(욕망적)으로 타락한 태도가 이성의 힘으로 '아니야 무조건 해야지!'라는 내면적 명령에 따른다고 하자. 이는 자신의 운명을 바꿀 수 있을 정도의 선택권을 얻었다는 의미다. 감각세계의 유혹에 흔들리지 않고, '무조건적' 판단의 출발점을 나의 주체적 의지에 두었기 때문이다. −칸트 철학에서는 이를 자유라 부른다.

무거운 아령을 끙끙거리며 들거나, 어깨에 무거운 역기를 올리고, 허리에 벨트를 감고 다리를 굽혔다 폈다 하다니, 이거야 말로 노예같이 '자유가 없는' 존재 아닌가? 라고 반론할 수도 있다.

보통은 "난 '자유'롭게 닭꼬치집에서 한 잔 할래"라고 하는 것을 '자유'라고 생각한다. 그러나 이는 동물적인 본능에 따른 **인과율**(인과법칙)에 얽매여 있는 것이므로, 반대로 욕망에 지배된 '자유가 없는' 인생이 되는 것이다.

◎ 감정과 반응의 사이에는 절호의 기회가 있다

현대의 자기계발에서는 과거의 철학자의 주장을 시대의 흐름에 맞추어 응용한 형식으로 소개하는 경우가 많다. 특히, 영국에서 시작한 자유주의 사상의 경향을 이해하기 쉽게 설명한다.

영국의 경제학자이자 사상가인 애덤 스미스는 객관적인 **상식(양심)**을 통한 '자기규제'를 강조했다.

자기 안의 원칙을 가지고 외부의 상황에 쉽게 좌우되지 않는다.

사람은 어떤 일이 생기면 순간적으로 영향을 받기 쉬운 법이다.

그러나 사건과 반응 사이에는 시간이 있다. 그때 인간은 '자기규제'를 통해 바로 반응하는 것이 아니라 침착한 판단을 내릴 수 있다는 것이다.

예를 들어, 전철 안에서 부주의로 누군가 발을 밟았다면 누구라도 깜짝 놀라고, 화가 날 것이다. 말다툼으로 이어지는 광경을 보기도 하는데, 지나고 생각해보면 그렇게 화낼 일까지는 아니었다는 생각이 드는 경우가 많다.

'발을 밟혔다' → '본능적으로 감정이 격해진다' → '상대를 노려보며 화를 낸다'

과정 전반부의 '발을 밟혔다' → '본능적으로 감정이 격해진다' 부분을 인내하기 위해서는 상당한 수행을 거친 달인이 되어야 할지도 모른다.

'발을 밟혔다' → '평정심'은 난이도가 상당히 높다. ─스토아학파(➡ 36p) 등을 통해 사전에 훈련을 해두는 수밖에 없다.

그러나 '본능적으로 감정이 격해진다' → 여기서 한 번 심호흡을 하고 애덤 스미스의 '자기규제'를 떠올리면 마음이 진정되고 다툼을 피할 수 있다.

이 정도라면 그렇게 어려운 일도 아니다.

항상 매 순간 자신의 중심에서 비롯되는 **'결정권'**이 있다고 생각하고, '나는 주체적인 사람이다'라고 반복하면 하루하루 마음에 안정이 찾아올 것이다.

신념과 이미지의 힘

왜 '생각하는 대로 이루어진다'라고 할까?

◎ 신념은 마법 같은 힘을 갖고 있다

세상에는 수없이 많은 정보가 흘러넘친다. 그 정보는 오감을 통해 우리의 의식 안으로 끊임없이 들어온다. 하지만 그렇게 들어오는 모든 정보가 꼭 유익한 것은 아니다. 따라서 수동적인 입장에서 정보를 받아들이면 **정보를 취사선택**하지 못하고, 나의 기분을 좋게 하는 내용과 그렇지 못한 내용이 뒤섞여 뇌로 입력된다.

프로이트는 의식과 무의식의 구조(➡ 128p)를 제시했는데, 자기계발 세계에서는 스스로 의식하는 부분을 현재(顯在)의식이라 하고, 무의식 중에 많은 정보를 처리하는 것이 잠재의식이라 설명한다. 잠재의식 속에 유해한 정보를 쌓아두면 현재의식의 초점이 유해한 정보를 더 많이 수집하게 된다.

즉, 세상의 부정적인 면만 바라보게 되는 것이다.

따라서 나쁜 뉴스를 반복해서 보고 들으면 그 초점이 강화되면서 더 나쁜 뉴스가 **잠재의식에 축적된다.** 그 결과 자신의 행동을 불운한 방향으로 향하게 하는 힘이 작동하기 때문에 자신의 선택에 따라 자동(무의식적)으로 불운을 끌어들이게 된다. 그러면 잠재의식에 축적된 부정적인 뉴스 정보와 현실 속 자신의 모습이 일치한다. 그리고 이렇게 생각한다. '어쩐지 예감이 좋지 않더니 역시나.' 이를 **'자기 달성 예언'**이라 한다.

◎ 자신의 사고방식을 지속해서 체크하자

이처럼 외부에서 **부정적**이고 **소극적**인 정보, 나아가 '할 수 없어' '무리야' '안 돼'와 같은 자기 내부의 부정적인 말로 마이너스 이미지가 만들어지기 시작하면 이에 대한 반응이 현실로 나타난다.

따라서 항상 자신의 마음을 감시해서, 부정적이거나 소극적인 정보가 잠재의식 속에 들어오지 못하게 해야 한다. 하지만 '자기 달성 예언'이 나쁜 쪽으로만 작용하는 것은 아니다. 이를 이용해 적극적 사고를 잠재의식에 가득 채우면 좋은 기운을 **끌어당길** 수 있다.

프로이트의 경우, 환자의 치료에 **최면요법**을 이용했다. 최면요법은 미신이 아니라 과학적인 방법이다. 최면상태에 들어가기 위해서는 타자최면과 자기최면이 있다. 일반적으로 자기계발에서는 자기최면을 사용한다.

우선 하루가 시작할 때 심호흡을 하며 몸의 긴장을 풀어준다. 이 단계에서 최면상태에 들어간다(자율훈련법). 마음이 차분해졌을 때 자신의 목표를 시각화하면 실제로 목표가 이루어지는 효과가 있다고 한다.

긍정적 어퍼메이션을 반복하자

◎ **현재 상황은 당신의 의지로 바꿀 수 있다!**

목표가 실현된 상태를 영화를 보듯 머릿속에 떠올리는 '시각화'는 운동선수들이 주로 사용하는 방법이다.

스스로 목표를 달성한 모습을 생생하고 또렷하게 그려봄으로써 마치 '상상'이 '현실'이 되는 경험을 하는 것이다.

인도의 철학(➡ 64p)에서는 **만트라**(진언)를 외운다. 불교에서는 『반야심경』(➡ 72p) 등 경을 외우기도 한다. 이러한 행위들은 짧은 구절을 반복함으로써 차분한 상태를 만들고, 이 상태에서 '**관상**(觀想)'을 통해 긍정적 이미지를 잠재의식에 새겨 넣는 것이라고 볼 수 있다. '관상'이란 아미타불 등을 상상하는 것을 말한다.

만트라를 외우며 스스로 빛을 뿜는 부처가 되었다고 상상하고 손가락으로 **인계**(印契)를 만든다.

현대의 자기계발에서는 목표를 생생하게 시각화하고 '나는 목표를 이루고 있다' '이미 실현되었다' '성공했다' 등의 **자기암시**(어퍼메이션)를 반복한다.

이 상태를 유지하고, **앵커링**을 한다. 앵커링이란 무의식적인 조건화를 말한다. 성공한 이미지가 정점에 달했을 때 '검지와 중지를 연결한다' 등의 조건화 행동을 한다. 이를 매일 반복하고, 다음에는 업무에도 응용한다.

예를 들어, 프레젠테이션 전에 인계(印契)를 만들면 정점에 달했을 때의 의식이 재현된다. ─손가락 모양은 자유롭게 만들어도 되므로 앵커링 가능한 특수한 패턴을 스스로 정하면 된다.

◎ 자기계발에서 상상이 현실로 이루어지는 구조

자기계발의 바이블이라 할 수 있는『놓치고 싶지 않은 나의 꿈 나의 인생』에서는 **신념**(faith)이 '부자가 되기 위한 두 번째 단계'라고 말한다. 열망(desire)을 시각화(visualization)하고, 열망의 달성(attainment)을 믿어야 한다고 강조한다.

특히, **생각의 파동**(the vibration of thought)이 중요하다고 강조한다. 생각의 파동이라 하면 언뜻 신비한 인상을 받을지 모르지만, 미국의 자기계발자들 대부분이 자신은 방송국과 비슷한 존재로, 항상 생각의 파동을 발신한다고 주장한다. 이는 기독교 문화의 영향을 받은 것으로 보인다.

『놓치고 싶지 않은 나의 꿈 나의 인생』에서는 생각의 파동을 잠재의식이 감지하면 '**무한 지성**'으로 송신된다고 주장한다. '무한 지성'이란 신이나 우주의 원리, 집단무의식 등을 의미한다. 철학사적으로는 '존재 그 자체'를 말한다. 즉, 생각의 파동을 잠재의식으로 보내면 세계의 근원적 시스템에 정보가 전달되므로, 개인의 힘과는 비교도 할 수 없는 고도의 도움을 받아 사고가 물질화·현상화된다는 것이다.

실천방법은 앞서 말한 시각화와 어퍼메이션이다. 자신이 원하는 이미지를 떠올리며 그 이미지를 거듭해 잠재의식 속에 새긴다.

그러면 잠재의식은 '무한 지성', 즉 세계의 고도의 근원적 네트워크 시스템에 정보를 전달한다. 그러면 원하는 것을 실현하기 위한 정보가 자동으로 수집되기 때문에 **적극적으로 행동**하게 된다. ─상상하면 반드시 행동하게 되므로 '상상하기만 하고 행동으로 옮기지 않으면 의미가 없다'는 비판은 요점에서 벗어난 것이다.

타인에게 베푼다는 것의 의미

대가를 바라지 말고 행동하라

◎ **예수의 황금률을 자기계발에 활용한다**

'타인에게 베풀기'는 자기계발 중에서도 특히 중요한 분야라 할 수 있다. 이는 돈이나 물질적인 것만을 의미하는 것이 아니다. 친절한 행동, 칭찬과 격려의 말 등 무형의 가치도 포함된다.

일반적으로 이는 '**황금률**'이라 불린다.

'황금률'이란 '다른 누군가가 자신에게 해주길 바라는 행위를 다른 사람에게 해주는 것'으로 철학과 종교의 근본 원칙이다. 『신약성서』의 '**예수의 황금률**'이 가장 잘 알려져 있다.

「마태오의 복음서」 7:12절에 '다른 사람이 너희에게 해주었으면 하는 것을 너희가 다른 사람에게 모두 해주어라'고 나와 있다.

「루가의 복음서」 6:31~35절의 말씀에는 '다른 사람이 해주길 바라는 것을 다른 사람에게 해주어라' '되돌려 받을 수 있다고 생각해 꾸어준다면, 그것이 너희에게 무슨 장한 일이 되겠느냐?' '다른 사람에게 좋은 일을 하고, 되돌려 받을 생각 말고 꾸어주어라'라는 말이 나온다.

다른 사람이 나를 부려먹고 이용한다고 생각하면 무언가를 착취당하고 손해를 본다는 상실감이 생긴다. 그러나 실생활에서 굳이 예를 찾자면 숨을 쉬는 것과 같다고 할 수 있다. 숨을 뱉지 않고 계속 들이마시기만 할 수는 없다. 숨을 내뱉음으로써 호흡에 포함된 이산화탄소를 식물이 산소로 바꾸어, 다시 이를 돌려주는 상호관계가 성립되는 것이다.

◎ 다른 사람에게 베풀면 베풀수록 좋은 일이 찾아온다

씨를 뿌리면 씨는 흙 속에 묻혀 눈에 보이지 않는다. 그러나 이는 수확이라는 형태로 우리에게 이득을 가져다준다. 즉, '베푼다'는 것은 '빼앗기는 것'이 아니라 **'받기 위한 준비'**인 셈이다.

이를 공부에 적용해보자. 수학 문제를 몇 시간이나 걸려 풀었다고 하자. '아~ 시간 아까워. 이 시간이면 게임을 했을 텐데'라고 생각하는 사람은 없다. 운동선수가 훈련을 하며 '아~ 근육통이 생겼네. 괜히 했어'라고 생각하지는 않는다.

또 이를 업무에 대입해보자.

어떠한 일이건 뇌의 특정 부분을 자극하기 마련이다. 일할 때는 집중력과 지구력이 강화되고, 사고력도 강화된다. 오히려 비용을 지불하고 일을 해야 할 정도다.

얻게 되는 **보상을 뛰어넘는** 양질의 일을 하면 돌고 돌아 결과적으로 더 큰 보상이라는 형태로 돌아오는 것이다. 나폴레온 힐의 철학에서는 이를 **'플러스 알파법칙'**이라 부른다.

일이란 계속 베푸는 것

◎ **다양한 철학을 활용해 자신을 개조해보자!**

자기계발서에서는 보수 이상의 일을 하는 사람은 보수 이하의 일만 하는 사람보다 높은 자리에 올라갈 수 있다고 말한다.

보수 이상의 일을 하는 사람은 원래 받아야 할 보수보다 상당히 높은 보수(물질적 보수)를 얻을 수 있다. 또 보수 이상의 일을 하면 성취감과 만족감과 같은 정신적 보상이 주어진다는 것이다.

존 스튜어트 밀은 "만족한 돼지가 되기보다 불만족한 인간이 되자. 배부른 바보보다 배고픈 소크라테스가 되어라"라고 말했다.

또 밀은 공리주의에서 **예수의 황금률**을 강조한다. '다른 누군가가 자신에게 해주길 바라는 행위를 다른 사람에게 해주어라'라는 황금률을 실천함으로써 **질적인 공리의 원리**가 작동한다. '시급', '일당', '연봉'과 같은 생각 대신 인생 전체가 질적으로 향상되도록 시간과 상관없이 일을 계속하라. 즉, 집에 일을 가져와서 할 수 있음을 기뻐하고, 만약 그 일을 다 마치면 다른 부업을 일정에 넣을 수 있을 정도의 마음가짐이 필요하다.

왜냐하면 일은 '베푸는 것'이고, 그 결과 누군가가 도움을 받는 것이다. 택배로 물건을 운반해주는 사람 덕분에 나는 밖에 나가지 않고도 물건을 받아볼 수 있다. 그만큼 일할 시간을 번다. 편의점 치킨의 경우에도 닭을 손질하고 튀겨주는 사람이 있기 때문에 편하게 먹을 수 있다. 그만큼 나도 나의 일을 할 수 있다.

수도회사 덕분에 물이 나오고, 하수도를 관리하는 사람이 있기 때문에 화장실에서 물을 쓸 수 있다. 전기가 들어오고, 가스를 쓸 수 있는 등 이미 자신이 일하는 것 이상의 이익을 제공받고 있다.

◎ 다른 사람에게 베풀면 결국 나에게 복이 되어 돌아온다

일본 에도시대의 사상가 나카에 도주(1608~1648)는 다음과 같이 말했다. "부모가 자식을 생각하듯 하늘은 땅에 비를 뿌리고, 식물에 열매를 맺게 한다. 이로써 우주 전체가 '효'로 가득하다." 부모자식 간에 이해득실을 따지지 않듯이 우주에도 이해득실이 존재하지 않는다.

이 '베풂'의 사상을 자기계발의 **마케팅**으로 설명하는 경우가 있다. 먼저 그 출발점으로 고객의 만족을 얻기 위해서는 고객의 니즈와 제공하는 상품이나 서비스의 질이 동일해야 한다.

경쟁시장이 아니면 '고객이 원하는 것 = 제공하는 것'의 등식이 성립하겠지만, 자본주의 사회에서는 일반적으로 경쟁이 존재하므로 대부분의 시장이 레드오션이다.

품질이 다른 것과 동일하다면 고객은 가격이 싼 쪽을 선택하고, 이는 가격 경쟁으로 이어져 진행성 디플레이션이 멈추지 않는다. 그래서 서비스에 더해 돈이 되지 않는 서비스를 추가한다. 단순한 서비스가 아니라 압도적인 서비스를 제공하는 것이다.

여기서 보수 이상의 '베풂'의 비법(옆에서 보면 언뜻 어리석어 보일 수도 있는 행위), 즉, **대가를 바라지 않는 봉사**가 이루어지는 것이다.

또 다른 사람이 눈치 채지 못하도록 봉사를 하는 것도 중요하다. 이는 『신약성서』의 복음서에 나오는 내용이다.

'사람에게 보이려고 그들 앞에서 너희 의를 행하지 않도록 주의하라.' '자선을 베풀 때에는 오른손이 하는 것을 왼손이 모르게 하라.'(『마태오의 복음서』 6:1,3)

다른 이에게 베풀거나 자신이 쌓은 공적을 다른 이에게 보이려고 하면 그 순간 보상을 받은 것이나 다름없게 된다는 의미다. 자기계발에서는 은밀하게 다른 사람에게 베풀고 자신의 마음속에 이를 담아두면 하늘에 재물을 쌓게 된다고 한다.

참고문헌

『世界の名著 プラトンⅠ』田中美知太郎編集 (中央公論新社)

『世界の名著 アリストテレス 』田中美知太郎編集 (中央公論新社)

『世界の名著 デカルト』野田又夫他訳 (中央公論新社)

『世界の名著 孔子・孟子』貝塚茂樹訳 (中央公論新社)

『世界の名著 老子・荘子』小川環樹、森三樹三郎訳 (中央公論新社)

『老境について 』キケロ著、吉田正通訳 (岩波文庫)

『口語訳聖書』日本聖書協会

『世界の名著 朱子・王陽明』荒木見悟訳 (中央公論新社)

『「朱子語類」抄』三浦國雄訳 (講談社学術文庫)

『ブッダの真理のことば・感興のことば』中村元訳 (岩波文庫)

『方法序説』デカルト著、谷川多佳子訳 (岩波文庫)

『世界の名著 スピノザ・ライプニッツ』下村寅太郎編集 (中央公論新社)

『ノヴム・オルガヌム─新機関』ベーコン著、桂寿一訳 (岩波文庫)

『人知原理論』ジョージ・バークリ著、大槻春彦訳 (岩波文庫)

『純粋理性批判』カント著、篠田英雄訳 (岩波文庫)

『実践理性批判』カント著、波多野精一、宮本和吉、篠田英雄訳 (岩波文庫)

『世界の名著 ショーペンハウアー』西尾幹二編集 (中央公論新社)

『歴史哲学講義 (上) (下)』ヘーゲル著、長谷川宏訳 (岩波文庫)

『歴史哲学』ヘーゲル著、武市健人訳 (岩波文庫)

『世界の名著 ヘーゲル 精神現象学序論 法の哲学』岩崎武雄編集 (中央公論社)

『現象学の理念』エドムント フッサール著、立松弘孝訳 (みすず書房)

『プラグマティズム』W.ジェイムズ著、桝田啓三郎訳 (岩波文庫)

『世界の名著 キルケゴール』桝田啓三郎編集、杉山好訳 (中央公論新社)

『世界の名著 ニーチェ』手塚富雄編集 (中央公論新社)

『ヤスパース選集〈29〉理性と実存』カール・ヤスパース著、草薙正夫訳 (理想社)

『哲学』ヤスパース著、小倉志祥、林田新二訳 (中央公論新社)

『全体性と無限 (上) (下)』レヴィナス著、熊野純彦訳 (岩波文庫)

『世界の名著 ハイデガー』原佑、渡邊二郎訳 (中央公論新社)

『存在と無 上巻・下巻』サルトル著、松浪信三郎訳 (人文書院)

『グーテンベルクの銀河系』マーシャル マクルーハン著、森常治訳 (みすず書房)

『ポスト・モダンの条件』ジャン＝フランソワ・リオタール著、小林康夫訳 (水声社)

『複製技術時代の芸術』ヴァルター・ベンヤミン著、佐々木基一編集 (晶文社)

『アンチ・オイディプス』ジル・ドゥルーズ、フェリックス・ガタリ著、市倉宏祐訳 (河出書房新社)

『戦争論』クラウゼヴィッツ著、篠田英雄訳 (岩波文庫)

『クラウゼヴィッツ「戦争論」入門 』井門満明著 (原書房)

『社会契約論』J.J.ルソー著、桑原武夫、前川貞次郎訳 (岩波文庫)

『君主論』マキアヴェッリ著、河島英昭訳 (岩波文庫)

『自由からの逃走』エーリッヒ・フロム著、日高六郎訳 (東京創元社)

『世界の名著 ベンサム/J.S.ミル』関嘉彦編集 (中央公論新社)

『正義論』ジョン・ロールズ著、川本隆史、福間聡、神島裕子訳 (紀伊國屋書店)

『啓蒙の弁証法─哲学的断想』ホルクハイマー、アドルノ著、徳永恂訳 (岩波文庫)

『これからの「正義」の話をしよう』マイケル・サンデル著、鬼澤忍訳 (早川書房)

『世界の名著 ホッブズ』永井道雄著 (中央公論新社)

『世界の名著 アダム・スミス』玉野井芳郎編集 (中央公論社)

『世界の名著 ウェーバー』尾高邦雄編集 (中央公論新社)

『世界の名著 バーク マルサス』水野洋編集 (中央公論新社)

『世界の名著 マルクス　エンゲルス』鈴木鴻一郎編集 (中央公論新社)

『人類の知的遺産〈70〉ケインズ』伊東光晴著 (講談社)

『21世紀の資本』トマ・ピケティ著、山形浩生、守岡桜、森本正史訳 (みすず書房)

『世界の名著 フロイト』大河内一男訳 (中央公論新社)

『心理学と錬金術』C・G・ユング著、池田紘一、鎌田道生訳 (人文書院)

『ウィトゲンシュタイン全集 1 論理哲学論考』ウィトゲンシュタイン著、奥雅博訳 (大修館書店)

『新訳 ソシュール 一般言語学講義』フェルディナン・ド・ソシュール著、町田健訳 (研究社)

『現代フランス哲学 (ワードマップ)』久米博著 (新曜社)

『監獄の誕生 一監視と処罰』ミシェル・フーコー著、田村俶訳 (新潮社)

『立体哲学』渡辺義雄編 (朝日出版社)

『中国古典の名言録』守屋洋、守屋淳著 (東洋経済新報社)

『この一冊で中国古典がわかる!』守屋洋著 (三笠書房)

『人生の哲学』渡邊二郎著 (角川ソフィア文庫)

『嫌われる勇気』岸見一郎、古賀史健著 (ダイヤモンド社)

『ハンナ・アーレント全体主義の起原』仲正昌樹著 (NHK出版)

『精神のエネルギー』アンリ・ベルクソン著、宇波彰訳 (第三文明社)

『野生の思考』クロード・レヴィ＝ストロース著、大橋保夫訳 (みすず書房)

『パスカル パンセ』鹿島茂著 (NHK出版)

『般若心経』佐々木閑著 (NHK出版)

『山川喜輝の生物が面白いほどわかる本』山川喜輝著 (KADOKAWA)

『幸福論』アラン著、神谷幹夫訳 (岩波文庫)

『アラン 幸福論』合田正人著 (NHK出版)

『誰でも簡単に幸せを感じる方法は アランの『幸福論』に書いてあった』富増章成著 (中経の文庫)

『アドラー人生の意味の心理学』岸見一郎著 (NHK出版)

『愛するということ』エーリッヒ・フロム著、鈴木晶訳 (紀伊國屋書店)

『表徴の帝国』ロランバルト著、宗左近訳 (ちくま学芸文庫)

『科学革命の構造』トーマス・クーン著、中山茂訳 (みすず書房)

『＜帝国＞ グローバル化の世界秩序とマルチチュードの可能性』アントニオ・ネグリ、マイケル・ハート著、水嶋一憲、酒井隆史、浜邦彦、吉田俊実訳 (以

『オリエンタリズム 上・下』エドワード・W・サイード著 今沢紀子他訳 (平凡社)

『経済学の歴史』中村達也、新村聡、八木紀一郎著 (有斐閣)

『全体性と無限 (上) (下)』レヴィナス著、熊野純彦訳 (岩波文庫)

『現代哲学への挑戦』船木亨著 (放送大学教育振興会)

『哲学史における生命概念』佐藤康邦著 (放送大学教育振興会)

『哲学入門』柏原啓一著 (放送大学教育振興会)

『知識ゼロからの科学史入門』池内了著 (幻冬舎)

『スティーブ・ジョブズ』ウォルター・アイザックソン著、井口耕二訳 (講談社)

『僕らのパソコン30年史 ニッポン パソコンクロニクル』SE編集部編 (翔泳社)

『ニュース解説室へようこそ 2019-2020年版』ニュース解説室へようこそ!編集委員会著 (清水書院)

『現代社会ライブラリーへようこそ　2019-2020年版』現代社会ライブラリーへようこそ!編集委員会著 (清水書院

『最新図説倫理』(浜島書店)、『新倫理資料集』(実教出版)

『高等学校　現代倫理』(清水書院)

『死ぬ瞬間一死とその過程について』エリザベス・キューブラー・ロス著、鈴木晶訳 (読売新聞社)

『スピリチュアル・マシーン一コンピュータに魂が宿るとき』レイ・カーツワイル著、田中三彦、田中茂彦訳 (翔泳

『アンソニー・ロビンズの運命を動かす』アンソニー・ロビンズ著、本田健訳 (三笠書房)

『Awaken the Giant Within』Tony Robbins著 (Simon & Schuster)

『思考は現実化する』ナポレオン・ヒル著、田中孝顕訳 (きこ書房)

『Think and Grow Rich!』Napoleon Hill著、Ross Cornwell編集 (Mindpower Press)

『あなたの夢を現実化させる成功の9ステップ』ジェームス・スキナー著 (幻冬舎文庫)

『完訳 7つの習慣』スティーブン・R・コヴィー著、フランクリン・コヴィー・ジャパン訳 (キング・ベアー出版)